# 정치교육론

## 정치현상의 이해

정치현상에 대한 진정한 이해는 정치현상에 대한 이론적 논의의 섭렵뿐만 아니라 그 이론적 논의들이 실제 정치현상을 어떻게 설명하고 있는가를 구체적 사례를 통하여 경험함으로써 비로소 가능하다. 정치현상을 이해하기 위해서는 일차적으로 정치현상을 보는 눈과 정치현상에 대한 기본적인 지식을 갖는 것이 무엇보다도 중요하다.

김왕식 저

東明社

# Preface

정치현상에 대한 진정한 이해는 정치현상에 대한 이론적 논의의 섭렵뿐만 아니라 그 이론적 논의들이 실제 정치현상을 어떻게 설명하고 있는가를 구체적 사례를 통하여 경험함으로써 비로소 가능하다는 것이 지난 20년 여 정치학을 강의하면서 얻은 저자의 생각이다. 정치현상을 이해하기 위해서는 일차적으로 "정치현상을 보는 눈"과 정치현상에 대한 기본적인 지식을 갖는 것이 무엇보다도 중요하다. 즉 정치현상을 어떻게 볼 것인가 하는 분석 틀과 이와 관련된 주요 개념 및 이론 등에 대한 기본적 지식을 갖추는 것이 정치현상을 이해하는데 필수적인 것임은 두말할 나위도 없다. 그러나 이에 더하여 정치현상에 대한 진정한 이해는 숙지하고 있는 분석 틀, 개념 그리고 이론이 실제 정치현상을 분석하는데 어떻게 적용되고 있으며, 또 어떤 정치현상을 분석하는데 응용될 수 있는가를 스스로 깨우쳐 나아갈 때 가능한 것이다.

저자는 이 같은 인식하에서 이 책을 저술하였다. 저자는 정치현상의 이해를 위해 필수적이라고 생각하는 16개의 주제들을 주요 내용, 경험과 사례 그리고 인용 및 읽을거리 등 세 부분으로 나누어 서술하였다. 우선 첫 번째 부분은 기본적인 개념, 이론 및 중점적 논의 사항 등 선정된 주제와 관련된 기본적인 이론이나 지식이 실제 정치현상을 이해하는데 어떻게 적용되고 있는가를 보여주기 위하여 논쟁적인 사례들을 다루었다. 마지막 부분은 인용된 문헌과 논의된 주제와 관련된 읽을거리를 제시하였다. 읽을거리 문헌은 관련 주제에 대한 보다 심도 있는 이해를 위해 꼭 필요하다고 생각되는 자료들만

골라 제시하였다.

이 책은 저자가 학부 학생들에게 정치학의 이해 과목을 가르치면서 준비했던 강의 노트를 기반으로 하여 만들어진 것이다. 그러나 정치현상의 폭넓은 이해를 위한 한권의 책으로 만들기 위해 다음과 같은 점에 유념하였다. 첫째, 정치교육에 필수적이라고 생각되는 주제를 16개 선정하여 이를 4개의 부분으로 구성하였다. 우선 제 1부 정치, 정치학, 정치교육 부분은 민주시민의 양성을 목표로 하는 정치교육의 관점에서 정치현상에 대한 과학적 지식의 획득과 정치현상 분석 틀을 다루었다. 제 2부 정치 환경 부분은 정치 체제의 작동에 영향을 주고 받는 문화적, 경제적 그리고 사회적 요인에 대하여 논의하였다. 제 3부 정치 행위자 부분은 정치를 움직여 나가는 제반의 행위자를 논의하였다. 정치참여의 가장 원초적 주체인 시민을 위시하여 집단, 정당, 국가 등을 다루었다. 특히 저자는 한국 사회의 민주화가 심화되면서 부각되고 있는 시민 정치참여의 대표적 유형인 투표 행위에 주목하여 그 제도적 장치인 선거제도와 투표 행태에 많은 부분을 할애하였다. 제 4부 정치구조 부분은 정치 행위의 제도적 측면인 국가형태, 정부 구조 및 의회 및 법원과 같은 주요 정치 제도와 정치기구를 다루었다.

둘째, 강의가 바탕이 되어 만들어진 것이기는 하지만 이 책의 내용은 대부분 새로이 저술된 것이다. 학생들과의 토론을 통하여 얻은 경험을 바탕으로 하여 책의 내용을 대폭적으로 수정 보완 하였다. 그러나 선거제도와 선거행태 부분은 기존에 발표된 것을 수정, 보완한 것이다. 기존에 발표된 것은 논문 형식으로 발표된 것이어서 이 책의 형식과 논의전개에 맞지 않기 때문에 단행본에 맞게 수정하였다.

셋째, 정치이론이나 지식을 현실 정치 분석에 적용해보는 경험과 사례 부분도 최대한 그 주제에 맞는 사례를 저자가 새롭게 저술하도록 노력하였다. 그러나 때에 따라서는 기존에 저술한 것을 책의 구성에 맞게 요약하여 제시하거나 본인의 연구가 이루어지지 않은 부분은 타 연구 사례들을 선정, 요약하여 제시하였다.

저자는 이 책을 정치에 관심이 있는 모든 사람들을 위하여 저술하였다. 따라서 저자는 이 책을 비록 정치에 문외한인 사람일지라도 누구든지 쉽게 읽을 수 있도록 저술하였다. 동시에 정치현상을 체계적으로 연구하고자 하는 사람들에게도 정치 분석의 기본적 소양을 함양하는데 유용하도록 저술하려 노력하였다. 따라서 이 책의 독자의 범위는 상당히 넓을 것으로 상정한다. 정치학을 배우는 대학생이나 중등 및 고등 교육 현장에서 정치교육을 담당하는 교사뿐만 아니라 정치현상에 관심이 있는 일반인들 모두에게 도움을 줄 수 있는 책으로 만들려고 하였다. 그러나 광범위한 독자층을 상정했다고 해서 이 책의 전문성이 결코 낮다고 할 수는 없다. 오히려 높은 수준의 전문성을 되도록 쉽게 설명하였다는 것이 이 책에 대한 정당한 평가라고 생각한다. 아무쪼록 많은 사람들이 이 책을 읽어 정치현상을 올바르게 이해하는데 도움이 되었으면 한다.

이 책이 출간되기까지 도움을 주신 여러분들께 이 자리를 빌어 감사의 말씀을 전하고자 한다. 먼저 이 책의 출간을 권고한 동명사 임종은 전무와 출판을 위해 애쓴 편집부 직원 여러분에게 감사의 말씀을 드린다. 그 분들의 노력으로 훌륭하게 만들어졌음에 감사드린다. 저자가 봉직하고 있는 이화여대는 지난 20년간 저자에게 후학을 가르치고, 또 학문 활동을 할 수 있는 장을 만들어 주었을 뿐만 아니라, 두 번씩이나 연구년을 제공하여 저자로 하여금 강의의 부담에서 벗어나 자유롭게 저술활동에 몰두할 수 있도록 해주었다. 이에 저자는 항상 감사하며 앞으로는 학생들의 교육에 더욱 심혈을 기울일 것을 다짐한다.

특히 오늘 저자를 폭넓은 학문 활동을 할 수 있도록 길러주신 윤형섭 선생님과 David Wood 교수님을 비롯한 은사 선생님과 직, 간접적으로 도움을 주었던 많은 분들, 그리고 이 사회에 대하여 항상 감사의 마음을 가지고 있다. 무엇보다도 저자를 끝까지 믿고 따라주는 아내와 사랑하는 딸 그리고 아들에게 고마운 마음을 전한다.

2010년 1월<br>저자 김왕식

# Contents

## 제1부 정치, 정치학, 정치교육



## 제2부 정치환경

# Part 1

# 정치, 정치학, 정치교육

제1장

# 정치와 정치교육

## I. 주요 내용

### 1. 정치: 사회적 제 가치의 권위적 배분과정

정치란 무엇인가? 다른 모든 개념들을 간단히 정의하는 것이 어렵듯이 정치라고 하는 개념 역시 간단히 정의하기는 쉬운 일이 아니다. 정치를 간단히 개념 정의하는 것이 어려운 이유는 몇 가지 점에서 찾아 볼 수 있다. 우선 정치라는 용어가 우리의 일상생활에서 매우 빈번히, 그리고 여러 가지의 다른 의미와 뉘앙스를 갖고 쓰이고 있기 때문이다. 즉, 정치라는 용어가 “저 친구 말하는 것이나 행동하는 것이 너무 정치적이야,” “이런 문제는 원칙을 따질 게 아니라 정치적으로 해결해야 되는 거야”와 같이 부정적인 의미로 쓰이는 경우가 있는가 하면, “정치(政治)는 정치(正治)라야 해”와 같은 경우처럼 긍정적 또는 규범적 의미로 쓰이는 등 서로 다르거나 모순이 되는 듯한 의미로 다양하게 쓰이고 있기 때문이다. 정치라는 용어는 우리가 의식하고 있든 아니든 간에 이렇듯 우리들의 생활에 너무나 깊숙이 침투되어 있을 뿐만 아니라 다양한 의미로 쓰이고 있기 때문에 부정적이거나 긍정적인 의미 모두를 벗어나 현상 그 자체를 가치중립적으로 객관화시켜 간단히 이해하기가 어려워지는 것이다.

정치란 무엇인가 하는 것을 간단히 표현했기 때문에 이해하기 쉽고,

또 그렇기 때문에 정치 현상을 탐구하려는 많은 정치학자들이 애용하는 정치에 대한 정의는 데이비드 이스턴(David Easton)이 제시하고 있다. 그에 의하면 정치란 "사회적 제 가치의 권위적 배분 과정"을 의미한다(David Easton 1953). 이때 그의 정의는 경제라는 것을 물자나 서비스의 배분 과정으로 이해하는 것과 비슷한 논리구조를 갖고 있음을 알 수 있다. 이 정의를 자세히 들어다 보면 우선적으로 떠오르는 것은 정치 현상을 과정적 측면에서 파악하고 있음을 알 수 있다. 정치란 정치 사회의 구성원들이 갖고자 하는 가치들 이를 테면 권력이라든가, 정부에서의 지위라든가, 혹은 명예와 같은 가치들이 배분되는 과정을 의미한다. 이러한 가치의 배분과정에 관심을 기울이게 되는 것은 정치 사회 구성원들이 갖고자 하는 제반 가치들이 희소하기 때문이다. 만약에 정치 사회 구성원들이 획득하고자 하는 가치들이 무한정 제공된다면 구성원 누구나 자유롭게 획득되는 가치에 만족할 수 있으므로 배분방식이나 과정이 문제가 되지 않는다. 그러나 실제의 정치 사회에서는 특정의 권력이나 지위 등은 구성원들이 원하는 만큼 그 사회에 제공되지 않기 때문에 배분 과정이나 방식이 중요한 것이 된다. 배분과정을 이해함에 있어서 특히 유의해야 할 점은 그 배분방식이 권위적이어야 한다는 점이다. 여기서 권위적이라는 말은 사회 구성원들이 배분 과정을 타당하다고 간주하기 때문에 그 배분을 기꺼이 받아들이는 상황을 말한다. 즉 배분과정과 배분이 사회 구성원들에 의해 정당화된 과정을 의미한다. 따라서 정치는 희소하게 제공되는 사회적 제 가치들이 사회 구성원들에 의해서 정당화된 배분과정을 의미한다 할 수 있다.

## 2. 정치교육: 민주시민의 양성

정치교육이 무엇인가 하는 것을 정의하는 것은 정치를 정의하는 것과 마찬가지로 논쟁적이고 힘든 일이다. 단순화의 위험성에도 불구하고 정치교육을 잠정적으로 규정한다면 정치교육이란 정치생활의 작동 방식을 이해시키고, 자신의 정치적 이해를 정치과정에 반영하기 위한 정치 참여에의 자질을 갖출 수 있도록 의식적으로 계획되고 조직된, 그리고 지속적이고 목표지향적인 모든 교육적 조치를 의미한다.

정치교육의 의미를 좀 더 구체적으로 살펴보면 다음과 같다. 첫째, 정치교육은 정치체제가 어떻게 구성되어 있으며, 어떻게 작동하고 있는가에 대한 지식과 판단 능력을 함양시키는 것이다. 둘째, 정치교육은 정치질서 내지 정치체제가 안정적으로 유지되고 작동되도록 국민의 자발적 지지를 형성하는 것이다. 셋째, 정치교육은 사회 구성원들로 하여금 정치과정에 자신의 이해를 반영하기 위한 정치참여에 필수적인 지식, 기능, 태도를 함양시키는 것이다. 넷째, 정치교육은 정치과정에 참여하여 권리와 의무를 적극적으로 수행하고 책임지는 정치 행위자로서의 자질을 함양한다. 결국 정치교육은 민주적 정치질서를 유지하며 이 질서 속에서 자신의 이익을 적극적으로 반영시킬 수 있는 자질을 갖고 있는 민주시민을 양성시키는데 그 의의가 있다고 할 수 있다.

## II. 인용 및 읽을거리

David Easton, *The Political System*, 이용필 역, 정치체계론. 서울: 인간사랑, 1990.

Harold Lasswell, Harold. Politics: *Who Gets What, When, How?* 이극찬 역, 서울: 전망, 1979.

Maurice Duverger, 배영동 역, 정치란 무엇인가? 서울: 나남, 1988.

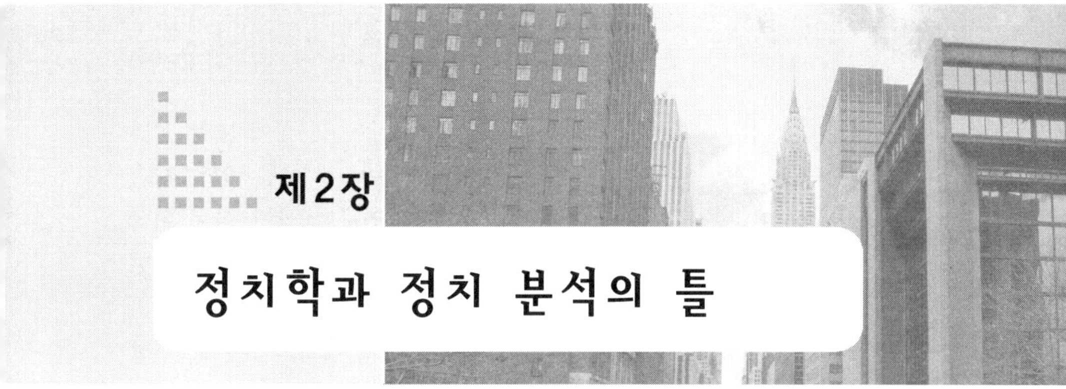

제2장

# 정치학과 정치 분석의 틀

## I. 주요 내용

### 1. 정치학: 정치현상의 과학적 분석

정치학이란 정치현상을 체계적으로 연구하는 하나의 학문 분야이다. 정치 현상을 체계적으로 분석한다는 것은 정치 현상에 대한 과학적 지식을 얻고자 하는 것을 의미한다. 그런데 엄밀한 의미에서 과학은 특정한 역사 문화적 상황 하에서 타당하다고 광범위한 합의가 이루어져 있는 지식을 생산하기 위한 방법 그리고 그러한 방법을 정당화시켜주는 논리를 지칭한다(김웅진 1992:12). 따라서 과학적 지식은 이러한 정당화된 방법에 의해 생산된 특정 현상의 인과관계를 밝혀주는 지식의 집합체를 의미한다.

특정 현상의 인과관계를 밝혀주는 과학적 방법은 몇 가지 가정에 기초하여 이루어지고 있다. 우선 우주의 삼라만상은 질서가 있으며 규칙성을 갖고 있다고 가정한다. 둘째, 만물이 갖고 있는 질서와 규칙성은 경험적 관찰을 통하여 파악될 수 있다고 가정한다. 셋째, 우주 삼라만상에서 나타나는 모든 현상은 원인이 있다고 가정한다. 즉 과학적 지식은 규칙성을 보이는 현상들 간의 인과적 생성법칙이 경험적 관찰을 통하여 파악된 확실한 지식의 집합체라 할 수 있다.

과학의 목적은 지식을 생산해 내는 데 있는데, 이러한 지식들은 우리가 관심을 갖고 있는 현상에 대한 설명과 예측을 가능하게 하는 지식들을 말한다. 그런데 우리가 관심을 갖고 있는 현상에 대한 설명과 예측을 위해서는 우선 연구 대상이 되는 현상에 대한 서술(description)이 먼저 이루어져야 한다. 서술은 연구 대상이 되는 현상에 대한 체계적이고 객관적인 묘사를 의미한다. 연구하고자 하는 현상의 속성에 대한 객관적인 묘사가 선행되지 않고서는 현상들 간의 인과관계를 발견해 낼 수가 없다. 이와 관련하여 경험과학은 모든 현상이 경험적 관찰이 가능한 실증지표를 통하여 그 기본 속성이 인지되어야 한다는 입장을 취한다.

과학의 궁극적인 목적은 관심의 대상이 되는 현상을 설명(explanation)하는데 있다. 과학은 어떤 특정 현상이 왜 나타났는가 즉 특정 현상을 발생시키는 원인을 규명하고자 하는데 최대의 관심을 기울이고 있다. 쿠테타는 왜 발생하였는가, 투표율이 상승한 요인은 무엇인가, 개인의 정치적 태도는 어떻게 형성되는가와 같은 질문에 대한 답을 찾아냄으로써 우리가 관심을 갖고 있는 현상에 대한 인과관계를 밝혀내는 것을 설명이라고 한다. 과학은 이러한 설명을 가능하게 하는 지식을 생산해 내는 것을 제일차적인 목표로 한다.

어떤 현상의 인과관계를 밝혀주는 일정한 구조와 형식을 지닌 지식체계를 이론(theory), 법칙(law), 또는 일반화(generalization)라고 하는데, 이는 특정 현상의 인과관계를 보여주는 논리적이며, 검증 가능한 진술(statements)을 말한다. 이러한 이론이나 법칙 또는 일반화는 인과관계가 있는 특정 현상이 규칙적이고 지속적으로 반복될 때에 한해서 구축된다.

설명은 형식 논리적으로 보아 어떤 개별 현상의 모습(피설명항, explanandum)이 보다 일반적이며 보편적인 포괄법칙(설명항, explanan 또는 설명전제 explanatory premises)의 하나의 사례라는 것을 보여주는 것이다. 설명의 논리는 크게 보아 두 가지가 있는데, 연역적 설명(deductive-nomological explanation)과 귀납확률적 설명(inductive-statistical explanation)가 그것이다.

우선 연역적 설명은 가장 이상적인 과학적 설명으로 간주된다. 왜냐하면 연역적 설명은 어떤 개별 현상의 모습(피설명항)이 일반적이며 보편적인 포괄법칙(설명항)의 필연적 귀결이라는 논리 구조를 취하기 때문이다. 어떤 특정 현상(피설명항)이 왜 발생하였는가를 규명하기 위해서는 우선 일단의 완벽한 보편법칙을 갖추고 있어야 한다. 그 다음 어떤 특정 현상은 이 보편법칙으로부터 당연히 도출되는 결론이라는 사실을 밝힘으로써 설명되는 것이다. 연역적 설명은 보편적인 포괄법칙이 참일 때 우리가 관심을 갖고 있는 특정 현상이 참이 될 수밖에 없다는 점에서 강한 설명력을 지닌다.

그러나 정치학을 비롯한 여타 사회과학이 연구 대상으로 삼고 있는 현상이 보여 주는 규칙성은 유연한 것이기 때문에 자연과학과 같은 엄밀과학이 상정하고 있는 "예외 없는 보편법칙"의 형태로 표현될 수 없으며, 따라서 정치학 연구에 있어서는 연역적 설명이 거의 불가능하다 할 수 있다. 자연과학에서 조차도 엄격한 규칙성이 유지되기 어렵기 때문에 연역적 설명은 어디까지나 과학적 설명의 이상형으로 간주될 뿐이다.

귀납확률적 설명의 논리 구조는 연역적 설명과 동일하다. 다만 연역적 설명이 "완벽한 보편법칙"을 상정하고 있는 반면, 귀납적 설명은 설명항으로 사용되는 일반적 보편적 법칙이 "경험적 추론의 결과로 얻어진 확률적 법칙의 성격"을 지니고 있다. 따라서 관심의 대상이 되는 특정현상이 보편적 법칙의 결론으로 필연적으로 도출되지 않을 수도 있다. 즉 설명되지 않을 잠재적 가능성을 인정하고 있는 것이다. 귀납확률적 설명은 연역적 설명과 달리 보편적인 포괄법칙이 참이라 하더라도 우리가 관심을 갖고 있는 특정 현상이 반드시 참인 것은 아니라는 점에서 설명력이 다소 떨어진다 할 수 있다. 그런데 사회과학이 상정하고 있는 보편적 법칙에 "맞지 않는 사례"가 많다고 하더라도 "맞지 않는 사례"가 "맞는 사례"보다 더 많이 존재한다는 사실을 단정적으로 제시하기는 매우 어렵기 때문에 확률론적 보편법칙이 받아들여질 수 있는 것이며, 이 때문에 모든 사회과학적 진술은 단지 "잠정적으로만" 이론 또는 법칙의 명칭을 갖게 된다.

과학의 또 다른 목적은 관심의 대상이 되는 현상을 예측(prediction)하는데 있다. 과학은 미래에 특정 현상이 발생하리라는 것을 예견할 수 있는 척도를 만들어 방법이다. 우리는 이론을 통하여 어떤 특정 현상(결과)이 일정한 현상(조건과 원인)에 의하여 발생한다는 사실을 알게 되기 때문에, 그 이론이 상정하고 있는 일정한 현상(원인과 조건)이 나타날 경우 이에 상응하는 특정 현상(결과)이 발생할 것이라고 기대할 수 있다. 따라서 설명과 예측은 구조적으로 동일한 논리체계라 할 수 있다.

## 2. 정치현상 분석을 위한 하나의 접근법: 정치체제분석

정치현상을 어떻게 파악할 것인가 하는 정치 분석 접근법은 다양하다. 우리는 위에서 정치를 “사회적 제 가치가 권위적으로 배분”(Easton, 이용필 역, 1990) 되는 과정으로 이해한 바 있는데, 이스턴(David Easton)은 이러한 사회적 제 가치의 권위적 배분과정을 이해할 수 있는 하나의 거시적 분석 틀로서 정치체제 분석 모형을 제시하고 있다. 정치현상을 이해하는데 과연 정치체제 분석 모형이 적합한 것인가에 대해서는 다양한 논란이 있다. 그럼에도 불구하고 한 사회에서 정치가 어떻게 작동되고 있는가를 이해하는데 있어서 정치체제 모형보다 더 간결하고 포괄적인 모형을 찾기 힘들기 때문에 이 모형을 정치현상을 이해하기 위한 하나의 수단으로 사용하는데 그다지 문제가 된다고 생각하지 않는다.

정치체제 분석모형의 내용은 다음과 같다(이하의 논의는 Easton, 이용필 역 1990을 요약한 것임). 우선 정치체제는 사회적 제 가치를 권위적으로 배분하는 상호작용의 체제를 지칭한다. 모든 정치체제는 환경으로 둘러싸여 있으며, 환경으로부터 영향을 받기도 하고, 또 정치체제의 작동이 환경에 영향을 주기도 하는 개방적 체제이다. 정치체제에 영향을 주고받는 환경은 문화적, 사회적, 경제적 및 심리적 환경 등 사회 내적 환경뿐만 아니라 사회 외적 환경 즉 국제적 환경을 포함한다. 이러한 환경은 정치체제에 압박(stress)을 주고 체제의 작동에 영향을 준다.

기본적으로 정치체제 분석은 투입-산출 모형(input-output model)에 기초하고 있다. 정치체제 분석 모형은 투입의 요소로서 요구(demand)와 지지(support)를, 그리고 산출의 요소로서 정책과 결정을 상정하고 있는데, 정치 현상을 투입 요소들이 산출요소로 전환되는 과정으로 이해한다. 즉 정치 사회 구성원들의 요구가 정책과 결정으로 전환되는 일련의 과정으로 정치 현상을 이해한다.

투입의 첫째 요소인 요구는 사회 구성원들이 필요하다고 생각하고, 기대하고, 갈망하는 제반의 욕구(wants)들을 정치적 산출을 통하여 실현하고자 하는 의사 표시를 말한다. 그런데 사회 구성원들이 갖고 있는 모든 욕구들이 다 정치체계로 요구되는 것은 아니고, 그것들은 그 사회의 정치구조나 문화적 규범에 의해 규제된다. 투입의 다른 요소인 지지는 체제나 지도자들에 대하여 어느 정도 정당성을 인정하고 있는가와 같은 사회 구성원들의 감정의 총체를 지칭한다. 정치체제 분석 모형에서 상정하는 지지의 대상은 정치공동체(political community)가 될 수도 있고, 정권(regime) 또는 권위구조가 될 수 있으며, 권위구조 내에서 특정의 역할을 수행하는 당국자(authorities)가 될 수도 있다.

산출(output)은 사회 구성원들의 요구가 전환되어 나온 결과로서 사회적 제 가치의 권위적 배분과 관련된 정책과 결정을 말한다. 정치체제 모형은 투입과 산출을 연결시켜주는 하나의 개념을 상정하고 있는데, 그것이 바로 피드백(feedback)이다. 피드백은 사회 구성원들에 대한 산출의 영향을 말한다. 정치체제가 만들어낸 정책과 결정은 사회 구성원들에 영향을 주어 새로운 투입(input)을 발생시킨다. 이때 사회 구성원들은 새로운 요구를 할 수도 있고, 또 지지의 변화를 보일 수도 있다. 사회 구성원들의 요구가 충족되지 않을 때 그만큼 체제에 대한 지지가 감소될 것이며, 반면 충분히 충족될 경우에는 그만큼 지지가 증가하게 될 것이다. 정치적 산출이 심각한 결함을 보이면 사회 구성원들의 지지는 쇠퇴하게 되고, 아주 심각한 경우에는 체제의 붕괴로 까지 이어질 수 있다. 이 때문에 정치체제 분석에서 상정하는 정치 현상은 연속된 과정으로 간주되며, 그 과정에서 산출은 투입에 대한 반응이며, 반대로 투입은 산출에 영향을 받는다.

한편 알몬드(Gabriel Almond) 정치체제가 작동되는 방식을 구조와 기능이라는 측면에서 파악한다(이하의 논의는 Almond 1960, Almond and Powell 1966, Almond and Powell 1978에 의거한 것임). 정치체제가 유지되고, 작동되기 위한 제반의 기능에 대한 알몬드의 논의는 변화되어 왔지만, 정치현상을 이해하기 위한 우리 나름대로의 분석 틀을 위하여 그가 제시하는 기능의 범주를 다음 두 가지로 재구성하기로 하자. 첫째, 체제유지 및 적응 기능의 범주에 속하는 기능으로서 정치 사회화(political socialization), 정치적 충원(political recruitment), 그리고 정치적 커뮤니케이션(political communication)이 있다. 둘째, 정치체제 모형에서 투입을 산출로 전환시키는 범주에 속하는 기능으로서 이익표출(interest articulation), 이익집약(interest aggregation), 규칙제정(rule-making), 규칙적용(rule-application), 그리고 규칙판결(rule-adjudication)이 있다.

정치사회화는 개인의 정치적 태도와 행동 양식이 습득되는 과정을 의미하며, 정치적 충원은 개인이나 집단이 실질적인 정치적 역할을 담당하게 되는 과정을, 그리고 정치적 커뮤니케이션은 정치체제의 한 부분에서 다른 부분으로 또는 정치체제와 사회체제 사이에서 정치적으로 중요한 정보가 전달되는 과정을 의미한다. 이러한 세 가지의 기능은 정책의 형성이나 집행과는 직접적인 관계는 없으나 정치체제의 운영에 있어서는 필수적인 기능인 것이다.

정치체제에서 투입을 산출로 전환시켜주는 기능의 범주에 속하는 이익표출은 개인이나 집단이 정치적 요구를 하는 행위를 말하며, 이익집약은 사회 구성원의 요구를 정부의 주요 정책대안으로 전환시켜주는 기능을 말한다. 또한 규칙제정은 권위적인 법규가 형성되는 행위를, 규칙적용은 법규가 적용되고 시행되는 과정을, 그리고 규칙판결은 법규의 적용으로 개별적인 사건을 판결하는 행위를 말한다.

그런데 알몬드는 정치체제의 작동에 대한 이해는 정치체제에서 수행되는 제반의 기능뿐만 아니라 이러한 기능을 수행하는 정치구조들을 살펴봄으로써 가능하다고 보고 있다. 따라서 그는 각각의 정치체제에서 수행되는 기능에 상응하는 정치구조들 이를테면 이익집단, 정당, 입법부, 행정부, 사법부 등을 살펴보고 있는 것이다.

## II. 인용 및 읽을거리

김웅진, 정치학 방법론서설, 서울: 명지사, 1992.

김웅진, 신화와 성화: 과학방법론의 패권정치, 서울: 전예원, 2001.

Almond, Gabriel A. "Introduction: A Functional Approach to Comparative Politics." Gabriel Almond and James Coleman, eds. *The Politics of Developing Areas.* Princeton: Princeton University Press, 1960.

Almond, Gabriel A. and G. Bingham Powell, Jr. *Comparative Politics: A Developmental Approach*. Boston: Little, Brown, 1966.

Almond, Gabriel A. and G. Bingham Powell, Jr. *Comparative Politics: System, Process, and Policy.* Boston: Little, Brown and Company, 1978.

Gunnell, John G. Philosophy, *Science and Political Inquiry.* 김종술 역. 주류사회과학방법론비판. 서울: 나남, 1990.

Isaak, Alan C. *Scope and Methods of Political Science: An Introduction to the Methodology of Political Inquiry*. 정규섭 옮김. 정치학의 범위와 방. 서울: 대왕사, 1988.

Weber, Max. *The Methodology of the Social Sciences.* New York: The Free Press, 1949.

# Part 2

# 정치 환경

제3장

# 문화적 환경: 정치문화

## I. 주요 내용

예전에 몇몇 대학 학생들의 생활상을 풍자하는 우수개 소리가 인구에 회자되었던 적이 있었다. 즉 이를테면 돈 10,000원이 생기면 서울대생은 책을 사보고, 연대생은 구두를 닦고, 고대생은 막걸리를 사 먹는다는 거다. 이러한 풍자는 결코 과학적 엄밀성에 기초하여 도출된 일반화의 요건은 물론 갖추지도 못했을 뿐만 아니라 세밀한 관찰에 바탕을 두지도 못한 우스개 소리에 지나지 않음을 우리 모두는 알고 있다. 그러나 이러한 우스개 소리가 어느 정도 관심을 끌었던 것은 그것이 불안전하나마 그 대학에 다니던 학생들의 서로 다른 행위패턴을 어느 정도 설명해 주는 통찰력이 있었다는데 있다. 즉 어느 특정 공동체로서의 대학 구성원들 사이에 공유되어 있는 그들만의 가치체계, 태도, 그리고 어떤 정향성에 주목하여 그들이 어떠한 행동을 하리라는 것을 대략적으로 나마 예측하고 있다는 점에서 불완전하지만 나름대로의 통찰력이 있다고 느껴지기 때문에 우리의 흥미를 끈다.

이와 마찬가지로 모든 나라의 정치는 그 사회가 갖고 있는 문화적 토양에 의해 영향을 받는다. 따라서 과거로부터 물려받은 정치문화가 무엇이며 그것이 어떻게 정치에 영향을 주는가를 살펴보는 것은 중요한 일이다. 그것은 우리가 정치문화를 통하여 그 사회의 정치현상을 어느 정도 가늠해 볼 수 있기 때문이다.

## 1. 정치문화의 의미와 내용

정치문화란 한 사회 구성원들이 정치에 대해 갖고 있는 가치, 태도, 정향을 말한다. 이는 한국사회에서 흔히 한국의 정치에 영향을 주는 문화적인 요인들을 설명할 때 쓰이는 용어인 정치풍토라는 용어가 갖는 의미와 맥락을 같이한다고 볼 수 있다. 한국인들의 정치적 사고와 행위 유형을 지칭하는 정치풍토라는 용어는 우리의 정치현실에 영향을 주는 문화적 맥락을 지칭하는 유익한 용어임에 틀림없다. 그러나 불행하게도 정치풍토라는 용어는 한국정치에 영향을 주는 문화적 배경을 단순히 기술하는 데에는 문제가 없으나, 한나라의 정치문화가 다른 나라의 정치문화와 어떻게 다른가, 현재의 정치 문화와 과거의 정치문화와는 어떻게 다른가 하는 점 등을 비교하거나 설명할 수 있는 분석적 능력을 성공적으로 발전시키지 못했다. 정치풍토라는 용어가 정치에 영향을 주는 문화적 요인을 분석하기에는 적합하지 않기 때문에 여기서는 서구에서 발달된 개념이기는 하나 보다 분석적인 시각을 제공해주는 정치문화라는 용어를 사용하기로 한다.

Almond와 Verba는 그들의 저서 「Civic Culture」에서 정치문화를 정치적 대상에 대한 사회 구성원들의 가치, 태도, 정향이라고 규정하고 있다(이하의 정치문화 논의는 Gabriel A. Almond and Sidney Verba 1963에 기초한 것임). 즉 그들은 정치현상을 체계현상의 관점에서 파악하고 정치문화는 정치체제가 작동하는 데 영향을 주는 사회 구성원들의 심리적이고 주관적인 요소들의 집합체로 보고 있다. 따라서 정치문화라는 개념은 정치적 대상에 대한 구성원들의 정향이 어떻게 분포되어 있는가를 나타내 주는 것이다. 여기서 우리는 정치문화를 이해하고자 할 때 파악해야 할 핵심 사항(key word)은 1)정치적 대상 2)태도 및 정향 그리고 3)패턴임을 알 수 있다.

### ● 정치적 대상

사회구성원들이 갖고 있는 태도나 정향의 정치적 대상은 네 가지 차원으로 구별하여 살펴볼 수 있다. Almond와 Verba는 정치문화를 체계적 관점에서 파악하고 있기 때문에 사회 구성원들의 태도나 정향의 대상 역시 정치체계의 전 측면이 된다. 즉 정치체제 전반, 정치체제의 투입 측면과 산출 측면, 그리고 정치행위자로서의 자신을 가리킨다.

이를 구체적으로 보면 다음과 같다. 첫째 대상은 전체로서의 정치체계이다. 이 대상의 범주에는 1) 입법부, 행정부, 관료와 같은 역할이나 구조, 2) 입법가나 행정가 같은 정치구조 내에서 특정의 역할을 담당하는 자, 그리고 3) 특정의 공공정책이나 정치체계의 결정, 그리고 이러한 결정의 시행이 포함된다.

둘째는 정치체제의 투입과 관련된 대상이다. 이 대상의 범주에는 1) 정치체계에 대한 사회로부터의 요구의 흐름과 그러한 요구가 권위적인 결정으로 전환되는 과정과 2) 정당이나 이익집단과 같이 이러한 흐름과 과정에 주로 관여하는 정치구조와 역할담당자 등이 포함된다.

셋째는 정치체제의 산출과 관련된 대상이다. 이 대상의 범주에는 1) 권위적 정책이 적용되고 집행되는 과정과 2) 관료제와 법원과 같이 이러한 과정에 주로 관여하는 정치구조와 역할담당자 등이 포함된다.

마지막 대상은 정치적 행위자로서의 자신이다. 이것은 개인이 갖는 정치적 의무에 대한 제 규범의 내용과 성격, 그리고 정치체계에 대한 개인의 자신감이나 능력의 내용과 성격을 지칭한다.

### 태도 및 정향

사회 구성원들의 정향은 세 가지 차원으로 구분되는데, 인지적 정향(cognitive orientation), 감정적 정향(affective orientation), 그리고 평가적 정향(evaluative orientation)이 그것이다. 인지적 정향은 정치체계와 정치적 역할, 그리고 역할 담당자, 투입 및 산출에 대한 지식을 지칭하는 이른바 앎의 차원이다. 감정적 정향은 정치체계와 정치적 역할, 인사 및 업무수행에 대하여 어떠한 감정을 갖고 있는가 하는 느낌의 차원을 말한다. 평가적 정향은 정치적 대상에 대하여 사회 구성원들이 어떠한 의견을 가지고 있느냐 하는 판단의 차원이다.

Almond와 Verba는 정치적 대상에 대한 구성원들의 정향이 엉겨있는 모습을 분석적으로 보여 주기 위하여 세 가지 정치문화 유형을 제시하고 있다. 첫 번째 유형은 지방형 정치문화(parochial political culture)이다. 지방형 정치문화는 사회 구성원이 자신이 속해 있는 정치공동체에 대한 명확한 인식을 결여하고 있을 뿐만 아니라, 전문적인 정치적 역할을 수행하는 제도나 역할을 담당하는 인사에 대한 인식이 결여되어 있고, 정치가 어떠한 방식으로 작동하는지에 대한 인식도 결여되어 있는 정치문화이다. 또한 구성원 자신이 스스로 정치과정에 있어서 의미 있는 역할을 할 수 있으리라고 기대하지도 않는 정치문화이다.

두 번째 유형은 신민형 정치문화(subject political culture)이다. 신민형 정치문화는 사회 구성원들이 정치공동체의 일반적인 작동방식과 정치체제가 산출해내는 정책이나 결정 등이 자신에게 어떠한 영향을 미치는가에 대한 명확한 이해와 평가를 뚜렷이 하고 있으나 정치과정에 대한 능동적인 참여자로서의 자각이 결여되어 있는 정치문화를 말한다.

세 번째 유형은 참여형 정치문화(participant political culture)이다. 참여형 정치문화는 사회 구성원들이 정치체제의 작동방식이나 정치과정에 대하여 명확한 인식과 견해를 갖고 있을 뿐만 아니라 정치과정에 있어서 스스로의 역할에 대해 명확히 인식하고 있어 정치과정에 적극적으로 참여하게 되는 정치문화를 지칭한다. 정치문화의 세 가지 유형을 도식화하면 아래와 같다.

**|표 1| 정치문화의 유형**

| | 일반적 대상으로서의 정치체제 | 투입대상 | 산출대상 | 적극적 참여자로서 자신 |
|---|---|---|---|---|
| 지방형 | 0 | 0 | 0 | 0 |
| 신민형 | 1 | 0 | 1 | 0 |
| 참여형 | 1 | 1 | 1 | 1 |

Almond and Verba, Civic Culture, 16

그런데 Almond와 Verba는 정치문화의 세 가지 유형을 제시하면서 다음과 같은 점에 주의를 환기시키고 있다. 우선 정치문화는 누적적 확대과정을 밟는다는 것이다. 즉 새롭게 획득된 하나의 정치문화는 다른 정치문화를 대치하는 것이 아니라 기존의 정치문화와 결합된다는 점이다(Almond and Verba 1963: 18). 이러한 결합 과정에서 기존의 정치문화는 새롭게 획득된 정치문화에 의해 영향을 받아 변화되며, 이 변화된 정치문화에 새로운 정치문화가 추가적으로 결합된다는 것이다. 예를 들어 신민형 정치문화가 새롭게 획득될 때 기존의 지방형 정치문화가 신민형 정치문화로 대치되는 것이 아니라 기존의 지방형 정치문화는 새로운 문화에 영향을 받아 스스로가 변화되면서 새로운 정치문화인 신민형 정치문화와 결합되는 것이다. 마찬가지로 참여형 정치문화가 획득될 경우에도 기존의 지방형 정치문화나 신민형 정치문화를 대치하는 것이 아니고, 기존의 정치문화가 변화되면서 새로운 정치문화인 참여형 정치문화와 결합되는 것이다.

또한 위와 같은 이유로 현실 사회에서 모든 정치문화는 혼합적으로 존재한다는 점이다(Almond and Veba 1963:19). 정치문화를 지방형, 신민형, 그리고 참여형 정치문화로 분류한다고 해서 그 사회의 정치문화가 균일적이거나 획일적이라는 것을 의미하는 것은 아니다. 만일 어느 사회의 정치문화가 특정의 유형의 정치문화로 분류된다면, 이는 그렇게 분류되는 정치문화의 특성이 통계적 빈도로 볼 때 두드러지게 나타나다는 것을 의미하는 것이다. 이렇게 보면 가장 참여형의 정치문화조차에서도 지방형적인 것, 그리고 신민형적인 것을 포함할 수도 있는 것이다. 따라서 모든 정치문화는 지방형 정치문화, 신민형 정치문화, 그리고 참여형 정치문화가 어떠한 혼합 비율로 분포되어 있는가에 의해서 특징지어진다. 이와 마찬가지로 정치문화는 개인적 차원에서도 혼합되어 있다. 즉 사회의 각 구성원들도 지방형 정치문화, 신민형 정치문화, 그리고 참여형 정치문화적인 속성을 혼합적으로 갖고 있는 것이다.

### 패턴

정치문화를 파악함에 있어서 한 국가 전체 구성원의 정치문화가 어떠한 모습을 보이는가 하는 것을 이해하는 것도 중요하지만 이에 못지않게 중요한 것은 그 국가를 구성하는 여러 하위 집단들의 태도나 정향이 어떠한 모습을 보이는가를 이해하는 것이다. 국가에 따라서 사회의 여러 이슈나 대상에 대하여 하위 집단들이 갖고 있는 태도나 정향의 분포가 대체적으로 일정한 방향으로 수렴되어 있는 모습을 보일 수도 있고, 여러 방향으로 흩어져 분산되어 있는 모습을 보일 수 있다. 즉 국가에 따라 하위 집단들이 사회의 여러 이슈나 대상에 대해 갖고 있는 태도나 정향의 패턴은 극단적으로 일치되는 모습을 보이는 것으로부터 아주 극단적으로 갈라져있는 모습을 보이는 것에 이르기 까지 다양하게 나타날 수 있다.

**그림 1. 정치문화의 패턴**

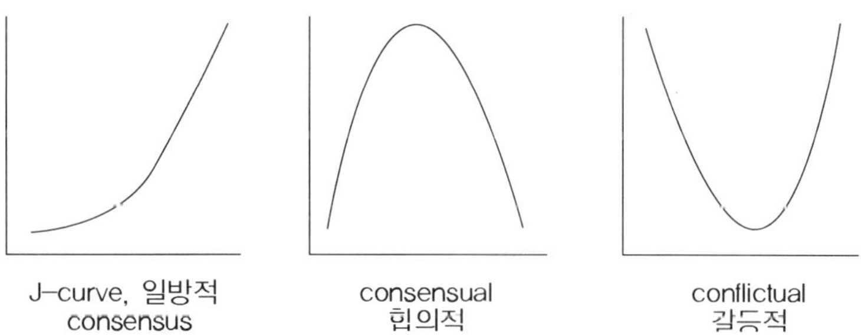


하위 정치문화를 이해하기 위하여 다음 세 가지의 가상적인 패턴을 상정해 보기로 하자. 첫째 유형은 J-curve 패턴이다. 이는 하위 집단들의 태도나 정향이 일방적으로 한쪽으로 쏠려있는 "일방적 정치문화" 유형이다. 이러한 정치문화에서는 분포가 쏠려 있는 쪽으로 합의가 일방적으로 쉽게 이루어진다. 그러나 별로 분포되어 있지 않은 쪽을 반영하는 정책이나 의견은 전혀 용납되지 않는다. 이와 같은 경우는 다음의 예에서 찾아 볼 수 있다. 한국정치사를 되돌아 볼 때 제 1공화국으로부터 제 3공화국에 이르는 기간에는 해방 후 치열했던 좌우의 이념갈등, 한국전쟁 등으로 인하여 한국사회는 반공 일변도의 정치문화가 지배하는 사회였었다. 이 기간 중에는 반공법이나 국가보안법 같은 반공산주의적 체제수호 법령들에 대한 합의는 쉽게 이루어졌으나, 남북한 중립화 통일방안이나 진보 또는 혁신정당들이 활동할 수 있는 여지는 전혀 용납되지 않았었음을 보면 잘 이해할 수 있다.

둘째 유형은 종 모양(bell shape)의 패턴이다. 이는 사회 구성원들의 태도나 정향이 대체로 중립적으로 수렴되는 "합의형 정치문화" 유형이다. 이러한 정치문화에서는 특정 사회적 이슈에 적합한 정책을 도출해내는데 쉽게 합의를 이룰 수 있다.

셋째 유형은 V자 모양의 패턴이다. 이는 하위 집단간의 태도나 정향이 서로 극단적으로 나뉘어져 있는 "갈등형 정치문화"이다. 이러한 정치문화에서는 특정 사회 이슈에 대한 구성원들의 의견이나 태도가 첨예하게 대립되어 있어 정책에 대한 사회적 합의를 이루기 어렵다. 뿐만 아니라 어떠한 정책이 만들어진다고 하더라고 그러한 정책을 받아들이는 것을 주저하거나 심지어는 배격하는 집단이 있을 수밖에 없다. 북한의 핵문제를 포함한 대북정책이나 주한 미군의 지위 및 역할에 대한 정부의 정책을 둘러싸고 최근 한국 사회가 첨예하게 대립되어 있어 적절한 정책을 도출해내지 못하는 것은 한국 사회 하위집단들의 정치문화가 갈등형 정치문화의 성격을 띠고 있다는 것을 말해주는 좋은 예라 할 것이다.

## 2. 정치문화 개념의 유용성

정치문화 개념의 유용성은 다양하나 가장 두드러지는 것은 이 개념이 정치체제의 안정성과 정치참여에 대한 태도를 설명해 준다는 데 있다. 우선 정치문화의 개념이 정치체제의 안정성과 어떻게 연관되는가 하는 것을 보기로 하자.

### ● 정치체제의 안정성

모든 국가는 그 정치문화에 부합되는 정치체제를 갖는 것 즉 정치문화와 정치구조가 서로 궁합이 맞을 때 가장 이상적으로 작동한다. 그런데 어느 특정 국가의 정치문화는 그 국가의 정치구조와 잘 부합될 수도 있고, 부합되지 않을 수도 있다. 일반적으로 볼 때 지방형 정치문화가 지배적인 국가에서는 전통적 정치구조가, 신민형 정치문화가 지배적인 국가에서는 중앙집권적 권위주의적 정치구조가, 그리고 참여형 정치문화가 지배적인 국가에서는 민주주의 정치구조가 가장 잘 부합되는 것으로 이해된다(Almond and Verba 1963: 21). 우리가 문화와 구조 간에 궁합이 맞는가 안 맞는가에 관심을 갖는 이유는 그에 따라 정치체제가 안정적으로 작동할 수도 있고 불안정할 수도 있기 때문이다.

그러면 한 나라의 정치문화가 정치구조와 궁합이 잘 맞는가를 어떻게 알 수 있는가? 그것은 정치구조에 대해 사회 구성원들이 갖고 있는 정향이 어떠한 모습을 띠고 있는가에 따라 측정될 수 있다. 한 나라의 정치문화와 정치구조가 궁합이 잘 맞는가 맞지 않는가에 따라 그 양자간의 부합관계를 충순형(allegiance), 냉담형(apathy), 그리고 소외형(alienation) 이 세 가지로 유형화 할 수 있다(Almond and Verba 1963:22). 충순형은 정치문화와 구조간의 부합 정도가 높은 유형이다. 이 유형은 어느 사회의 정치문화가 어떤 형이든지 간에 정치적 대상에 대한 인지적 수준이 높고, 감정적 내지 평가적 정향이 긍정적으로 나타나는 경우이다. 냉담형은 문화와 구조간의 부합정도가 낮은 유형이며, 정치적 대상에 대한 인지적 정향은 높은 편이나 정치적 대상에 대한 감정이나 평가의 영역에서는 대체로 무관심을 보인다. 소외형은 문화와 구조간의 불일치가 심한 유형이며, 정치적 대상에 대한 인지적 정향은 높으나 부정적인 감정과 평가의 빈도가 높다.

정치문화와 정치구조가 잘 부합되는 경우 즉 충순형의 경우 그 정치체제는 안정적으로 작동한다. 그러나 양자간의 부합 정도가 낮은 경우 특히 소외형의 경우 정치체제는 불안정하며, 대체적으로 정치체제의 변화가 일어나는 경우가 많다. 그런데 여기서 주의할 것은 문화와 구조와의 관계를 이렇게 보는 것은 양자의 관계를 지나치게 단순하게 볼 가능성이 있다는 것이다. 왜냐하면 양자의 부합관계가 낮게 나타나는 경우에도 이것이 특정의 통치자나 관료와 같은 특정한 역할담당자에 대한 단순한 배척일 수도 있고 체계의 변화과정에서 나타날 수도 있기 때문이다.

### 정치참여에 대한 태도

정치문화 개념의 또 다른 유용성은 이것이 정치참여에 대한 시민들의 태도를 가늠하게 해준다는 데 있다. 보통 시민들이 정치적 행위자로서의 자기 자신을 어떻게 보고 있느냐 하는 시민적 자신감(civic competence)이 어느 정도인가에 따라 시민들이 어떠한 정치적 행위를 할 것인가를 예측할 수 있다. 시민적 자신감은 결국 시민들이 정부의 정책에 대하여 어느 정도의 영향력을 갖고 있다고 믿는가를 나타내는 지표라 할 수 있다. 물론 정치적 행위자로서의 시민들은 자기 자신의 능력에 대해 잘못 지각하고 있을 수 있다. 시민들은 자신이 갖고 있는 실제의 능력에 비해 정부의 정책에 대해 더욱 영향을 미칠 수 있다고 지각할 수도 있고, 또 전혀 영향을 미칠 수 없다고 지나치게 냉소적으로 자신의 역할을 지각할 수도 있다. 여기서 중요한 것은 지각의 정확성이 아니라 그 지각의 정도가 시민들의 정치참여에의 태도를 예측하는데 도움을 준다는 것이다. 사회 구성원 개인적 차원에서 볼 때 참여형 정치문화 요소가 많을수록 시민적 자신감이 높아질 것이며, 따라서 정치참여의 기회가 더욱 높아질 것으로 본다. 그러나 여기서 주의할 것은 시민적 자신감이 곧 실제의 정치참여를 가져오는 것이 아니고 시민적 자신감은 시민들에게 정치참여에의 성향을 창출한다는 것이다.

# II. 경험과 사례

## 1. 서구 사회의 정치문화

### 시민문화(civic culture)

알몬드와 버바는 안정적인 민주주의 체제를 가능케 하는 정치문화를 시민문화라고 명명하였다(Almond and Verba 1963). 이 시민문화는 다음과 같은 특징을 갖는다. 우선 알몬드와 버바는 시민문화가 정치구조와 잘 부합되는 참여형 정치문화라고 설명한다. 따라서 정치체제는 구조와 문화가 궁합이 잘 맞기 때문에 안정적일 수 있다. 그런데 여기서 유의할 것은 시민문화가 비록 참여적 정치문화가 지배적인 정치문화라고 할지라도, 모든 정치문화가 복합적인 것처럼 시민문화 역시 지방적이거나 신민적인 정치문화 요소를 포함하고 있다. 따라서 시민문화를 가진 사회에서의 개인은 정치과정의 참여자지만, 사회 구성원들에게 분포되어 있는 비참여적이고 보다 전통적인 정치정향은 개인의 정치참여를 제한하고, 정치에 관여하는 것을 유순하게 한다는 것이다. 결국 시민문화는 사회의 구성원들이 정치참여에 가치를 두고 있으나 정치체제가 운용되는 것에 충분히 만족하고 있기 때문에 정치참여에의 동기가 약한 정치문화라고 이해할 수 있다.

이러한 정치문화는 서구의 국가들 가운데에서도 특히 영국과 미국에서 발견되는데, 이들의 정치문화를 각각 순응적 시민문화(deferential civic culture) 그리고 참여적 시민문화(participant civic culture)라고 한다. 그런데 이들 국가에서는 민주주의 정치체제가 안정적으로 유지되기 때문에 시민문화야말로 안정적인 민주주의의 전제조건이 된다 할 수 있다.

### 조용한 혁명(silent revolution)

로날드 잉글하트(Ronald Inglehart)는 서구의 정치문화가 서서히 변화되어 왔음을 관찰하고, 이러한 정치문화의 변화를 조용한 혁명이라고 이름 붙였다(Ronal Inglehart, 정성호 역 1983). 그에 의하면 서구 사회에서는 물질적 복지와 신체의 안전을 중시하던 가치관이 점차 삶의 질을 중시하는 가치관으로 변화되고 있다는 것이다. 즉 미국과 서유럽의 많은 국가에서 물질적인 풍요로움과 안정을 제일로 여기던 '물질적 가치(materialist values)'로부터 삶의 질을 높이는 것이 중요하다는 '탈물질적 가치(post-materialist values)'를 중요시 여기는 세대가 자라나고 있다는 것이다.

탈물질적 가치의 성장은 경제와 과학 기술의 발달, 매스 미디어의 확산, 교육의 확대 등에 영향을 받으나, 인간의 성장기에 겪은 물질적 풍요와 안정에 의해 크게 영향을 받는다. 서구 사회의 경우 1, 2차 세계 대전을 경험한 세대들은 전쟁의 참상과 경제적 피폐를 뼈저리게 경험했기 때문에 인간의 기본적인 욕구를 충족시켜 주는 체제의 안정, 경제적 안정 등과 같은 물질적 가치들을 가장 중요한 가치로 추구해 왔으나, 60년대 이후의 세대들은 그와는 반대로 삶의 질, 환경 등과 같은 탈물질적 가치를 중요한 가치로 추구한다는 것이다.

그 까닭은 두 가지 점에서 발견된다. 하나는 서구 사회가 60년대와 70년대에 이르러 괄목할 만한 경제성장을 이룩함으로써 물질적인 풍요로움을 누리고 있다는 점이고, 다른 하나는 제 2차 세계대전이 끝난 후 동서 진영의 냉전을 경험을 했으나, 오랫동안 평화체제를 유지함으로써 전쟁의 공포를 실제적으로 느낄 수 없었다는 점이다. 따라서 경제적 풍요로움과 체제의 안정 속에서 자라난 세대들은 그 이전의 세대와는 전혀 다른 가치를 추구하게 된다는 것이다.

이러한 가치관의 변화에 따라 정치영역에서도 광범위한 변화가 일어나고 있다. 이를테면 물질적 가치를 추구하는 세대들에게 중심이 된 정치적 이슈가 계급적 균열을 둘러 싼 정치투쟁이라면, 탈물질적 가치를 추구하는 세대의 주요 정치적 이슈는 삶의 질을 둘러싼 정치투쟁이라 할 수 있다. 이에 따라 시민들의 투표양태나 정당의 지지기반도 계급을 기초로 한 투표행태나 계급적 지지를 기초로 한 정당으로부터 삶의 질이나 환경 문제 등을 주요 판단 기준으로 삼아 투표하거나 정당을 지지 경향이 나타나게 된다.

## 2. 한국의 정치문화

### 한국 정치문화의 본질

한국 사회의 정치행태를 어느 정도 가늠해 줄 수 있는 정치문화에 대한 탐구는 대체적으로 60년대에 시작되었다. 초창기의 연구는 한국의 정치문화를 일차원적으로 파악하였다. 윤천주 교수는 한국의 정치문화를 '권위주의적 정치문화'로 규정하였다(윤천주 1979). 그는 한국의 정치문화를 한국 사회가 우월한 자와 열등한 자, 강한 자와 약한 자로 대변될 수 있는 상하 수직적 질서를 바탕으로 하여 지배복종의 인간관계가 두드러지게 나타나는 정치문화로 파악한 것이다.

그러면 왜 한국의 정치문화는 권위주의적 정치문화로 규정될 수 있을까? 윤천주 교수는 그 전통적, 역사적 요인을 다음과 같은 3 가지 요인에 기인한다고 설명한다(윤천주 1962). 즉 한국 사회의 권위주의적 정치문화는 유교의 윤리규범에 바탕을 둔 전제군주 지배의 정치전통, 그러한 정치전통에 의해 배양된 권위주의적 사회성격 그리고 토지의 소유가 인정되지 않은 농민에 대한 관리들의 약탈적인 조세징수와 관에 의존하는 수공업과 상업의 형태에서 기인한 경제적 구조의 권위주의적 성격에서 배태되었다는 것이다.

윤천주 교수가 말하는 권위주의적 정치문화는 알몬드와 버바의 유형에 따르면 신민형 정치문화 유형이 지배적인 정치문화인 셈이다. 윤형섭 교수는 이러한 정치문화 유형을 우리의 피부에 보다 와 닿는 표현을 써 '쇤네 정치문화'라 지칭하고 있다.(윤형섭 외 2003:34) 이는 상급자의 권위에 무조건 전인적으로 순종하는, 따라서 예속적이며 무책임한 행위 패턴이 두드러지게 나타나는 문화 유형을 의미한다.

한국의 정치문화의 특성으로 권위주의적 정치문화 특성이 두드러지게 나타난다는 것은 부인할 수 없는 사실이다. 그러나 오늘날의 한국 정치문화의 특성을 권위주의 정치문화로만 단순화시키는 것은 한국 정치문화의 본질을 정확하게 이해하는 길이 아니다. 왜냐하면 1960년대 이래로 한국 사회가 급속한 사회경제적 변화를 겪으면서 새로운 정치 정향이 생성되고, 이들이 기존의 정치문화적 특성과 결합되어 한국의 정치문화가 복합적 성격을 띠고 있기 때문이다.

따라서 오늘날의 한국 정치문화는 사회경제적 변화와 더불어 다차원적인 특성을 보인다. 한국정치문화에 대한 여러 학자들의 연구 결과를 분석한 이지훈 교수에 의하면 한국정치문화에는 권위주의, 시민성, 공동체성, 소외성, 분파성, 저항성, 민족적 주체성이라는 7 가지의 특성이 나타난다는 것이다(이지훈 1982). 윤형섭 교수 역시 기존학자들의 연구에 기초하여 한국정치문화의 특성은 근본주의와 대동주의, 권위주의와 쇤네문화, 민주와 저항의 문화 그리고 극한문화와 죽음의 문화로 다차원적인 특성이 나타남을 밝히고 있다(윤형섭외 2003:30-40).

한국의 정치문화가 복합적이고 다차원적 특성을 보인다는 것은 전국 단위의 표본 설문조사를 분석한 한배호, 어수영 교수의 실증적 연구에서도 확인된다(한배호, 어수영 1987). 그들의 연구에 의하면 묵종성, 의인주의, 형식주의, 신뢰성, 평등성, 관용성, 권리의식이라는 7 가지 가치정향이 한국의 정치문화에 영향을 주는 것으로 나타난다. 그들은 이 7 가지 가치정향을 전통적 가치와 근대적 가치의 높낮음을 보여주는 사회적 정향을 나타내는 가치정향(묵종성, 의인주의, 형식주의)과 민주적 태도와 권위주의적 태도의 강약을 보여주는 정치적 정향을 나타내는 가치정향(신뢰성, 평등성, 관용성, 권리의식)으로 분류하고, 사회적 정향과 정치적 정향이 한국인에게 나타나는 일관성에 따라 한국인의 정치문화를 묵종형, 길항형, 그리고 수용형 정치문화로 구분하였다. 그들의 조사에 의하면 한국인들이 갖고 있는 정치문화 유형은 묵종형이 30%, 수용형이 40%, 그리고 길항형이 30% 정도로 분포되어 있음을 보이고 있다. 따라서 한국의 정치문화는 수용형 정치문화가 두드러지나, 묵종형과 길항형 역시 강하게 나타나고 있어, 정치문화가 다차원적이고 복합적임을 알 수 있다.

### 한국정치문화의 변화

한국의 정치문화 역시 민주적으로 변화되고 있음이 나타나고 있다. 한국 정치문화를 변화시키는 추동력은 급속한 산업화와 이에 따른 지속적인 경제성장, 인구이동과 급속한 도시화, 교통과 통신의 발달, 사회계층 구조의 변화, 대중매체의 확산, 그리고 교육 기회의 확대 등이다.

우선 이영호 교수는 한국사회의 사회경제적 발전이 한국의 정치문화를 변화시켰음을 보여주고 있다(이영호 1980). 그는 정치사회화 과정의 변화에 주목하여 외국, 국내정치 그리고 사회경제적 변화 등이 정치사회화에 영향을 미치고, 이것이 한국의 정치문화를 권위주의적이고 신민적인 것으로부터 보다 참여적이고 자유주의적인 정치문화로의 변화를 가져왔다고 주장한다.

이남영 교수 역시 급속한 산업화에 따른 사회경제적 변화가 한국인들의 정치적 태도를 민주적으로 개선시켰다고 주장한다(이남영 1985). 그는 한국인이 갖고 있는 정치적 경쟁에 대한 태도, 다수결 및 소수보호원칙에 대한 태도, 그리고 정치적 효능감에 대한 태도를 중심으로 1974년의 조사 자료와 1984년의 조사 자료를 비교하여 본 결과 한국인의 정치적 태도가 점진적으로 민주적으로 변화되었음을 발견하였다. 그는 한국의 정치문화가 민주적 정치문화가 정착되었다고는 보지 않았으나 사회경제적 변동이 지속될 경우 한국의 정치문화가 민주적으로 성숙될 것으로 보았다.

어수영 교수는 서구 사회에서와 같이 물질적 복지와 신체의 안전을 중시하던 물질적 가치관으로부터 점차 삶의 질을 중시하는 탈물질적 가치관으로 조용한 변화가 일어나고 있는 현상이 한국 사회에서도 나타나고 있음을 관찰하였다.(어수영 1991) 그는 한국사회에서도 산업화에 따른 지속적인 경제 성장, 매스 미디어의 확산, 교육의 확대 등의 요인과 더불어 급속한 경제성장의 혜택을 받은 비교적 젊은 세대들이 물질적 풍요와 안정을 누리면서 서구와 같이 탈물질적 가치를 중요하게 여기는 세대가 자라나고 있다고 주장한다. 한국 사회의 경우 일제의 지배체제와 2차 세계 대전 및 한국전쟁을 경험한 기성세대들은 전쟁의 참상과 경제적 피폐를 뼈저리게 경험했기 때문에 체제의 안정, 경제적 안정 등과 같은 물질적 가치들을 가장 중요한 가치로 추구하고 있지만, 새로운 젊은 세대들은 이와는 다르다는 것이다. 즉 새로운 젊은 세대들은 급속한 경제성장에 따른 물질적인 풍요로움과 한국전쟁 이후 북한의 위협을 간헐적으로 경험한 바 있으나 냉전체제의 해체 등으로 전쟁의 공포를 실제적으로 느낄 수 없었기 때문에 그 이전의 세대와는 전혀 다른 가치를 추구한다는 것이다.

### 헨더슨의 소용돌이 정치(The Politics of the Vortex)

그레고리 헨더슨(Gregory Henderson)은 조선시대, 일제 식민통치 시대, 미군정시대를 거쳐 현재에 이르는 한국정치의 양상을 정치문화적 관점에서 소용돌이의 정치라고 규정한다(Gregory Henderson 1968). 우선 그는 한국사회를 통일성(unity)과 동질성(homogeneity)이 두드러지게 나타나는 사회로 파악한다. 이러한 통일성과 동질성 때문에 한국 사회는 이른바 대중사회의 특징이 강하게 나타난다는 것이다. 그가 말하는 대중사회란 촌락과 중앙 권력 사이에 강력한 기구나 자발적인 결사체와 같은 중간 매개 집단이 결여된 사회, 그리고 정치체제 내에서 독자적인 입장을 갖거나 독자적인 행동의 중심이 될 수 있는 계급적 응집성이 결여된 사회를 말한다. 이러한 대중 사회는 원자화된 개체들로 구성되는 원자화된 사회이며, 원자화된 개체들 간의 관계는 주로 국가권력과의 관계를 통해서만 이루어지며, 엘리트와 대중들을 매개할 수 있는 집단이 허약하기 때문에 엘리트와 대중이 직접적으로 대결하게 되는 무정형성과 고립성이 특징적으로 나타난다.

대중 사회는 대부분 중앙집권화와 독재화되는 경향이 있는데, 한국적 대중 사회는 그 경향이 극단적으로 오래 지속되었다는 점에서 특징적이라는 것이다. 원자화된 대중 사회의 특징을 보이는 한국사회에서 그룹의 형성은 인위적, 기회주의적 그리고 분파적일 수밖에 없다. 영토가 고정되어 있을 뿐만 아니라 인종적, 종교적, 정치적, 언어적인 면이나 그 밖의 어떠한 면에서도 한국 사회 내에는 균열을 가져올 만한 요인이 결여되어 있으며, 한국 사회를 규율하는 보편적인 가치체계 또한 유지되고 있기 때문에 그룹의 형성은 인위적일 수밖에 없다는 것이다. 기득권, 종교적 분열, 기본적인 정책적 차이나 이념적 분열 같은 것은 거의 없었을 뿐만 아니라 오랫동안 이런 것들은 큰 의미가 없었기 때문에 정치적 패턴을 결정짓는 중요한 요인이 아니었다. 따라서 그룹의 형성은 구성원들의 권력에의 접근과 관계가 있을 뿐 그룹들 간에는 특별한 차이가 없다. 단지 그룹들은 구성원들의 퍼스낼리티나 권력과의 관계만으로 구별될 뿐이기 때문에 기회주의적이다. 집단 간의 구별을 가져오는 이익이나 이슈가 없는 동질적이고 권력지향적인 사회이기 때문에 그룹의 형성은 분파적인 것일 뿐이다. 그 결과 한국정치는 사회 내의 모든 역동적 요소들이 중앙 권력을 차지하기 위해 위로 빨려 들어가는 강력한 소용돌이를 닮게 되었다는 것이다.

## III. 인용 및 읽을거리


이남영, "산업화와 정치문화: 민주의식 변화를 중심으로," 한국정치학회보 제 19집, 1985.

어수영, "한국인의 가치변화와 민주화," 한국정치학회보 제 25집 2호, 1991.

이영호, "한국의 사회경제적 변혁과 정치문화의 변화,"이화여대 사회과학논집, 1980.

이지훈, "한국정치문화의 기본 요인," 한국정치학회보 제 16집, 1982.

윤천주, 한국정치체계 서설: 정치상황과 정치행태 (증보판), 서울: 시울대 출핀부, 1979.

윤형섭 외. 한국정치 어떻게 볼 것인가. 서울: 박영사, 2003.

한배호, 어수영, 한국정치문화, 서울: 법문사, 1987.

Gabriel A. Almond and Sidney Verba, *The Civic Culture: Political Attitudes and Democracy in Five Nations,* Boston: Little, Brown and Company, 1963.

Gabriel A. Almond and Sidney Verba, *The Civic Culture Revisited,* Boston: Little, Brown and Company, 1980.

Bill and Hardgrave, *Comparative Politics: The Quest for Theory,*

김기우 역, 비교정치·이론. 서울: 박영사, 1990.

Gregory Henderson, *Korea: The Politics of the Vortex,* 박행웅, 이종삼 옮김, 소용돌이의 한국정치, 서울: 한울 아카데미, 2000.

Ronald Inglehart, *The Silent Revolution: Changing Values and Political Styles Among Western Publics,* 정성호 옮김, 서울: 종로서적, 1983.

제4장

# 경제적 환경: 정치에 대한 경제의 영향

## I. 주요 내용

정치에 미치는 경제의 영향 또는 경제에 미치는 정치의 영향은 이른바 정치경제의 영역에 속하는 것이다. 정치체제의 작동에 영향을 주는 경제의 영향은 크게 보아 두 가지 차원에서 살펴 볼 수 있다. 하나는 거시적 차원으로 경제발전과 민주주의와의 관계에 초점을 맞추는 것이고, 다른 하나는 미시적 차원으로 집권자가 이룬 경제적 성과와 이에 따른 정치적 지지의 수준과의 관계이다.

### 1. 거시적 차원: 경제성장과 민주주의

경제발전과 민주주의와의 관계는 정치사회의 오래된 주제로서 많은 논란이 이어져 왔다. 이 주제에 대한 논의는 여러 갈래로 이어져 내려오고 있으나 대표적인 논의는 두 가지이다. 하나는 경제발전이 민주주의를 가져오는가 하는 것이고, 다른 하나는 어떤 특정 정권 즉 민주주의 정권이나 권위주의 정권이 다른 정권에 비해 경제발전에 더욱 효율적인 정부인가 하는 것이다.

#### ■ 경제발전은 민주주의를 가져오는가?

발전과 민주주의와의 관계를 살펴보려는 시도에는 두 가지의 서로 다른 접근법이 있다. 하나는 국가 간 제 지표를 통계적으로 분석하여 경제발전과 민주주의의 관계를 정량적으로 살펴보는 접근법이다. 이는 많은 수의 사례에 대한 통계적 분석이 거시사회 분석에서는 불가능한 실험적 접근의 유일한 대안이기 때문에 많은 나라를 포괄하는 국가 간 교차연구로부터 통계적 추론을 통하여 경제발전과 민주주의와의 관계를 살펴보는 방법이다. 다른 하나는 많은 나라에 대한 약간의 정보만을 갖고 통계적 상관관계 분석을 거쳐서는 타당한 분석을 이끌어 낼 수 없기 때문에 소수의 사례를 중심으로 역사적 특수성을 강조하는 역사적 접근법을 통하여 민주주의의 인과적 조건을 탐구해 내는 연구 방법이다.

### 사회경제적 발전과 민주주의

립셋(Seymour Martin Lipset)은 세계 각국의 경제발전지표와 민주화지표를 이용하여 교차국가 분석을 해보면 경제사회적 발전과 민주발전 사이에는 명백한 상관관계가 존재한다고 주장한다(Lipset 1959). 립셋은 “더욱 잘사는 국가일수록 민주주의를 유지할 가능성이 더욱 크다”라는 일반적인 인식을 국가 간 비교를 통하여 검증하고자 하였다. 유럽과 라틴 아메리카의 국가들을 부, 산업화, 교육, 도시화 등의 상호 연관된 차원에서 1인당 국민소득, 인구 1000명당 전화보유대수, 농업에 종사하는 인구의 비율, 문자해득률, 상이한 규모의 도시에 사는 인구의 비율 등과 같은 지표를 통하여 비교한 결과, 그는 민주주의 체제들이 독재체재보다 모든 차원에서 평균적으로 높은 수치를 보이고 있음을 발견하였다. 그에 의하면 사회경제적 발전은 시민들에게 절제와 관용적 자세를 고취시키며, 이것이 민주주의를 가능케 한다는 것이다. 그러나 주의할 점은 그가 주장한 것은 사회경제적 발전이 민주주의와 정(正)의 관계가 있다는 것을 보여주는 것이지, 경제사회발전이 민주화를 초래한다는 인과관계를 보여주는 것은 아니라는 점이다.

그림2. 사회경제적 발전과 민주발전의 관계

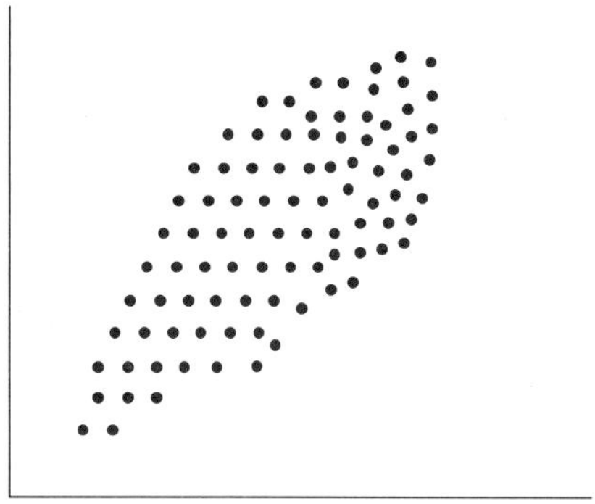

### 자본주의적 경제발전과 정치적 권위주의

오도넬(Guillermo O'Donnell)은 높은 수준의 근대화와 관료적 권위주의 정권사이에 선택적 친화력(selective affinity)이 존재한다고 주장한다(O'Donnell, 1973). 즉 립셋의 관찰과는 달리 특정의 상황 하에서는 상대적으로 경제가 발전한 사회에서 민주주의 체제가 발전하는 것이 아니라 오히려 권위주의 정치체제가 나타난다는 것이다. 이러한 권위주의 정치 체제는 상대적으로 발전한 라틴 아메리카 국가인 브라질이나 아르헨티나에서 각각 1964년과 1966년에 수립되는 데, 이 국가들에서 나타난 권위주의 정치체제는 기술 관료들이 주요 역할을 수행한다는 의미에서 이전의 권위주의 정치체제와 구별하여 관료적 권위주의 체제(bureaucratic authoritarian regime)라 불린다.

관료적 권위주의 체제의 등장은 세 가지 요인으로 설명될 수 있다(Collier, 1979). 첫째는 산업 심화의 필요성과 관련이 있다. 상대적으로 발전한 라틴 아메리카 국가들에서 20세기 전반기 경제발전의 핵을 이루었던 수입대체 산업화가 한계에 봉착함에 따라 - 산업화 초기단계에서는 수입 소비재에 대한 의존은 줄어들지만 소비재 생산을 위해 필요한 중간재 및 자본 장비의 수입이 증가하여 국제수지의 적자, 대외 부채 및 인플레이션의 문제 등이 나타나는 현상 - 제기된 산업 구조의 변화, 즉 산업 심화의 필요성이 관료적 권위주의 체제의 등장 요인으로 작용한다.

둘째, 정치적으로 활성화된 민중부문에 대한 통제의 필요성이 권위주의 체제의 성립과 관련이 있다. 초기의 산업화 과정에서 민중 부문이 양적으로 팽창하고 경제적 중요성 증가하면서 정치적으로 활성화되었다. 그런데 초기의 산업화 단계가 끝나고 정통 경제 정책으로 옮아가게 되면, 증가 추세에 있는 민중부문 세력들은 자신의 이익에 반하는 이 새로운 정책에 도전하기 마련이고, 그 결과 요구와 성취의 갭, 스트라이크의 확대, 정당체제의 교착, 극심한 정치경제적 위기가 나타난다. 이렇게 정치적으로 활성화된 민중부분의 요구를 통제하기 위한 방편으로 권위주의 체제가 등장하게 되는 것이다.

셋째, 관료적 권위주의체제의 등장은 기술 관료(technocrats)의 역할 증대와 관련이 있다. 산업화에 수반하여 나타나는 사회적 분화는 사회 내 민간부문이나 공공부문의 일반관료제와 군부 관료제 모든 부문에 있어서 기술 관료의 역할을 크게 증대시키는데 이것이 권위주의 체제의 등장과 관련이 깊다. 기술 관료들은 계속되는 정치적, 경제적 위기를 관용하는 수준이 매우 낮으며, 민중 부문에서 보이는 높은 수준의 정치화가 경제성장의 장애 요소라고 생각하는데, 소위 "신직업주의"로 무장된 개입지향적인 군부가 이 기술 관료들과 결탁하여 계급 갈등을 종식시키고 해외자본의 적극 도입에 의거한 산업 심화를 이루기 위한 목적으로 정권을 장악하고 새로운 체제를 출범시킨다. 즉. 기술관료, 국내외 자본가, 군부 사이에 "쿠테타 동맹"이 형성되고, 이에 의한 권위주의적 정권의 성립된다.

그런데 이러한 관료적 권위주의 체제의 등장은 특정 시기와 지역적으로 제한적으로 나타나는 것이며, 자본주의적 발전이 보편적으로 정치체계의 권위주의화를 야기 시킨다는 명제로 확대될 수는 없다.

**그림3. 관료적 권위주의 체제의 등장 경로**

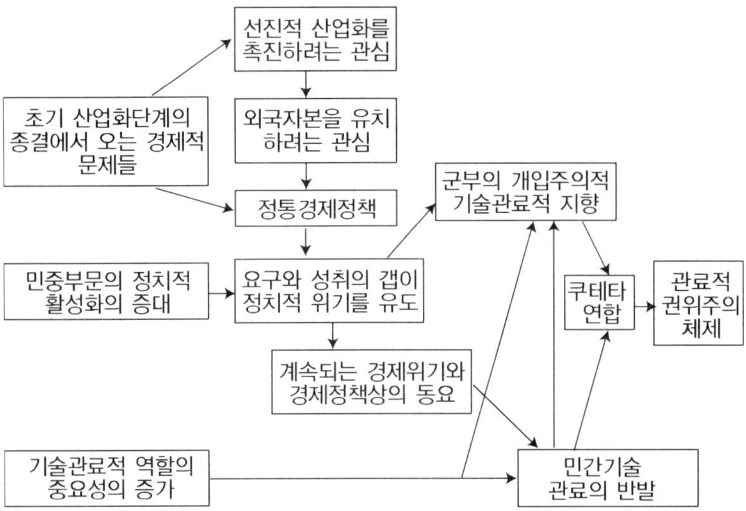


출처: David Collier, "Overview of the Bureaucratic Authoritarian Model," in David Collier (ed.), The New Authoritarianism in Latin America, Princeton, N.J.: Princeton University, 1979.

## 역사적 경험을 통한 평가

위의 논의는 경제발전과 민주발전 또는 경제발전과 권위주의 체제의 등장이라는 두개의 상반된 주장들을 어떻게 해석해야 하는 가라는 문제를 야기 시킨다. 그러나 두 가지의 상이한 주장을 종합해 보면 다음과 같이 잠정적인 결론을 도출할 수 있다. 우선 경제발전 그 자체가 민주화로 자동적으로 귀결되지는 않는다는 점이다. 자본주주이 발전의 특정 단계에서 권위주의 체제가 생성될 수도 있음은 분명하다. 둘째, 그러나 1974년 이후에 민주화 제3의 물결을 경험하고 있는 나라들을 살펴보면 이들은 거의 전부가 일정한 수준의 경제발전을 경험한 중위 소득 국가라는 점에서 경제발전과 민주발전은 깊은 관계가 있음을 부인할 수 없다.

## 정부 형태와 경제발전

### 권위주의 정부 우위론

권위주의 체제가 민주주의 체제보다 경제발전을 이룩하는데 보다 유리하다는 주장은 경제발전을 추진하는데 있어서 민주주의 체제가 봉착하는 문제점에 대한 비판으로부터 시작한다. 즉 민주주의 체제하에서는 다양한 이익집단들이 '분배동맹'을 결성하고 자신의 이익을 관철시키기 위해 국가를 압박하기 때문에 국가가 효과적인 발전 정책을 펴나가기 어렵다는 것이다. 민주제도하에서는 정부담당자들이 자신의 정치적 입지와 다음의 선거를 의식하지 않을 수 없고 따라서 사회 전체의 장기적 이익보다는 선거민들의 단기적 이익을 먼저 고려하지 않을 수 없다. 그렇기 때문에 그들은 투자보다는 소비와 복지에 돈을 더 쓰지 않을 수 없게 된다. 더구나 민주주의체제 하에서는 권위주의 하에서보다 정부교체가 더 자주 일어나기 때문에 효과적이고 장기적인 정책결정과 집행이 어려워진다.

이에 반하여 권위주의 정권들은 성장을 저해하는 재분배의 요구에 의해 왜곡되지 않고 자유주의 경제 원칙을 준수하는데 원칙적으로 유리한 위치에 있다는 것이다. 권위주의 체제는 원칙적으로 시민을 정치과정에서 효과적으로 배제하는 정치 체제이므로 정부 담당자들은 자신의 정치적 입지나 다음 선거를 고려할 필요 없이 경제발전을 효과적으로 가져 올 수 있다고 판단하는 정책을 거리낌 없이 채택하고 집행할 수 있기 때문이다. 즉 권위주의 정치체제는 제도를 통해 이기적 집단행동을 억제함으로써 집단행동의 딜레마를 해결할 수 있기 때문에 유리하다는 것이다.(Stepan Haggard)

### 민주주의 정부 우위론

민주주의는 경제적 자유를 신장하고 이것이 경제성장의 초석이 된다. 경제적 자유는 경제성장을 신장시키고 이는 정치적 자유에 의해 강화된다. 왜냐하면 정치적 자유는 사람들에게 경제적 자유가 장기적으로 보장되리라는 믿음을 주기 때문이다. 또한 민주주의는 자원의 효율적 배분을 보장하고 성장과 복지를 동시에 도모하며 정치적 안정과 질서유지를 통한 합의의 도출을 가능케 한다.

### 역사적 경험을 통한 평가

지난 역사를 살펴보면 어떤 체제가 경제발전에 보다 효과적인 체제인가에 대한 물음에 일관성 있는 평가를 내리기 어렵다. 첫째, 초기의 산업화는 대부분 군주적 혹은 독재적 정권하에서 이루어졌다. 서구, 일본, 소련, 동아시아의 신흥공업국 모두 초기의 산업화는 권위주의체제 하에서 이루어졌음을 부인할 수 없다. 그러나 산업화가 진전되면서 초기의 경제발전을 가능케 했던 억압체제는 경제발전과 더불어 서서히 와해되었음 또한 사실이다.

둘째, 그렇다고 해서 모든 권위주의 체제 하에서 경제발전이 가능한 것은 아니다. 제 3세계의 경우 대다수의 나라가 대부분의 시기에 걸쳐 비민주적 정권하에 있었지만 그 중 경제성장에 성공한 경우는 소수의 사례에 불과하다는 점에서 그렇다. 제 3세계에서 경제성장이 가능했던 나라는 신흥공업국가라고 불리는 국가들인데, 이는 그 나라에서 보이는 국가의 성격과 깊은 관련이 있다. 즉 정책결정과 집행능력을 갖춘 발전주의 국가(developmental state)의 존재가 이들 나라의 경제발전을 이루는데 중요한 역할을 한 것이다.

경제발전에 어느 체제가 유리한가 하는 위의 논쟁은 역사적 경험뿐만 아니라 논리적으로 살펴보아도 그 관계가 불투명하다. 우선 권위주의 정부가 민주적 정부보다 미래지향적이거나 시혜적 또는 비이기적일 것이라는 가정은 애초부터 성립되지 않는다. 그 이유는 독재자들은 대부분 약탈적 성격을 보이기 때문이다. 또한 정치적 자유가 보장되지 않는 곳에서도 경제성장이 이루어지고, 경제적 자유의 많은 부분이 실제로 보장될 수 있기 때문에 민주주의 체제의 장점만으로 주장될 수는 없는 것이다. 더욱이 정권의 형태와 경제성장과의 관계에 대한 교차국가적 검증의 결과도 일관적으로 나타나지도 않는다.

## 2. 미시적 차원: 경제적 성과와 정치적 지지

정치와 경제적 요인 간의 미시적 관계는 크게 두 가지로 논의된다. 하나는 집권자의 경제적 성과가 집권자에 대한 유권자들의 정치적 지지에 영향을 미친다는 것이고, 다른 하나는 집권자는 차기 선거에서 승리하기 위한 정치적 지지를 동원하기 위해 단기적으로 경제적 상황을 통제, 조정할 수 있다는 것이다.

### 경제적 성과와 정치적 지지

일반적으로 한 사회의 경제적 상황은 선거 결과에 영향을 미친다. 즉 유권자들은 경제적 문제를 중요 쟁점으로 간주하고 있으며, 경제적 상황에 대한 유권자의 평가는 후보자 가운데 누구를 선택할 것인가 하는 투표 결정에 영향을 미친다.

정당이나 후보자의 정책수행 실적은 유권자가 투표에서 정당이나 후보자를 선택하는데 있어 지대한 영향을 미친다. 정책수행 능력이나 실적이 정당이나 후보자에 미치는 영향은 두 가지 형태로 나타난다. 하나는 집권당의 정책 수행 실적에 만족할 경우 유권자는 이를 보상한다는 차원에서 투표 시에 집권당이나 집권당의 후보자를 선택하고, 불만인 경우에는 유권자들은 이를 처벌한다는 차원에서 타당이나 타 정당 후보자를 선택한다는 것이다. 즉 유권자들은 회고적 투표(retrospect voting) 행태를 보인다는 것이다(Key 1966; Downs 1957; Fiorina 1981). 다른 하나는 각 정당이나 후보자가 제시하는 정책을 비교하여 유권자의 기대에 부응하는 정책을 제시하는 정당이나 후보자를 선택한다는 것이다. 즉 유권자들은 미래의 정책 실현에 대한 기대감으로 전망적 투표(prospect voting)를 한다는 것이다.

그런데 정책 수행 능력이나 실적에 대한 유권자의 주관적 평가가 현저하게 나타나는 영역이 바로 경제적 실적이다. 즉 집권당의 경제적 실적에 대해 만족하는 경우 유권자는 선거에 있어서 집권당이나 집권당 후보자를 선택한다는 것이고, 불만족할 경우에는 타 정당이나 타 정당 후보자를 선택한다는 것이다. 즉 집권당이나 집권자의 경제적 실적에 대한 유권자의 평가에 근거하여 투표한다는 경제투표를 한다는 것이다.

경제투표를 둘러싸고 3 가지 쟁점이 존재한다. 첫째는 경제투표의 바탕이 되는 경제 상황에 대한 유권자의 평가는 객관적인 경제지표에 바탕을 두고 이루어지는가 아니면 주관적인 판단에 기초하여 이루어지는가 하는 것이다. 둘째는 유권자의 경제상황에 대한 평가가 자신의 개인적인 경제적 상태를 근거로 하여 이루어지는 것인지 아니면 국가의 전반적인 경제 상태를 근거로 하여 이루어지는 것인가 하는 것이다. 셋째는 유권자의 경제투표는 과거의 경제상황에 대한 평가를 근거로 하여 회고적 투표가 이루어지는 것인지 아니면 미래의 경제적 상황을 예견하여 전망적 투표가 이루어지는 것인지 하는 것이다.

### 객관적 경제 지표와 주관적 경제 상태

경제투표의 바탕이 되는 경제상황에 대한 유권자의 평가는 두 가지를 기준으로 이루어진다. 하나는 경제성장률, 실업률, 인플레이션, 실질개인소득 등으로 표시되는 거시 경제 지표이다. 거시경제지표가 좋을수록 집권당 및 집권당 후보자에 대한 지지가 높아진다는 것이다(Kramer 1971; Fair 1978; Tufte 1978; Hibbs 1982; Alesina and Roubini 1992; Alesina and Rosenthal 1993).

다른 하나는 유권자 개인의 경제상황에 대한 주관적인 평가이다. 경제상황에 대한 유권자의 주관적인 평가가 후보자 선택에 영향을 미친다는 경제투표는 키위트(Kiewiet 1983)와 루이스 벡(Lewis-Beck 1988)에 의하여 선도되어 왔다. 이들에 의하면 개별 유권자들의 후보 선택은 집권자의 경제적 업적에 대한 보상과 처벌의 차원에서 이루어진다는 것이다. 즉 유권자가 경제적 상황을 긍정적으로 평가할 경우에는 선거에서 집권당이나 집권당 후보를 선택하고, 부정적으로 평가할 경우에는 타 정당이나 타 정당 후보자를 선택한다는 것이다(Lewis-Beck 1988; Kiewiet 1983).

유권자가 경제적 상황을 바탕으로 하여 후보를 선택함에 있어서는 객관적 경제지표보다는 주관적인 경제 상황 인식에 바탕을 둔다는 것이 유권자의 선택을 보다 직접적으로 보여준다는 점에서 더욱 설득력이 있다. 왜냐하면 유권자들의 경제상황 평가는 우선적으로 객관적 경제지표를 통하여 형성이 되기 때문이다. 즉 경제 상황에 대한 객관적 지표가 유권자의 인식이라는 매개과정을 거쳐 투표 선택에 반영되므로 직접적으로 투표 선택에 미치는 요인은 유권자의 주관적인 인식이라고 보는 것이 타당하기 때문이다(이현우 1998). 더욱이 설문조사를 통하여 측정된 유권자의 주관적인 경제상황 평가는 유권자의 장기적인 투표선택의 패턴은 설명해주나, 단기적인 변화를 설명하는데 어려움이 있는 정당일체감과 같은 변수와는 달리 선거에 있어서의 유권자의 단기적인 유동성을 설명할 수 있는 이점이 있다.

### 자신의 경제적 상황과 국가의 경제 상태

유권자는 경제상황에 대한 주관적인 평가를 무엇을 근거로 하여 내리는가 하는 것 또한 경제투표를 이해하는데 중요하다. 이에는 2가지의 서로 다른 주장이 있다. 하나는 유권자는 경제상황에 대한 평가를 자신의 개인적 경제적 형편에 근거하여 판단한다는 것이다(pocketbook voting). 대부분의 유권자들은 정책에 대한 명확하고 포괄적인 지식을 결여하고 있으며, 경제투표 행위를 하는데 필요한 정보비용이 상대적으로 낮게 들기 때문에 유권자들은 자신의 경제적 형편에 대한 주관적인 판단에 근거하여 투표 선택을 하게 된다는 것이다. 이에 의하면 최근에 체험한 자신의 경제적 형편에 만족할 경우 집권당이나 집권당 후보를 보상의 차원에서 선택할 것이고, 불만족할 경우 처벌의 차원에서 다른 정당이나 다른 정당의 후보자를 선택한다는 것이다.

다른 하나는 국가의 전반적인 경제상태에 근거하여 판단한다는 것이다(sociotropic voting). 유권자들은 자신의 경제 사정이나 집안의 경제 사정에 의거하여 투표 선택을 하는 것이 아니라 국가의 전반적인 경제상태에 대한 평가를 근거로 하여 투표 선택을 한다는 것이다. 이에 의하면 유권자들은 과거에 비해 국가의 경제상태가 좋아졌다, 그저 그렇다, 나빠졌다 정도의 단순한 평가를 통하여 투표 선택을 한다는 것이다. 즉 좋아졌다고 평가하는 유권자는 집권 정당이나 집권당 후보자를 보상하는 차원에서 투표 선택을 하고, 나빠졌다고 평가하는 유권자는 처벌한다는 차원에서 다른 정당이나 다른 정당 후보자를 선택한다는 것이다. 이에 대해 킨들러와 키위트(Kindler and Kiewiet 1981)는 유권자들이 국가의 전반적인 경제 상태에 근거하여 투표 선택을 하는 것은 유권자들이 전체의 경제적 번영이 장기적으로는 자신을 포함한 개인의 경제에도 도움이 된다는 생각에서 그렇게 한다고 설명한다.

그런데 유권자 개인의 경제 상황에 대한 주관적인 판단이 투표 선택에 영향을 미친다는 것을 정확히 알기 위해서는 좀더 주의를 기울여야 한다. 개인의 경제적 상황 변화에 대한 평가가 투표 선택에 주는 영향을 정확히 분석하기 위해서는 유권자 자신에 의한 변화와 정부에 의한 변화가 구분되어야 하며(Kramer 1983), 따라서 개인의 경제적 상황 변화에 정부가 책임이 있다는 것이 분명히 밝혀져야 한다. 또한 개인의 경제적 상황의 변화가 정부의 경제 운용과는 관계가 없다고 생각하는 유권자의 경우 경제투표를 하지 않는다(Kinder and Mebane 1983)는 점에서도 더욱 그러하다. 실제로 서구의 경제투표에 대한 경험적 연구에 의하면 개인의 경제적 상황의 영향은 미미하고, 국가의 경제 상황에 대한 유권자의 평가가 투표 결정에 더욱 영향을 미친 것으로 알려지고 있다(Kindler and Kiewiet 1981; Feldman 1982).

### 회고적 투표와 전망적 투표

유권자가 주관적으로 인식하는 경제적 상황을 현직자나 집권당의 경제적 업적을 평가하기 위한 지표로 사용하는지 아니면 미래에 정권을 담당할 정당이나 후보자의 경제적 업무 능력을 전망하기 위한 지표로 삼는가 하는 것은 경제투표를 이해하는데 중요하다. 전자를 회고적 투표(retrospective voting)라고 하고 후자를 전망적 투표(prospective voting)라 한다.

회고적 투표는 유권자가 과거의 경제 상황과 비교한 현재의 경제 상황을 투표 선택의 기준으로 삼아 경제 상황을 나빠졌다거나 불만족스럽게 평가하는 경우 집권당이나 현직자를 선택하는 대신 타 정당이나 후보자를 선택하고, 좋아졌다거나 만족스럽게 평가하는 경우에는 집권당이나 현직자를 선택한다는 것이다. 결국 경제 상황에 따라 현직자나 집권당을 보상하거나 처벌한다는 투표 행위를 말한다. 이는 대부분의 유권자들이 정당이나 후보자간의 정책적 쟁점에 대한 차이를 명확히 인식하지 못할 뿐만 아니라, 유권자도 쟁점이 되고 있는 정책에 대해 자기 자신의 확립된 견해도 갖고 있지 못하기 때문에 현직자나 집권당이 과거에 수행한 국정 수행 업적에 대한 일반적인 평가에 근거하여 투표 선택을 하는 것과 같은 논리로 투표 선택을 한다는 것이다. 정당이나 후보자들이 제시하는 경제정책에 대해 정확히 알지 못하는 대부분의 유권자들은 투표 선택의 비용을 감소시키면서 집권당의 경제정책의 결과인 경제 상황을 투표 결정의 기준으로 삼는다는 것이다(Fiorina 1981).

전망적 투표는 유권자가 투표 결정의 기준을 현재의 경제상황을 고려하는 것이 아니라 미래의 경제 상황에 대한 전망을 기준으로 하여 투표 결정을 한다는 것이다. 즉 유권자는 선거경쟁에 임하는 정당이나 후보자 가운데에서 미래에 전개될 경제 상황에 가장 잘 대처하여 경제를 유리하게 이끌 수 있다고 판단되는 정당이나 후보자를 선택한다는 것이다. 이렇게 보면 전망적 투표 행위는 회고적 투표 행위에 비하여 유권자에게 보다 높은 정보 처리 능력과 같은 세련된 정치행위를 요구하는 것 같이 보인다. 그러나 전망적 투표 행위가 이루어지는 경우에도 유권자들은 단순하게 투표 당시에 중요하게 부각된 문제를 가장 잘 해결할 수 있다고 생각되는 정당이나 후보자를 선택하게 된다는 것이다(Alesina 1988; Hibbs 1987). 유권자의 전망적 투표 행위도 어느 면에서는 각 정당들이 보여준 과거의 경제적 업적에 근거하여 판단이 이루어지는 측면이 있기 때문에 서로 관련이 있다. 그러나 전망적인 평가는 회고적인 평가에 기초한 전망과는 구분되는 독자적인 영향을 미친다는 주장도 있음을 간과해서는 안 된다.

## ■ 경제에 대한 정치적 통제: Political Business Cycle

만일 한 사회의 경제적 상황이 선거 결과에 영향을 미친다면 정부의 담당자들은 선거에 즈음하여 자신 또는 자파의 승리를 위하여 경제적 상황을 호전시키기 위한 정책을 결정, 집행하게 될 것이다. 이러한 논의를 체계화 시킨 것이 바로 정치적 경기 순환 가설이다.

정치적 경기 순환 가설은 기본적으로 물가와 실업률이라는 거시적 경제변수 간의 관계를 설명하는 필립스 곡선에 근거하고 있다. 필립스에 의하면 정부의 정책목표로서 낮은 수준의 물가와 완전고용은 동시에 달성될 수 없으며, 항상 양자는 상계적인 관계(trade-off)에 있다는 것이다. 이 점에 근거하여 노드하우스(William D. Nordhaus)는 정치적 경기 순환 가설을 본격적으로 전개하였다(Nordhaus 1975).

우선 그는 집권자를 앞으로 있을 선거에서 자신이나 자당의 득표율을 극대화하려 하며, 또한 정부는 그것을 가능케 하는 정책을 수행할 수 있는 능력을 갖고 있는 것으로 가정한다. 또한 그는 유권자를 현 정부의 경제적 성과를 평가하여 투표에 반영하나, 평가를 위하여 고려하는 기간이 단기적인, 과거의 정부 실적에 대해 잘 잊어버리는 건망증이 심한 근시안적인 존재로 인식한다. 이때 물론 유권자들은 높은 수준의 물가와 높은 수준의 실업율 보다는 낮은 수준의 물가와 낮은 수준의 실업율을 선호하며, 현 정부가 보여준 물가와 고용 수준에 대한 실적에 대한 평가에 의거하여 정부에 대한 지지를 달리 한다는 것이다. 따라서 정부는 선거에 즈음하여 유권자로부터 높은 득표를 하기 위하여 단기적으로 물가를 유지하기 보다는 실업율을 축소하는 정책을 쓰며, 선거 후에는 선거 전의 정책에서 파생된 물가 상승의 문제를 해결하기 위하여 노력하기 때문에 경기 순환이 이루어진다는 것이다.

## II. 경험과 사례

### 1. 유신체제는 관료적 권위주의 체제인가?

임혁백 교수는 제 4 공화국의 유신체제를 관료적 권위주의체제의 한 유형으로 보고 있으나 유신체제는 라틴아메리카의 관료적 권위주의 정권과는 다르게 발전했다고 주장한다(Hyug Baeg Im 1987). 그의 분석을 요약하면 다음과 같다.

우선 그는 유신체제가 브라질이나 아르헨티나에서 생성된 권위주의 정권들과 함께하는 비슷한 특성으로 다음과 같은 점을 들고 있다. 첫째, 민중 부문은 정치적으로 배제되었다. 즉 경쟁적인 선거는 폐지되었고, 파업은 금지되었으며, 노동조합의 조직은 엄격히 제한되었으며, 기본적 인권은 자의적으로 유린되었다. 둘째, 민중 부문은 경제적으로도 배제되었다. 경제정책에 있어서 중요한 초점은 전반적인 경제성장에 있었지 중, 하류 계층의 생활수준의 향상에 있지 않았다. 한국의 노동자는 경제성장에서 오는 몫을 공평하게 분배받는 것이 허용되지 않았다. 대신 대 부르주아지와 고위 국가관료들은 경제성장에서 오는 혜택의 대부분을 독점했다. 마지막으로 정권은 사회적 쟁점들을 기술적 합리성이라는 관점에서 "비정치화"하고자 했다. 효율성, 합리성 그리고 사회적 안정이 정권의 정통성을 주장하는 근거로서 민주주의를 대치했다.

이처럼 유신체제에서는 라틴아메리카의 관료적 권위주의 정권과 비슷한 특성이 발견되지만 그것과는 다르게 발전했다는 것이다. 첫째, 남한에서는 경제적 위기를 통하여 관료적 권위주의 정권을 정당화시키지 않았다. 박정희 대통령은 경제발전의 성취와 높은 경제 성장률을 계속하겠다는 명분으로 유신을 정당화하였다. 둘째, 유신체제의 출범 시에 한국 경제는 수입대체산업화로부터 심화 단계로 넘어가는 과도기에 있지 않았다. 한국 경제의 국제화는 국가가 수출위주의 정책을 출범시킨 1964년에 시작되었다. 관료적 권위주의 정권이 출현하기 전의 민주적 정권과 비교할 때 유신체제가 출범한 1972년에는 경제정책에 아무런 변화가 없었다. 한국 경제의 심화는 1970년대 중반에 시작되었으며, 경제의 심화는 관료적 권위주의 정권이 성립된 원인이라기보다는 성립의 결과로서 이루어진 것이다. 따라서 "심화" 가설은 한국의 경우 적절하지 않다. 셋째, 관료적 권위주의 정권 이전의 대중의 정치활동은 지배권력 블럭을 위협할 만큼 심각하지 않았다. 대중의 정치적 활성화는 그 이전보다 1971에 높았다. 그럼에도 군부, 중상류 계급 그리고 국가 관료들은 반노조적이거나 반좌파적 공포감을 심각하게 느끼지 않았다. 노동계나 여타 민중들의 저항은 늘어났지만 노동부문과 민중부문은 지배권력 블럭에 심각한 위협을 가할 정도의 힘을 갖고 있지 못했다. 넷째, 권위주의 정권이 들어서기 전에 이미 강력한 국가의 장치들이 수립되어 있었다. 따라서 강력한 국가를 수립하기 위하여 관료적 권위주의 정권이 필요하다는 가설은 한국의 경우 받아들여지지 않는다. 마지막으로 관료적 권위주의 정권이 수립되기 직전 한국에는 라틴아메리카의 경우와 비교될 수 있는 쿠테타 동맹이 존재하지 않았다. 정치적으로 허약한 민족 부르주아지나 정치적으로 무관심한 국제 부르주아지 어느 누구도 정권교체를 위한 압력을 행사하지 않았다. 한국에서는 관료적 권위주의 정권이 성립하게 된 책임을 그들에게 돌릴 어떠한 증거도 발견되지 않았다.

## 2. 한국 선거에서의 경제적 요인의 영향

김왕식은 선거관리위원회와 한국정치학회가 공동으로 실시한 여론조사에 근거하여 제 17대 대통령 선거에서 경제적 상황이 유권자의 후보자 선택에 영향을 주었는가를 분석하였다(김왕식 2008: 601-615). 이를 위하여 그는 두 가지의 분석 모형을 구축하였다. 하나는 모든 유권자를 대상으로 한 모형이고, 다른 하나는 이명박 후보와 정동영 후보를 선택한 유권자만을 대상으로 한 모형이다. 이는 유권자의 선택에 미친 경제적 상황의 효과를 보다 명확히 분석하기 위해서이다.

종속변수는 이명박 후보 선택 여부이다. 경제투표를 분석하기 위한 경제적 상황에 대한 유권자의 주관적 평가는 두 가지 지표를 사용하였다. 국가 경제 상황에 대한 유권자의 평가를 측정하기 위해 5년 전과 비교한 국가경제 상태에 대한 유권자의 주관적인 평가를 사용하였다. 개인의 경제적 상황을 분석하기 위해 가정의 경제적 형편에 대한 주관적인 평가를 사용하였다. 유감스럽게도 유권자의 전망적 경제투표 성향을 측정할 수 있는 문항은 없었기 때문에 이에 대한 분석은 제외하였다.

통제변수로서 우선 유권자의 당파적 태도를 나타내는 정당의 지지, 유권자의 사회경제적 특성 그리고 유권자의 이념성향을 사용하였다.

분석 결과는 다음과 같다. 우선 모든 유권자를 대상으로 한 모델의 분석 결과는 제 17대 대통령 선거에서 유권자들의 경제투표가 이루어졌음을 확실히 보여준다. 첫째, 노무현 정부의 지난 5년간 국정 운영 실적에 대해 부정적으로 평가하고 있는 유권자는 긍정적으로 평가하는 유권자에 비해 이명박 후보를 선택했을 가능성이 높았다. 이는 유권자들이 정부의 업적을 평가하여 투표 선택에 임하는 회고적 투표가 이루어졌음을 보여주는 것이다.

둘째, 경제적 상황에 대한 유권자의 평가는 후보자 선택에 직접적인 영향을 미쳤다. 5년 전과 비교하여 현재 국가의 경제상태가 나빠졌다고 평가하는 유권자는 좋아졌거나 비슷하다고 평가하는 유권자에 비해 이명박 후보를 선택했을 가능성이 높게 나타났다는 점에서 경제투표 현상은 확실하다. 문제는 유권자가 경제투표를 할 경우 국가경제의 상태와 유권자 개인의 경제적 상태 둘 중 어느 것이 영향을 미쳤는가 하는 점이다. 분석 결과는 국가경제 상태에 대한 유권자의 평가는 통계적으로 의미가 있으나, 유권자 개인의 경제적 상태의 영향력은 통계적으로 의미가 없는 것으로 나타났다. 이는 유권자들이 제 17대 대통령 선거에서 개인적 경제사정에 근거하여 투표한 것(pocketbook voting)이라기보다는 국가의 전반적인 경제상태에 근거하여 투표선택을 한 것(sociotropic voting)임을 의미한다. 셋째, 유권자의 투표 선택에 영향을 줄 수 있는 다른 변수들을 통제했음에도 불구하고 경제투표의 효과는 분명히 나타난다. 유권자의 당파적 태도, 이념성향, 그리고 유권자의 사회경제적 특성을 통제했음에도 불구하고 경제투표 현상은 명백히 나타났다. 한나라당 지지자는 그렇지 않은 유권자에 비해 이명박 후보를 선택했을 가능성이 높았다. 제 17대 대통령 선거에서도 유권자의 당파적 태도는 중요 변수임이 다시 한번 확인되었다. 유권자의 사회경제적 특성 변수는 대체적으로 통계적 의미가 없는 것으로 나타났다. 그러나 유권자의 출신지역은 통계적으로 의미 있는 것으로 나타나 지역균열은 여전히 이번 대선에서도 유권자의 후보자 선택에 영향을 미쳤음을 알 수 있다. 유권자의 이념성향 역시 통계적으로 의미 없는 것으로 나타났다. 이와 같은 결과는 17대 대선이 16대 대선에서와는 달리 유권자의 이념균열이나 세대균열의 영향력은 상당히 약화되었음을 보여주는 것이며, 지역균열은 여전히 존재함을 보여주는 것이다.

경제투표의 효과를 좀 더 명확히 분석하기 위하여 이번 대선에서 이명박 후보와 정동영 후보를 선택한 유권자들만 골라 그들의 선택에 영향을 미친 요인을 살펴보았다. 이 모형에서도 노무현 정부 5년의 국가 운영 실적에 대한 평가, 당파적 태도 그리고 출신지역은 전자에서와 유사하게 유권자의 선택에 영향을 미쳤음을 알 수 있다. 다만 한 가지 다른 점은 생산, 기능, 노무직에 종사하는 유권자는 다른 직종의 유권자에 비해 이명박 후보를 선택할 가능성이 낮았다는 점이다. 그에 반하여 전자의 모형에 비해 5년 전과 비교한 국가경제에 대한 유권자 평가의 영향력이 보다 명확하게 나타남을 알 수 있다. 이 점에서도 제 17대 대통령 선거에서 경제투표 현상이 분명히 나타났다는 것이 확인된다.

경제투표 여부에 대한 로지스틱 회귀분석

| 독립변수 | 이명박 vs. 모든후보 | | | 이명박 vs. 정동영 | | |
|---|---|---|---|---|---|---|
| | 계수 | 표준 오차 | 유의 확률 | 계수 | 표준 오차 | 유의 확률 |
| 노무현정부 5년평가 | 0.621*** | 0.226 | 0.006 | 1.313*** | 0.299 | 0.000 |
| 국가경제평가 | 0.408* | 0.210 | 0.051 | 0.812*** | 0.300 | 0.007 |
| 개인경제상황 | 0.075 | 0.187 | 0.689 | 0.410 | 0.273 | 0.133 |
| 이념성향 | 0.106 | 0.123 | 0.388 | 0.238 | 0.180 | 0.186 |
| 한나라지지 | 2.520*** | 0.192 | 0.000 | 3.508*** | 0.347 | 0.000 |
| 성별 | 0.315 | 0.199 | 0.114 | 0.442 | 0.290 | 0.127 |
| 나이 | 0.068 | 0.084 | 0.417 | -0.143 | 0.123 | 0.244 |
| 학년수준 | -0.017 | 0.017 | 0.322 | -0.004 | 0.034 | 0.906 |
| 소득수준 | 0.005 | 0.006 | 0.371 | 0.003 | 0.008 | 0.699 |
| 영남출신여부 | 0.747*** | 0.202 | 0.000 | 1.561*** | 0.332 | 0.000 |
| 농업/임업/어업 | -0.478 | 0.536 | 0.372 | -0.573 | 0.731 | 0.433 |
| 자영업 | -0.260 | 0.356 | 0.465 | -0.643 | 0.533 | 0.235 |
| 판매/영업/서비스직 | 0.397 | 0.438 | 0.365 | 0.799 | 0.656 | 0.223 |
| 생산/기능/노무직 | -0.788 | 0.554 | 0.155 | -1.508** | 0.766 | 0.049 |
| 사무/기술/전문직 | -0.154 | 0.383 | 0.688 | -0.207 | 0.585 | 0.724 |
| 주부 | -0.240 | 0.390 | 0.538 | -0.078 | 0.578 | 0.893 |
| 학생 | -0.595 | 0.449 | 0.185 | -0.095 | 0.674 | 0.888 |
| 상수 | -2.170*** | 0.533 | 0.000 | -2.240*** | 0.802 | 0.005 |
| $x^2$ | 398.069*** | | | 387.604** | | |
| Nagelkerke $R^2$ | 0.488 | | | 0.628 | | |
| 예측정확도 | 80.8 | | | 85.7 | | |

***p< 0.01 ** p< 0.05 * p< 0.1

## III. 인용 및 읽을거리

김왕식, “경제적 상황이 제 17대 대통령 선거에 미치는 영향,” 교과교육연구 제 12권 2호. 2008.

뤼시마이어 외, 박명림, 조찬수, 권혁용 역, 자본주의 발전과 민주주의: 민주주의 비교역사 연구. 서울: 나남출판. 1997.

박경산, “한국선거의 정치경제학,” 이남영 편, 한국의 선거 I.

서울: 나남, 1993.

이현우, “한국에서의 경제투표,” 이남영 편, 한국의 선거 II. 서울: 나남, 1998.

Alesina, Alberto and N. Roubini(1992). "Macroeconomic policy and elections in OECD democracies." Economics and Politics 4.

Alesina, Alberto and Howard Rosenthal(1993). "A Model of the Political Economy of the United States." American Political science Review 87.

Collier, David. "Overview of the Bureaucratic Authoritarian Model," in David Collier (ed.), *The New Authoritarianism in Latin America,* Princeton, N.J.: Princeton University, 1979.

Downs, Anthony(1957). *An Economic Theory of Democracy.* New York: Harper and Row,

Fair, R(1978). "The Effects of Economic Events on Votes for President." Review of Economic and Statistics Vol 60. .

Feldman, Stanley(1982). "Economic Self-interest and Political Behavior." American Journal of Political Sciencve 26.Fiorina, Morris P. (1978). "Economic Retrospective Voting in American National Elections: A Marcroi-Analysis." American Journal of Political Science 22.

Fiorina, Morris(1981). *Retrospective Voting in American National elections.* New Haven: Yale University Press.

Hibbs, D. H. Jr(1982). "Economic Outcomes and Political Support for British Governments among Occupational Classes." APSR Vol. 76.

Im, Hyug Baeg, "The Rise of Bureaucratic Autyhoritarianuism in South Korea," World Politics. Vol. 34 No. 2(1987).

Key. V. O. Jr. (1966). *The Responsible Electorate.* New York: Vitage Books.

Kiewiet, D. Roderick(1983). *Macroeconmic and Mocropolitics.* Chicago: University of Chicago Press,

Kinder, Donald R. and Walter R. Mebane Jr.(1983). "Politics and Economics in Everyday Life." Kristen Monroe eds. *The Political Process and Economic Change.* New York: Agathon Press.

Kindler, Donald R. and D. Roderick Kiewiet (1981). "Sociotropic Politics: The American Case." British Journal of Political Science 11.

Kramer(1971), Gerald H. "Short-term Fluctuations in U.S. Voting Behavior." APSR Vol. 65.

Lewis-Beck, Micheal S. (1988). *Economic and Elections.* Ann Arbor: University of Michigan Press.

Lewis-Beck, Michael S. and Mary Stegmaier (2000). "Economic Determinants of Electoral Outcomes." Annual Review of Political Science 3.

Lipset, Seymour Martin, "Some prerequisite of democracy: economic development and political legitimacy," American Political Science Review 53(1959).

Norsdhaus. William D.(1975). "The Political Business Cycle." Review of Economic Studies No. 42.

O'Donnell, Guillermo(1973). *Modernization and Bureaucratic Authoritarianism.* Berkeley: Institute of International Studies.

Tufte, Edward R.(1978). *Political Control of Economy.* Princeton: Princeton University Press. 김도훈 역, 경제의 정치적 통제. 서울: 대영문화사, 1992.

제5장

# 사회적 환경: 사회적 균열

## I. 주요 내용

모든 사회는 수많은 사회적 균열로 나뉘어져 있다. 사회적 균열은 국민들 내의 집단을 구성할 뿐만 아니라 갈등적 집단으로 나누는 사회적 분할을 말한다. 사회적 균열은 사회경제적, 인종적, 종교적, 그리고 지리적 요인 등 여러 가지 배경요인에 의하여 개인들이 차별화되는 분열현상으로서 이러한 특성에 의해서 규정되는 집단의 구성원들이 정체성(identity)을 갖고 자신들의 입장을 관철시키기 위해 조직화될 때 사회적 균열은 정치적으로 주목을 받게 되는 것이다.

사회경제적 계급, 인종, 종교, 지역 등을 중심으로 나누어진 사회적 분할은 자원의 분배를 둘러싼 집단 간의 갈등을 불가피하게 야기 시킨다. 이런 갈등은 사회 구성원들이 요구하는 자원들이 희소하기 때문에 나타나는 자연스러운 현상이다. 많은 경우에 이러한 사회적 균열에 기반을 둔 갈등은 사회 내 각 집단들 간의 상호의존을 증진시키고, 집단 내 구성원들 간의 관계를 활성화 시킨다는 점에서 긍정적인 측면이 있다.

사회적 균열에 기반을 둔 사회적 갈등은 정치적으로는 매우 중요하다. 우선 사회적 균열에 의한 갈등이 심각할 경우에는 때때로 국가의 존립 자체에 도전하는 폭력과 무질서로 폭발되기도 하기 때문에 사회적 균열은 정치체제에 강력한 영향을 주는 요인으로 작용한다. 따라서 국가는 이를 관리하거나 해소해야 할 필요가 있다. 또 다른 측면에서 보면 사회적 균열은 중요한 정치적 자원으로 활용되기도 한다. 사회적 균열은 흔히 민주적 정권에서나 권위주의적 정권 모두에서 지배연합(ruling coalition)을 형성하는 토대로서 작동한다(이명남 김왕식 옮김, 72-73). 즉 대부분의 나라에서 선거에 이기기 위한 전략으로 특정의 사회계층, 인종집단, 종교집단, 지역 주민들을 함께 묶는 선거 연합의 대상으로 사회적 균열이 활용되고 있기 때문이다.

## 1. 사회적 균열의 유형

모든 사회에서 일반적으로 관찰되는 사회적 균열은 사회경제적 균열, 인종적 균열, 종교적 균열 그리고 지역적 균열을 들 수 있다(이하 논의는 주로 이명남, 김왕식 옮김, 73-84에 의거하여 전개한 것임).

### 사회경제적 균열

사회경제적 균열은 수입과 사회적 지위에 따라 나타나는 사회계층 간의 분할을 말한다. 모든 사회에는 일반적으로 하류층, 중류층 그리고 상류층으로 표현되는 광범위한 사회계층이 존재한다. 대체로 사회계층들은 밑으로부터 가장 숫자가 많은 하류층, 이보다 작은 중류층, 그리고 가장 작은 상류층 순서로 피라미드 구조를 이룬다.

칼 마르크스(Karl Marx)는 이러한 사회적 균열의 정치적 의미를 가장 잘 간파한 사람이다. 그는 사회계층을 계급이라는 차원에서 인식하고 계급은 사회경제적 차이뿐만 아니라 자신이 소속된 계급 구성원간에는 다른 계급과 구별되는 계급의식을 갖고 있다고 보았다. 그는 계급간의 계급갈등이 역사발전의 원동력을 이룬다고 믿었다. 특히 자본주의 사회에서는 생산수단을 소유한 자본가 계급에 의한 생산수단을 소유하지 못한 노동자 계급에 대한 무자비한 착취로 노동자 계급은 그 규모가 증대할 뿐만 아니라 비참함이 점차 증대하기 때문에 마침내 자발적 혁명이 일어난다는 것이다.

이러한 마르크스의 초기 자본주의 사회에 대한 분석은 분명 타당성이 있었다. 자본주의 사회의 잠재적 결함에 대한 그의 분석은 통찰력이 있는 것이었으며, 오늘날에도 그의 분석이 자본주의 사회의 모순을 잘 지적하고 있다고 믿는 사람 또한 많이 존재한다.

그러나 지난 50년간 적어도 서구 민주주의 사회에서는 계급갈등이 현저히 감소하였고, 프롤레타리아 혁명의 가능성은 사실상 없어졌다. 서구 사회의 경제발전의 혜택에 힘입어 사회계층이 평준화되었고, 또 노동집약적 산업의 쇠퇴 등으로 노동계급의 의식과 유대가 약해져 계급갈등이 현저히 감소하였다. 신중산층이 늘어나면서 이른바 사회의 '부르주아화"가 진행되고 있기 때문이다. 계급의식의 약화는 계급투표의 쇠퇴로 이어지고 있다. 영국의 경우 표에서 보는 바와 같이 1964년에는 투표자들이 자신의 계급과 일체화된 정당을 지지하는 계급투표의 경향이 분명히 보이지만, 1992년의 투표에서는 이러한 경향이 확연히 줄어들어 계급투표가 쇠퇴하고 있음을 보여준다.

**영국에서의 사회계층과 투표**

<table>
<tr><th rowspan="2"></th><th colspan="2">1964년</th><th colspan="3">1992년</th></tr>
<tr><th>보수당</th><th>노동당</th><th>보수당</th><th>노동당</th><th>자유민주당</th></tr>
<tr><td>고위경영자</td><td>86%</td><td>14%</td><td rowspan="3">56%</td><td rowspan="3">20%</td><td rowspan="3">22%</td></tr>
<tr><td>하급경영자</td><td>81</td><td>19</td></tr>
<tr><td>관리자</td><td>61</td><td>38</td></tr>
<tr><td>사무직</td><td>61</td><td>39</td><td>52</td><td>25</td><td>19</td></tr>
<tr><td>숙련노동자</td><td>29</td><td>71</td><td>38</td><td>41</td><td>17</td></tr>
<tr><td>미숙련노동자</td><td>25</td><td>75</td><td>30</td><td>50</td><td>15</td></tr>
</table>

1964년 자료: Samuel H. Beer, Britain Against Itself(New York, Norton, 1982), p.81.
1992년 자료: The Sunday Times(April 12, 1992).
이상 이명남, 김왕식 역, 77에서 재인용.

비록 서구 사회에서는 계급갈등이 현저히 감소했다고는 하나 산업화가 어느 정도 이루어진 후발산업국가에서는 사회경제적 차이에 기반한 갈등이 오히려 수면 위로 부상하고 있는 실정이다. 예컨대 한국 사회에서도 사회경제적 차이에 의한 갈등이 현저하게 나타나고 있으며, 희미하기는 하지만 계급투표의 양상 또한 서서히 나타나고 있다.

### 인종적 균열

인종적 균열은 인종적 차이에 따른 사회적 분할을 말한다. 우선 인종 문제는 국가의 발전 수준에 관계없이 거의 모든 나라에서 존재한다. 즉 인종 문제는 식민지 지배의 결과로 다양한 인종들이 동일한 국가에 통합된 개발도상국에서 뿐만 아니라 이미 상이한 인종간의 정치적 통합을 이루어 온 선진국을 포함하여 모든 국가에서 발견되는 문제이다.

우선 인종적 균열은 라이베리아, 르완다, 앙골라 같은 아프리카 국가에서와 같이 내전이나, 레바논, 이스라엘, 인도 등에서와 같이 테러리즘의 원인이 되거나 퀘백이나 스코틀랜드에서 보이는 것과 같이 분리주의 운동의 추동력이 되기도 한다. 이렇듯 인종적 균열은 국가 발전의 수준을 막론하고 가장 분열적이며 폭발적인 사회균열이기 때문에 인종을 중심으로 한 정치공동체는 정치적 연합의 근원이 된다. 특히 정당 존립의 사회적 기초가 인종일 경우 인종 정당들은 선거에서 승리할 수 있는 가장 유효한 방법 중의 하나가 인종 집단의 투표를 극대화 시키는 것이기 때문에 자기편 인종 집단을 무책임하게 충동시키게 된다. 이 결과 사회 내에 인종간의 심각한 긴장이 야기되며, 심지어는 내란까지도 야기 시키는 경우도 있다. 1960년대의 나이지리아에서의 경험은 다양한 인종으로 구성되어 있는 사회에서 정치적 집단이나 지도자에 의한 무책임한 충동이 인종적 긴장을 야기시켜 군사 쿠테타를 발생시킬 뿐만 아니라 수백만을 희생시키는 내란으로 발전할 수도 있음을 보여주는 좋은 예라 할 수 있다.

최근에 중요하게 떠오르는 또 다른 인종적 균열은 이민자와 정치적 피난민들에 의해 발생한다. 특히 많은 산업국가에서는 전체 인구의 약 5내지 10%를 점하고 있는 세계 각지로부터 이민 온 노동자와 피난민들이 새로운 인종적 균열을 만들어 내고 있다. 이들은 몇 가지 점에서 정치적으로 중요하다(이명남, 김왕식 옮김, 81). 첫째, 이민자들을 겨냥한 인종적 폭력 사건이 증가하고 있다는 점이다. 대부분의 인종적 폭력 사건은 이민자 개인에 대한 공격이지만 때에 따라서는 원하지 않는 이민자 이웃에 대한 집단적인 행동이 이루어질 경우도 종종 있다. 둘째, 극우적이거나 극단적인 정당들이 자신들에 대한 지지를 동원하기 위하여 이민자들에 대한 적개심을 이용한다. 이민자들을 정치적 희생양으로 만들어 자신들의 정치적 입지를 강화하려는 움직임이 자주 나타난다. 셋째, 몇몇 나라에서는 이민자들이 선거에 있어 중요한 부문으로 떠오르고 있다. 이민자들이 충분히 정착한 나라에서는 이민자 공동체가 주요 정당이나 지도자들의 주요 지지층으로 떠올라 정치적으로 중요성이 증가하고 있다. 넷째, 대개의 경우 이민자들은 경제적으로 가장 고통을 받는 사람들이라는 것이다. 특히 경제적 파탄이 올 경우 가장 피해를 보는 계층이 바로 이민자들이며, 그 결과 매우 불만에 차 있고, 때때로 그들은 그 불만을 시위와 폭력으로 표시함으로써 사회적 불안을 야기하기도 한다.

### 종교적 균열

종교적 균열은 종교적 차이에 의한 사회적 분할을 의미한다. 흔히 종교적 분할은 인종적 분할과 중첩적으로 일어난다. 예컨대 북아일랜드에서의 갈등은 아일랜드 민족주의자와 영국계 주민들 간의 기톨릭교도와 그리스도교도간의 종교적 갈등의 한 차원으로 나타나는 것이다.

종교적 갈등은 유사한 인종적 배경을 가진 사람들 사이에도 존재한다. 역사적으로 독일에서는 구교도와 신교도 사이의 갈등은 정치적 갈등의 중심이 되어 왔었다. 이와 유사하게 미국에서도 종교적 차이에 따른 선거연합이나 정치연합이 형성되어 있다. 한국의 경우도 아직은 미미하기는 하지만 광신적인 기독교도들과 여타 종교인들 간의 갈등이 발견되기도 한다.

동일한 종교를 믿는다고 공언한 사람들도 종교적 헌신의 수준 차이에 따라 갈등이 발생하기도 한다. 시아파와 수니파로 대표되는 독실한 이슬람교도들 간의 갈등을 들 수 있으며, 특히 성전(jihad)으로 간주되는 이슬람교도 간의 갈등과 같이 종교적 헌신의 차이가 동일 교도 집단 내에서도 갈등을 발생시킨다.

### 지역적 균열

지역적 균열은 지역적 경계에 따른 사회적 분할을 의미한다. 대부분의 사회에서 지역적 균열은 두 가지의 형태로 나타난다. 하나는 경제발전 정도가 지역적 격차를 보임으로써 나타나는 사회적 분할이다. 거의 모든 국가는 국가 내에서도 경제성장의 정도는 지역에 따라 불균등한데, 특정 지역이 지속적으로 경제정책의 혜택을 형평성에 맞지 않게 많이 받을 때 지역간의 갈등이 조성된다. 경제적 혜택뿐만 아니라 정부 고위직으로의 충원 등 대부분의 사회 구성원들이 원하는 자원의 배분이 지역에 따라 지속적으로 불균등하게 이루어질 경우 역시 지역적 갈등이 고조된다. 이러한 지역적 균열이 심해지면 미국의 남북전쟁에서의 예와 같이 정치공동체가 분리될 위험에 처하기도 한다.

또 하나는 도시와 농촌간의 분할이다. 정치권력이나 정부자원의 배분은 흔히 도시와 농촌 인구간의 긴장의 원천으로 작용하여 왔다. 특히 근대 도시가 중심이 되어 산업화를 이루려는 대부분의 개발도상국가에서는 농촌 지역민들이 정치적 소외감을 느끼게 되기 때문에 도시와 농촌 간의 갈등이 흔히 나타난다. 도시와 농촌간의 욕구와 이익의 격차가 갈등을 만들어 낸다.

## 2. 사회적 균열의 정치적 관련성

분할과 갈등은 그 자체로 반드시 나쁜 것은 아니지만, 균열들이 심화되어서 단일 국가 내 구성원 사이에 화해할 수 없는 차이가 조성되어 갈등이 표면화될 때 정치체제의 안정과 존립을 위태롭게 만든다. 윌슨(Frank L. Wilson)은 사회적 균열이 정치적으로 관련되어 심각한 갈등으로 작용할 요소로서 5가지를 지적하고 있다(이명남, 김왕식 옮김, 84-88).

첫째, 균열의 깊이인데 이는 사회적 균열에 따른 차이의 정도를 말한다. 사회적 균열에 따라 나누어진 각 집단들이 재화, 위신, 권력 같은 가용자원에 접근하는데 차이가 클수록 균열의 정치적 중요성은 커지게 된다. 즉 사회적 분할의 경계에 따라 가치박탈과 차별이 클수록 그 균열의 정치적 관련성과 위험성 커지게 된다. 예컨대 어느 인종집단, 지역, 종교 공동체, 계급이 그들과 경쟁하는 집단들의 손에 국가의 권력, 부, 위신의 대부분이 장악되어 있다고 인식한다면, 그들은 그 균열에 기초한 가치박탈을 느끼고 경쟁 집단들에 대한 보상을 추구할 가능성이 크다.

둘째, 분할의 패턴이 어떻게 형성되어 있는가에 따라 사회적 균열의 정치적 위험성은 달리 나타난다. 우선 특정의 사회적 균열이 다른 사회적 균열과 일치되어 분할이 중복되는 사회에서는 분할이 폭발적일 가능성이 크다. 예를 들어 표2의 A 국가에서는 인종적 분할이 지역, 종교, 사회경제적 균열에서 동일 집단들과만 일직선으로 배열됨으로써 사회적 균열들이 일치한다. 이처럼 특정의 사회적 균열이 다른 사회적 균열들과 일치하는 분할 패턴이 나타나는 사회에서는 분규가 있을 때마다 동일집단끼리 규합하여 서로 적대하기 때문에 분할이 폭발적일 가능성이 높다. 이러한 양극적인 상황에서 정부가 사회적 갈등을 관리하는 것은 매우 어려워진다. 반면에 여러 형태의 사회적 균열들이 분산되어 균열 간에 서로 중첩되게 배열되어 있는 사회에서는 사회적 갈등이 보다 온건한 수준으로 유지된다. 표 의 B국가에서는 인종적 분할이 지역적, 종교적, 그리고 사회경제적 균열에 따라 분산되어 서로 중첩되어 있다. 이처럼 중첩적 균열 패턴을 보이는 사회에서는 한 가지 쟁점에서는 갈등이 있더라도 다른데서 협조할 필요가 있는 많은 잠재적 집단들로 분할되어 있기 때문에 사회적 갈등은 보다 온건한 수준으로 유지된다. 예컨대 인종적으로 분할되어 있다 할지라도 도시문제가 쟁점이 될 경우 A인종집단의 도시거주자는 B인종집단의 도시거주자와 협동할 것이다. 이러한 연합은 쟁점에 따라 변할 것이며, 다양한 집단들과의 연합이 필요하기 때문에 단일 쟁점에 대한 갈등은 완화될 것이다.

**표 2 가상 사회에서의 사회적 균열의 패턴**

A국가: 균열의 패턴이 일치하는 경우

| | | A인종집단 | B인종집단 |
|---|---|---|---|
| 지 역 | 북 부 | 100 | 0 |
| | 남 부 | 0 | 100 |
| | 도 시 | 100 | 0 |
| | 농 촌 | 0 | 100 |
| 종 교 | 신 교 | 0 | 100 |
| | 구 교 | 100 | 0 |
| 사회계층 | 중산층 | 100 | 0 |
| | 노동계층 | 0 | 100 |

B국가 : 균열의 패턴이 중첩되어 있는 경우

| | | A인종집단 | B인종집단 |
|---|---|---|---|
| 지 역 | 북 부 | 30 | 70 |
| | 남 부 | 70 | 30 |
| | 도 시 | 75 | 65 |
| | 농 촌 | 25 | 35 |
| 종 교 | 신 교 | 40 | 50 |
| | 구 교 | 60 | 50 |
| 사회계층 | 중산층 | 60 | 45 |
| | 노동계층 | 45 | 55 |

출처: Frank Wilson, 이명남 김왕식 옮김, 비교정치학(서울: 동명사, 1999), p.85.

셋째, 경제적 복지의 일반적 상태는 사회적 균열을 정치적 갈등으로 전환시키는 주요 요인으로 작용한다. 경제가 번영하고 있을 때는 다양한 집단들의 요구를 충족시켜 가능성이 높기 때문에 사회적 갈등이 정치적 갈등으로 전환될 가능성이 낮다. 그러나 경제가 어려울 경우 국가가 분배해 줄 혜택이 훨씬 작아서 각종 사회집단들 사이의 경쟁이 훨씬 격렬해지고 폭발하기 쉽다.

넷째, 다양한 사회 엘리트들의 태도 역시 사회적 갈등을 정치적 갈등으로 전환시킬 수 있는 중요 요소이다. 정치적, 사회적 엘리트들은 사회적 긴장을 완화시키거나 조성하는데 중요한 역할을 한다.

다섯째, 사회적 균열은 국제적 영향력에 의해 심각한 정치적 갈등으로 전환될 수 있다. 세계화의 추세에 따라 한 나라의 사건은 국제적 전파과정에 의해 다른 나라에 영향을 미치게 되는데 이에 따라 타국의 갈등이 이와 비슷한 균열을 갖고 있는 다른 사회의 정치적 갈등을 갖고 올 수 있다. 이를테면 유럽에서의 이민자 유입에 반대하는 극우집단들의 행동이 나라들끼리 서로 영향을 주어 모든 나라에서 극우집단들이 창궐하게 되는 현상을 들 수 있다.

## II. 경험과 사례

### 1. 한국사회의 지역 갈등

나간채는 한국 사회의 지역적 차별과 지역간의 갈등적 행동을 이해하기 위하여 특정의 지역인이 타 지역인에 대하여 갖는 감정 상태를 조사하였다(나간채 1990). 그는 지역 감정을 "지역적 조건과 관련된 요인에 기초하여 특정의 지역인이 타 지역인에 대하여 갖는 느낌과 평판"으로 정의하고, 한국 사회의 지역 감정을 생활 단위로서의 도를 단위로 한 지역 집단 성원간의 사회적 거리감(subjective social distance)를 분석하였다.

그는 1988년 전국 단위의 표본조사 자료를 분석하여 다음과 같은 사실을 발견하였다. 우선 지역간 거부감의 전체적 경향을 보면, 첫째, 각각의 지역민들에 대한 거부감은 전남, 전북인에 대한 거부감이 가장 높고, 이북 사람에 대한 거부감 역시 높으며, 그 다음으로 경북, 경남, 서울, 제주 지역민 순으로 거부감이 높다. 둘째, 타 지역민에 대한 배타성은 제주, 경남, 경북, 강원, 충북 출신이 높고, 충남, 전남 출신은 타 지역민에 대한 배타성이 낮다. 지역 집단별 거부감의 분포를 구체적으로 살펴 본 결과 그는 전라도 사람에 대하여 모든 타 지역 출신 지역민들이 높은 거부감을 갖고 있으며, 경상도 사람에 대하여 전라도 사람만이 상당한 거부감을 갖고 있다는 것을 발견하였다. 이에 기초하여 그는 한국인의 지역인간의 거리감은 영호남인간의 거부감과 호남인에 대한 타 지역 출신의 거부감 현상이라는 이원적 거부감이 두드러지게 나타난다고 주장한다. 그는 지역민간 거부감 현상 형성 요인을 1)영남인에 대한 호남인의 거부감, 2)호남인에 대한 영남인의 거부감, 3)호남인에 대한 다른 지역인의 거부감으로 나누어 설명한다.

첫째, 호남인이 영남인에 대해 갖는 거부감은 개발정책과 인사정책의 편중성, 지역발전의 불균형과 차별대우에서 유래하는 상대적 박탈감과 피해의식 및 소외감을 강하게 느끼는 호남인이 가장 이득을 본 지역이라고 생각되는 경상도 사람에 대한 심리적 반응으로 설명한다.

둘째, 영남인의 호남인에 대한 거부감은 호남인의 영남인에 대한 거부감보다 더 강하게 나타나는데, 이는 정치권력과 경제권력을 독점해온 영남인들이 기득 권력을 비판하는 도전적 경쟁자로 상정되는 호남인에 대한 견제심리와 기득 권익의 방어의식, 그리고 사회화 기관에 의해 왜곡되고, 확산, 전파된 호남인에 대한 고정관념 때문이라고 설명한다. 이 점에서 그는 호남인에 대한 영남인의 지역 감정은 많은 부분이 사회의 상층 지배집단에 의해 유발되어 지역민에게 확산된 것으로 본다.

셋째, 호남인에 대한 타 지역인의 거부감은 과거 농업 사회에서는 상대적으로 풍요한 지역의 하나인 호남지역이 공업화와 개발과정에서 소외됨으로써 다른 지역민에 비하여 생활수준이 낮다는 점, 다른 지역으로의 높은 인구 이동에 기인한 호남인에 대한 부정적 감정의 고정관념화와 그에 따른 편견, 집권세력의 호남인에 대한 거부감, 그리고 사회화 기관에 의한 호남인에 대한 이미지 왜곡 등으로 설명한다. 이어서 그는 한국 사회의 지역감정 문제는 흔히 영호남 간의 문제로 인식되는 경향이 있지만 지역감정 문제를 지역 간의 거리감 또는 적대감의 측면에서 볼 때 더욱 심각한 문제는 영호남 간의 지역감정이라기보다는 호남인에 대한 타지역인의 거부감과 적대감이라고 주장한다.

## III. 인용 및 읽을거리

나간채, “지역(민)간의 사회적 거리감,” 한국사회학회 편, 한국의 지역주의와 지역갈등. 서울: 성원사, 1990.

Wilson, Frank, 이명남, 김왕식 옮김, 비교정치학. 서울 동명사, 1999.

# Part 3

# 정치 행위자

# 제6장

# 시민: 정치참여의 주체

## I. 주요 내용

인간은 본래 정치적 동물이라고 아리스토텔레스가 지적한 바와 같이 정치적 행위자로서의 시민은 적극적이든 소극적이든, 또는 능동적이든 수동적이든 어떠한 형태로든지 정치에 관여하고 있다. 현대 사회에 있어서 시민들의 정치참여가 중요한 것은 대부분의 사회에서는 국민이 주권자라는 사실이 정치권력을 정당화시키는 토대로 받아들여지고 있기 때문이다. 따라서 시민들이 주권을 행사하기 위하여 정치에 참여하는 것은 지극히 당연한 일이다. 그러나 그럼에도 불구하고 최근에 이르기까지 광범위한 정치참여 특히 정치적 결정에 참여하는 권리는 소수의 집단에만 국한되어 왔었다.

웨이너(Myron Weiner)는 시민들이 보다 광범위하게 정치에 참여하도록 유도한 요인들을 다섯 가지로 설명하고 있다(Weiner, 165-175). 첫째, 근대화의 지표로 이해되는 여러 요인들 즉 도시화, 산업화, 매스 미디어의 보급 등에 의한 사회적 동원이 시민들의 광범위한 정치참여를 촉발하였다는 것이다. 근대화가 진행되면서 사회 구성원들이 전통적인 생활양식에서 벗어나 근대적인 제도나 생활양식에 익숙해짐에 따라 새로운 정치적 신념이나 정치적 태도를 갖게 되고, 이에 따라 정치 과정에 참여하려는 욕구가 증가하였다는 것이다.

둘째, 사회적 계층화(social stratification)가 정치 참여의 확대에 영향을 미쳤다는 것이다. 근대화 과정은 새로운 사회집단을 생성시킬 뿐만 아니라 기존 사회 집단 간의 관계도 변화시키는데, 사회 계층 체제 안에서의 이러한 변화가 정치 참여를 촉발시킨다는 것이다. 사회 계층 체제 안에서의 변화가 정치 참여를 촉진시키는 과정은 두 가지 차원에서 설명된다. 하나는 근대화 과정에서 야기된 사회 계층 간에 나타나는 상대적 박탈감이 정치 참여를 촉진시킨다. 특정 계층의 사람들이 볼 때 다른 계층의 사람들이 사회의 이득을 자신들보다 더욱 많이 향유한다고 생각할 때 느껴지는 불평등이나 박탈감 또는 실현되지 않는 기대가 사회적 저항, 정치화 그리고 대폭적으로 정치참여가 증대되는 현상으로 발전한다는 것이다. 다른 하나는 근대화 과정에서 종전의 신분을 상실한 사회 집단들의 심리적 갈등이 정치 참여를 유발시킨다는 것이다. 신생국에서 종종 볼 수 있는 바와 같이 종전의 신분을 상실한 과거의 지배 계급이 대중적 선거 정치에 참여함으로써 정치권력을 되찾으려고 하기 때문에 정치 참여가 확대된다는 것이다.

셋째, 새로운 사상을 전파시키는 지식인들의 활동이 정치 참여를 확대시켰다는 것이다. 즉 평등주의적이고 민족주의적인 사상을 전파시키는 지식인들의 활동에 영향을 받아 인민 대중이 정치적으로 각성하게 되고, 이에 따라 인민 대중의 정치 참여가 확대되었다는 것이다. 2차 세계대전을 전후하여 전개된 아시아 아프리카 국가에서 목도된 정치 참여의 확대는 지식인의 활동에 영향을 받은 측면이 강하다.

넷째, 엘리트 집단 간의 갈등이 대중의 정치 참여를 부추긴다는 것이다. 경쟁적인 정치체제하에서는 지배엘리트와 대항엘리트가 각각 대중의 지지를 획득하기 위해 그들의 참여를 확대시키려 한다는 것이다.

다섯째, 정부의 산출기능이 증대됨에 따라 대중의 정치 참여가 증대되었다는 것이다. 정부의 산출 및 규제능력이 증대됨에 따라 이제까지 정부와 별로 관계없던 집단들도 정부의 영향을 받게 된다. 예를 들어 새로운 규칙이 제정되면 개인은 국가로부터 자신들의 이익을 방위하기 위하여 조직된 행동을 취할 수 있다. 또한 정부가 복지기능을 확대시키면 개인은 정부가 제공하는 복지 혜택이 자신에게 유리하게 분배되도록 하기 위하여 압력을 행사하게 될 것이다. 이렇듯 국가 역할의 증대는 국민들의 기대를 상승시키고, 국민들은 이 기대가 자신들에게 유리하게 부합될 수 있도록 정치에의 적극적인 참여가 이루어진다는 것이다.

## 1. 정치참여의 의미와 수준

### 정치참여 의미

정치참여란 정책결정이나 집행 또는 정치 지도자의 선출 등에 영향을 미치려는 모든 행위를 말한다. 즉 가치의 권위적 배분을 둘러싼 모든 정치적 행위를 일컫는다. 따라서 정치참여의 개념은 다음 두 가지 유형의 행위 모두를 포함한다. 우선 정치참여는 자발적인 행동뿐만 아니라 비자발적인 행동도 참여에 포함한다. 학자에 따라서는 참여를 자발적 참여와 동원된 참여로 구분하고 동원된 참여는 정치적 행동이 다른 사람에 의해서 유발되었다고 보기 때문에 이를 참여로 보지 않는 경우도 있다. 그런데 오늘날의 상당수의 정치적 행동은 다른 사람들의 권유에 이루어지기 때문에 이를 정치참여에서 배제하기는 어려운 실정이다.

둘째, 정치참여는 합법적인 행동뿐만 아니라 비합법적인 행동 모두를 포함한다. 불법시위, 농성, 테러 등이 기존의 법적 테두리에서 용인되지 않는다고 할지라도 이와 같은 정치적 행동이 이루어지는 것은 다른 형태의 정치적 행동이 가능하지 않거나 효과가 적다고 판단될 때 이루어지는 것이며, 이러한 행동 또한 가치의 권위적 배분에 영향을 미치는 정치적 행위이므로 정치참여의 하나의 형태로 인정된다.

### 정치참여의 수준

참여의 수준은 2가지 차원 즉 참여의 범위(extent)와 참여의 강도(intensity)로 측정된다(Nagel 1987: 5-6). 참여의 범위는 정치적 행동을 하는 사람의 수가 얼마나 많은가 하는 것과 관계가 있으며, 참여의 강도는 정치적 행동에 바치는 개인들의 헌신 즉 개인이 얼마나 많은 노력, 비용, 그리고 시간을 바치고 있느냐 하는 것과 관계가 있다. 그런데 참여의 수준은 개인, 집단, 국가에 따라 다르게 나타난다. 일반적으로 볼 때 헌신과 시간의 관점에서 참여의 강도가 높을수록 그 활동에 참여하는 사람의 수효가 줄어드는 경향이 나타난다. 그림 4를 보면 참여하는데 드는 시간과 헌신이 높아지는 피라미드의 상층부로 올라갈수록 참여자가 적어짐을 알 수 있다.

**그림 4. 정치관여의 피라미드**

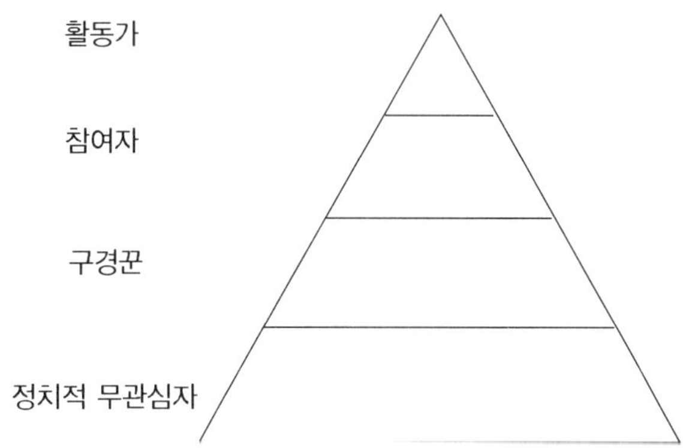


## 2. 정치참여의 요인과 형태

### 정치참여에의 영향 요인

시민을 정치참여로 이끄는 요인은 여러 가지이다. 첫째, 교육 수준은 정치참여에 영향을 미치는 중요한 요인으로서 교육 수준이 높을수록 적극적으로 정치에 참여할 가능성이 높다. 교육을 받은 사람은 정치과정이 어떻게 이루어지는가를 이해하고, 그것이 자신들에게 어떻게 영향을 미치는가를 이해하며, 보다 광범위한 정치 쟁점에 대하여 자신의 의견을 갖고 정치적 토론에 참여하며, 정치 활동에 참여할 가능성이 다른 사람에 비해 훨씬 높기 때문이다.

둘째, 경제적 지위, 성, 인종, 연령 등과 같은 사회경제적인 요인들은 정치 참여의 정도에 영향을 미친다. 일반적으로 부유한 사람일수록 그렇지 못한 사람보다, 남성이 여성보다, 지배적 인종이 소수 인종보다, 그리고 연장자들이 젊은이들 보다 더욱 적극적으로 정치에 참여한다.

셋째, 태도나 신념과 관련된 개인적인 요인들이 정치 참여에 영향을 미친다. 개인이 갖는 사회 활동 성향, 정치적 효능감, 정치적 태도의 강렬함, 시민적 의무감 등은 정치 참여의 정도에 영향을 미친다. 또한 강력한 정치적 신념을 가진 사람이나 어떤 이데올로기를 수용한 사람은 정치적 견해와 헌신이 약한 사람보다 정치 참여의 가능성이 더욱 높다.

넷째, 정치적 상황에 따라 정치 참여의 정도가 달라진다. 특정의 정치적 상황이 개인에게 즉각적인 영향을 미칠수록 정치에의 참여 가능성이 높아진다. 일반적으로 사람들은 특정의 정책으로부터 실질적인 위기를 인식할 때 정치에의 참여 가능성이 높아진다.

### 정치참여의 형태

정치참여의 형태는 일반적으로 관례적(conventional) 정치참여와 비관례적(unconventional) 정치참여로 구분된다. 관례적 정치참여는 엘리트에 의해 승인된 통로를 통한 정치참여의 형태를 말한다. 현대 민주주의 사회에서 행해지는 정상적인 형태의 정치참여이며, 합법적이다. 비관례적 정치참여는 개인들이 정치 엘리트에 직접 도전하거나 우회하는 행동을 통하여 이루어지는 정치참여이다. 이는 합법적인 행위와 비합법적이고 폭력적 그리고 혁명적인 행위를 포함한다.

**표 3. 정치참여의 형태**

| 관례적 정치참여 | 비관례적 정치참여 |
|---|---|
| 투표 | 청원(petition) |
| 정치에 대한 토의 | 데모 |
| 선거운동 행위 | 대결(confrontation) |
| 집단의 형성과 가입 | 비폭력 무저항 |
| 공직자와의 개인적 커뮤니케이션 | 정치적 폭력행위 |
| | 게릴라 전쟁 행위와 혁명 |

여러 가지 형태의 정치참여가 있다고 할지라도 가장 일상적인 정치참여의 형태는 투표행위이다.

## 3. 정치참여의 한 형태로서의 투표

유권자인 시민이 투표에 참여하게 되는 것에 대한 설명은 크게 두 가지로 설명된 수 있다. 하나는 유권자의 사회경제적 특성에 따라 투표 참여의 정도가 다르다는 것이고, 다른 하나는 유권의 합리적 선택의 결과 투표를 하게 된다는 것이다.

### 유권자의 사회경제적 특성

투표 참여 요인을 설명하는 논리 중의 하나는 유권자의 사회경제적 특성이 투표 참여율에 영향을 미친다는 것이다. 즉 사회경제적으로 우월한 특성을 지닌 유권자는 그렇지 않은 유권자에 비해 투표 참여율이 높다는 것이다.

첫째, 유권자의 연령은 유권자를 투표 참여로 유인하는 중요 요인 중의 하나이다. 나이가 들수록 사회적으로 책임이 있는 구성원으로 활동하게 되어 공동체 의식이 높아지기 때문에 선거에 점점 더 관심을 갖게 되고, 따라서 투표에 참여할 가능성이 높아지게 된다.

둘째, 유권자의 교육 수준 또한 유권자를 투표참여로 유인하는 요인 중의 하나다. 교육 수준이 높은 유권자일수록 보다 쉽게 정치적 정보를 획득, 판단, 처리할 수 있기 때문에 정치적인 문제에 보다 많은 관심을 기울일 수 있다. 따라서 교육 수준이 높은 유권자는 그렇지 못한 유권자에 비하여 투표에 참가할 가능성이 높다.

셋째, 소득 수준 역시 투표 참여의 수준을 결정하는 변수 중의 하나이다. 소득 수준이 낮은 유권자는 자신의 생활을 유지하는데 거의 모든 노력을 기울이기 때문에 정치에 비교적 관심을 덜 기울이는 경향이 있어 투표 참여율이 낮게 나타난다. 반면에 소득 수준이 높은 유권자들은 시간적 여유를 자신의 생활에 영향을 주는 정치에 관심을 기울이게 되기 때문에 비교적 투표참여 수준이 높다.

넷째, 직업의 유형은 또한 투표참여 영향을 주는 변수 중의 하나다. 일반적으로 전문직에 종사하는 사람들은 그렇지 않은 직업에 종사하는 사람에 비하여 정치적인 문제에 노출될 가능성이 더 높기 때문에 투표 참여의 가능성이 높을 것으로 추정할 수 있다.

### 유권자의 합리적 선택

유권자가 왜 투표에 참여하게 되는가는 인간의 합리성에 의해서도 설명될 수 있다. 다운즈(Anthony Downs)는 기대효용 모델을 통하여 왜 합리적인 유권자가 투표에 참여하게 되는가를 설명하였다(Anthony Downs 1957). 그에 의하면 투표 결과로 얻게 될 혜택의 기대값이 투표 참여에 드는 비용보다 클 때 유권자들의 투표 행위가 발생한다는 것이다. 이는 간단히 $pB - C > 0$ 라는 함수로 표현된다. 여기서 p는 유권자 개인이 주관적으로 판단하여 자신의 투표가 선거 결과에 미칠 수 있다고 생각하는 확률이다. B는 자신이 투표한 후보자가 당선되었을 때 자신에게 돌아오는 효용과 다른 후보자가 당선되었을 때 자신에게 돌아오는 효용의 차이를 말한다. C는 투표함으로써 발생하는 비용을 뜻한다.

그러나 이 모델을 그대로 따르면 대다수의 투표 참여자는 비합리적이 되기 때문에(Gordon Tullock 1967) 유권자의 투표참여를 성명하는데 별로 도움이 되지 않는다. 그 이유는 다음과 같다. 대부분의 선거에서는 다수의 유권자가 선거에 참여하므로 특정 유권자 1인의 투표가 선거의 결과를 결정지을 확률은 거의 없다. 그런데 모든 유권자에게는 투표를 하기 위한 시간과 노력이라는 비용은 항상 발생한다. 따라서 이러한 상황에서 투표를 하는 것은 투표함으로서 오는 혜택의 기댓값 보다 비용이 항상 클 수밖에 없게 된다. 그럼에도 불구하고 투표하는 것은 비합리적일 수밖에 없다.

그렇기 때문에 유권자의 투표 참여 행위를 인간의 합리성에 기초하여 설명하려는 노력은 추후 계속 보완되었으며, 이 노력의 결과 합리적 선택 모형은 어느 정도 완성되었다. 첫 번째 보완은 기대 효용 모델을 제시했던 다운즈에 의하여 이루어졌다. 그는 자신의 모델이 가지고 있는 문제점을 해결하기 위하여 시민의 의무(civic duty)라는 개념을 도입하였다. 유권자는 투표에 참여함으로써 민주주의의 지속이라는 장기적 혜택을 누릴 수 있으므로 투표함으로써 발생하는 비용과 관계없이 많은 유권자가 시민의 의무로써 투표에 참여한다고 설명한다. 즉 기존의 효용 함수에 시민의 의무를 추가함으로써 유권자들이 왜 투표하는가를 설명하고자 하였다.

두 번째 중요한 보완은 라이커(Riker)와 오더슈크(Ordeshook)에 의하여 이루어졌다. 그들은 다운즈가 도입한 시민의 의무 개념을 더욱 세련화하여 유권자들은 시민의 의무를 지킴으로써 오는 만족감 때문에 투표에 참여한다고 설명하고 있다(William Riker and Peter Ordeshook 1968). 그들이 제시한 시민의 의무를 지킴으로써 오는 만족감은 5가지이다. 즉, 투표를 함으로써 윤리적 행동을 지켰다고 믿는 만족감, 정치체제에 대한 충성을 확인한 만족감, 정당 선호를 확인했다는 만족감, 투표장에 가기로 결정했다는 만족감, 그리고 정치체제에 대한 효능감을 확인함으로써 오는 만족감이 그것이다. 따라서 투표 참여를 설명하는 합리적 선택 모형은 $pB - C + d > 0$ 로 수정되었다. 물론 여기서 d는 시민적 의무와 만족감이다.

### 4. 정치참여와 정치안정

시민들의 정치참여가 증가하는 것이 정치체제에 어떠한 영향을 주는가는 오랫동안 관심을 끌어온 주제이나 그에 관한 견해는 일치되지 않고 있다. 우선 과도한 정치참여는 정치적 안정을 훼손시킨다는 것이다(Huntington and Nelson, 1976). 이에 의하면 대부분의 경우 개인들은 정치참여보다는 다른 활동에 보다 더 높은 우선순위를 두고 생활을 영위해 나아가고 있기 때문에 대중의 정치참여는 사태가 이미 상당히 악화된 상태 하에서만 발생하게 된다는 것이다. 따라서 이 경우에 발생하는 대중의 정치참여는 그것에 대응하고, 그것을 통로화할 수 있는 정치체제의 능력을 초과하여 전개되기 때문에 정치참여는 위기의 해결을 더욱 복잡하게 만들고, 나아가 정치체제의 안정을 위협한다는 것이다.

이에 반하여 완전한 참여만이 장기적인 정치적 안정을 보장한다는 견해가 있다. 대중의 참여를 선호하는 사람들은 대중 참여가 민주주의가 지향하는 바를 이행하는데 필수적이라고 본다. 완전한 참여가 촉진되지 못하면 사회에서 이미 최대의 이익을 누리고 있는 사람들이 특혜를 보는 것은 불가피하다는 것이다. 또한 참여를 제한하는 것은 이미 불만이 있는 사람들의 견해가 고려되는 것을 원천적으로 제한하는 것이기 때문에 이들의 정치적 불만을 더욱 악화시키게 되는 것이다. 따라서 광범위한 참여를 통한 시민들의 견해가 자유롭게 표현되지 못하고, 따라서 충분히 고려되지 못할 때 정치체제의 안정은 보장받을 수 없게 된다.

## II. 경험과 사례

### 1. 근대화와 정치 불안정

헌팅톤(Samuel Huntington)은 근대화 과정이 정치 불안정을 유발시킨다고 주장한다(Huntington 1965: 53-56). 그는 근대화과정에서 발생하는 사회적 동원화가 정치 불안정을 야키 시키는 과정을 다음과 같은 도식으로 설명한다.

(1) $$\frac{\text{사회적 동원화(social mobilization)}}{\text{경제발전(economic development)}} = \text{사회적 좌절(social frustration)}$$

(2) $$\frac{\text{사회적 좌절(social frustration)}}{\text{이동성 기회(mobility opportunity)}} = \text{정치참여(political participation)}$$

(3) $$\frac{\text{정치참여(political participation)}}{\text{정치적 제도화(political instiutionalization)}} = \text{정치 불안정(political instability)}$$

(1) 근대화가 가져다준 급속한 사회적 동원화 즉 도시화, 산업화, 교육, 문자해득율, 미디어에의 노출 등은 개인과 집단의 열망과 기대감을 촉진시킨다. 즉 새로운 경험들은 전통문화가 가진 인식적인 장벽과 행동상의 장벽을 무너뜨리고, 새로운 수준의 열망과 새로운 차원의 기대감을 촉진시킨다. 그러나 이 같은 새로운 열망을 만족시켜줄 수 있는 능력은 과도기 사회에서는 열망 그 자체의 증가 속도보다 훨씬 느리게 증대해 간다. 따라서 열망과 가대 그리고 기대수준과 생활수준 간에는 갭이 발생한다. 이 갭은 사회적 좌절과 불만을 야기시킨다.

(2) 사회적 좌절은 전통사회가 사회적, 경제적 이동을 위한 기회를 제공해줄 수 있을 만큼 충분히 개방적이 된다면 이러한 이동을 통하여 제거될 수도 있다. 그러나 대부분의 근대화도상국들은 도시화를 제쳐 놓으면 사회적, 경제적 이동을 위한 기회 수준이 모두 낮다. 결국 사회적 좌절은 정부에 대한 일반 국민의 요구를 높여 주고, 정치참여의 길로 인도한다.

(3) 정치참여의 확대는 국민들의 요구를 정부가 시행하도록 강요한다. 그런데 정치적 제도화 면에서 후진성을 면치 못한 국가는 이러한 요구를 합법적인 채널을 통해 반영시킨다든지 그 정치체제 내에서 조정하고 통합시키는 것이 전적으로 불가능하지는 않더라도 대체적으

로 어렵다. 따라서 정치참여의 격증은 정치 불안정을 야기 시키는 것이다.

## 2. 한국에서의 정치적 시위와 정부의 반응

신명순 교수는 1945년부터 1972년까지 발생한 정치 시위와 정부의 반응을 분석하였다(신명순 1993:363-390). 그의 분석 결과를 요약하면 다음과 같다.

우선 그는 1945년부터 1972년까지 총 2,058 건의 정치시위가 발생하였다고 관찰하고, 이 정치시위는 다음과 같은 특징을 보인다고 분석하였다. 첫째, 한국에서의 시위는 정치적 소요, 그 중에서도 특히 데모의 방법으로 행해졌다. 둘째, 학생들이 정치시위의 주도적 세력을 이루었다. 셋째, 2,058건의 시위에서 2,585가지의 요구 사항이 표출되었는데, 76%가 정치문제와 관련된 요구 사항이었으며, 구체적으로는 민주주의와 인권, 외교정책, 선거 그리고 특정 정치인과 관련된 요구사항이었다. 넷째, 시위의 과반수이상이 정부 또는 정치집단의 정책이나 계획 또는 실적에 관한 것이었으며, 나머지는 특정 정치, 행정 엘리트를 대상으로 시위가 발생하였다. 다섯째, 정치시위의 규모를 보면 제 1 공화국이 붕괴한 이후로 시위 참가자가 점진적으로 감소하였다. 여섯째, 대부분의 정치시위는 비폭력적이었다. 일곱째, 정치 시위의 효율성은 매우 낮아 정부가 시위자들의 요구내용을 정책에 반영시켜준 비율이 극히 낮았다. 시위자의 요구가 받아들여져 시위가 성공한 비율은 17%에 불과했다. 여덟째, 한국에서의 시위는 다른 나라에 비교하여 상대적으로 높은 억압적 규제를 받았다.

이어서 그는 정치시위의 특성이 정부의 반응에 미치는 영향을 다음과 같이 분석하였다. 첫째, 정치시위의 주동자 면에서 볼 때 상대적으로 잘 조직되고 또 반정부적 경향을 갖는 집단이 반복적으로 시위를 벌일 때 이러한 시위는 정부로부터 호의적 반응을 별로 얻지 못한 반면에 강력한 정부의 억압을 받기 때문에 효율성이 낮다.

둘째, 시위의 요구 내용면에서는 요구 내용이 사회의 많은 성원들에게 영향을 미치는 포괄적 내용이면서 정권을 위협하는 내용일 때는 호의적 반응을 얻는 비율이 극히 낮을 뿐만 아니라 정부의 강력한 억압을 받기 때문에 효율성이 극히 낮다.

셋째, 정치 시위의 방법 면에서는 폭력적 방법을 사용하는 시위가 질서파괴적 방법을 사용하는 시위보다 효율성이 높으며, 이것은 민주적, 권위주의적 정권에 관계없이 일반적으로 나타나는 현상이다.

넷째, 정치 시위의 규모 면에서는 시위가 발생할 당시 정권의 성격에 따라 시위의 효율성이 달라진다. 권위주의적 정권하에서는 다수의 주동자가 참여하는 시위가 많이 발생할 때 높은 효율성을 보이며 정부로부터의 억압도 낮은 경향을 보인다. 민주적 정권하에서는 정치 시위의 기간이 가장 중요한 요소로서 시위가 장기간 계속될수록 높은 효율성을 나타낸다. 그러나 장기간 계속되는 시위는 정권의 성격과 관계없이 정부로부터 강력한 억압을 동시에 받는 경향을 나타낸다.

다섯째, 정치 시위의 대상 면에서 볼 때 민주적 정권하에서의 정치 시위는 정부 기관을 대상으로 하는 시위가 정치, 행정 엘리트를 대상으로 한 시위보다 더 높은 효율성을 나타낸다. 그러나 권위주의 정권하에서는 시위의 대상이 상위 정치, 행정 엘리트일 경우 효율성이 높다. 또한 민주적 정권 하에서는 중앙정부 그 중에서도 행정부를 대상으로 하는 정치시위가 효율성이 높다.

결국 전체적으로 볼 때 연구 기간 중 한국에서의 정치 시위는 정부에 영향을 미치는데 별로 효율적인 방법이 아니었다는 것이다. 가장 효율성이 높은 정치시위는 다수의 시위자들이 자신들에게만 배타적으로 관련된 요구를 내걸고 폭력적인 방법으로 공공기관을 대상으로 시위를 벌이는 경우이다. 가장 비효율적인 정치 시위는 학생들이 주동이 되어 민주주의나 인권 또는 대외정책에 관련된 요구내용을 내걸고 국가 지도자를 대상으로 질서파괴적 방법을 사용하여 장기간 시위를 계속하는 경우이다.

## 3. 한국에서의 투표참여 요인과 기권의 정치적 결과

제 4차 지방 동시 선거에 나타난 투표참여의 요인과 기권의 정치적 결과를 합리적 선택 이론 틀에서 분석한 김왕식의 연구 결과는 다음과 같다(김왕식 2008: 295-312).

1) 투표 효능감 : 유권자들은 자신의 주관적 판단에 의해 자신의 한 표가 선거 결과에 영향을 미칠 수 있다는 생각을 강하게 가질 경우 투표에 참여할 가능성이 높고, 그러한 생각을 약하게 가질 때 투표에 참여할 가능성이 줄어든다. 실제로 일반 유권자가 선거 결과에 영향을 미치는 경우는 많지 않다. 그러나 자기 자신을 정치적으로 중요하게 생각하거나 자신이 지지하는 후보자가 선거 경쟁에서 우열을 가늠할 수 없을 정도로 박빙의 경쟁을 할 경우 유권자가 투표에 참가할 동기가 커진다. 예측한대로 투표 효능감이 높은 유권자의 투표참여도가 높았다.

2) 유권자의 기대 효용 : 합리적 선택 이론가들은 자신이 투표한 후보자가 당선됨으로써 자신에게 돌아오는 기대 효용과 다른 후보가 당선되었을 때 자신에게 돌아오는 기대 효용 간의 차이가 유권자의 투표 참여와 기권에 영향을 미친다고 주장한다. 기대 효용의 차이는 두 가지 측면에서 측정될 수 있다. 첫째, 기존의 연구들은 무차별(indifference)과 소외(alienation)란 개념을 도입하여 유권자 기대 효용의 차이를 측정하였다.(이갑윤 1986; 김재한 1993; 김욱 1998). 즉 유권자가 느끼는 후보자 간 차별감과 유권자와 후보자간의 거리감을 측정함으로써 기대 효용의 차이를 밝히려 했다. 둘째, 기대 효용의 차이는 현직자에 대한 업적 평가로도 측정할 수 있다. 즉 현직자들이 그들의 업무를 매우 잘하고 있다고 평가하거나 매우 못하고 있다고 평가하는 유권자들은 그렇지 못한 유권자보다 상대적으로 선거 결과에 더 민감하기 때문에 투표함으로써 더 큰 효용을 느낄 수 있다(김재한 1993).

후보자간의 차별감을 보여주는 지표를 분석한 결과 통계적으로 의미 있는 결과가 나오지 않았다. 유권자와 후보자간의 거리감 즉 소외감을 측정하기 위하여 유권자의 이념 성향을 사용하였다. 제 4차 동시 지방 선거는 대북 관계 및 한미 관계를 둘러싸고 한국인이 보수와 진보로 양분되어 이념 대결이 첨예하게 전개된 상황에서 이루어진 선거였다. 그렇기 때문에 중도적 성향을 갖고 있는 유권자가 보수나 진보 성향의 유권자 보다 후보자로부터의 거리감 즉 소외감을 더 갖는 것으로 추론할 수 있다. 후보자로부터의 거리감이 클수록 투표에 참가할 확률이 줄어들기 때문에 보수나 진보 성향을 가진 유권자는 중도 성향을 가진 유권자 보다 투표에 참여할 확률이 높다고 예측할 수 있다. 예측대로 진보나 보수 성향을 가진 유권자가 중도 성향을 가진 유권자에 비해 투표 참여율이 높이 나타났다.

3)현직자에 대한 업무 평가: 현직자들이 그들의 업무를 매우 잘하고 있다고 평가하거나 매우 못하고 있다고 평가하는 유권자들은 그렇지 못한 유권자보다 상대적으로 선거 결과에 더 민감하기 때문에 투표함으로써 더 큰 효용을 느낄 수 있다. 따라서 이러한 평가를 내리는 유권자는 그렇지 못한 유권자에 비해 투표할 확률이 높다고 예측할 수 있다. 현직 단체장이나 지방 의회의원의 평가수준과 투표 여부 사이의 교차분석은 통계적으로 의미있는 결과를 보였다. 그러나 현직자들이 그들의 업무를 매우 잘하고 있다고 평가하거나, 또는 매우 못하고 있다고 평가하는 유권자들은 그렇지 못한 유권자보다 상대적으로 선거 결과에 더 민감하기 때문에 투표할 확률이 높다는 예측과는 달리 분석결과는 현직자의 업무에 만족할 수록 투표할 확률이 높은 것으로 나왔다. 이러한 결과는 합리적 선택 이론과는 배치되는 것이다.

3) 투표의 비용: 합리적 선택 이론가들에 의하면 투표에 소요되는 비용의 크기가 투표 참여와 기권에 영향을 미친다. 일반적으로 사회경제적 지위가 높은 유권자는 그렇지 않은 유권자보다 정치적 정보를 처리하는 데 필요한 비용이 적게 들어간다고 상정할 수 있기 때문에 이들의 경우 투표할 확률이 다른 유권자보다 높다할 수 있다.

우선 유권자의 교육 수준은 투표 비용을 측정하는 지표로 상정할 수 있다. 단순하게 교육 수준이 높을수록 정치적 정보를 획득, 처리하는 데 들어가는 비용이 적게 들어갈 것이라고 상정할 수 있다. 따라서 교육 수준이 높은 유권자는 그렇지 못한 유권자에 비하여 투표에 참가할 확률이 높다고 예측할 수 있다. 교육 수준과 투표여부를 교차 분석한 결과를 보면 양자간의 관계는 통계적으로 의미 있는 결과가 도출되었으나 예상과는 다르게 학력이 보다 높은 유권자가 그렇지 못한 유권자에 비해 투표율이 낮게 나타났다. 이는 합리적 선택이론에서 도출되는 추론과는 정반대되는 결과를 보여주는 것이다. 그러면 왜 이런 결과가 나타났을까? 이는 두 가지 측면에서 추론될 수 있다. 하나는 교육 수준이 낮은 유권자라고 할지라도 자기 나름대로의 정보 요약 장치를 갖고 있기 때문에(Sniderman, Brody and Tetlock 1991; Popkin 1001; 김종림 이남영 1997) 유권자가 정치적 정보를 획득하거나 처리하는 비용은 교육 수준과는 상관없다고 추론 할 수 있다(김욱 1998). 다른 하나는 동원투표가 이루어질 가능성 때문이라고 추론할 수 있다. 즉 교육 수준이 낮은 유권자가 한국의 정치 현실에서 흔히 나타나는 외부 압력에 순응하여 투표하는 현상 때문에 이 같은 결과도 가능할 수 있다.

둘째, 투표 비용을 측정하는 지표로서 유권자의 나이를 들 수 있다. 나이가 많을수록 투표의 기회비용이 적어지며, 따라서 그 만큼 투표에 참여할 확률이 높다고 예측할 수 있다(김욱 1998). 유권자의 나이와 투표 여부를 분석한 결과를 보면 예측대로 나이가 높아짐에 따라 높은 투표율을 보이고 있음을 알 수 있다.

셋째, 후보자나 정당을 선택하는 정보의 충분성 역시 투표의 비용을 측정하는 또 다른 지표이다. 정보가 많으면 많을수록 투표의 비용이 적어지며 따라서 투표할 확률이 높아진다고 예측할 수 있다. 교차분석의 결과는 예측한 대로 후보자나 정당 선택의 정보가 충분했다고 보는 유권자가 그렇지 않은 유권자에 비해 투표율이 높게 나타났다.

넷째, 유권자의 직업이나 생활수준 역시 투표 비용을 측정하는 좋은 지표이다. 즉 전문 직종에 종사하는 유권자들은 비전문직에 종사하는 유권자에 비해 정보의 획득이나 처리의 비용이 상대적으로 낮다고 볼 수 있고 따라서 투표할 확률이 보다 높다고 예측할 수 있다.

마찬가지로 생활수준이 높은 유권자들 역시 생활수준이 낮은 유권자에 비해 정보의 획득이나 처리의 비용이 상대적으로 낮다고 볼 수 있기 때문에 투표할 확률이 보다 높다고 예측할 수 있다. 그러나 통계적으로 의미 있는 결과는 나타나지 않았다.

4) 시민적 의무와 만족감: 우선 다운즈에 의하면 유권자는 시민적 의무 때문에 투표에 참가한다는 것이다. 그에 의하면 시민들은 민주주의를 원하고 있으며, 민주주의의 지속을 위하여 민주주의를 누리는 시민의 의무로서 투표를 한다는 것이다. 다운즈가 주장하는 시민적 의무를 측정하기 위하여 "민주주의는 문제가 있기는 하지만 그래도 다른 어떤 정부 형태보다 낫다"는 의견에 대한 유권자의 공감도를 묻는 설문을 사용하였다. 따라서 이러한 의견에 공감하는 유권자는 그렇지 않은 유권자에 비해 투표에 참가할 확률이 높다고 예측할 수 있다. 교차 분석의 결과는 예상대로 민주주의가 다른 어떤 정부 형태보다도 낫다고 평가하는 유권자의 투표율이 그렇지 않은 유권자의 투표율 보다 높았다.

라이커와 오더슉이 제시한 유권자를 투표로 유인하는 5 가지 만족감을 측정하기 위하여 다음과 같은 지표를 사용하였다. 첫째, 투표함으로써 윤리적 행동을 지켰다고 믿는 만족감을 측정하기 위하여 "선생님께서는 이번 지방 선거에 얼마나 관심이 있었습니까' 하는 설문을 사용하였다. 선거 관심도가 높은 사람은 시민으로서의 윤리적 만족감이 높다는 논리에 근거한 것이다. 따라서 선거 관심도가 높은 유권자는 그렇지 않은 유권자에 비해 투표할 확률이 높다고 예측할 수 있다. 선거 관심도와 투표 여부와를 교차 분석한 결과를 보면 예측한 대로 선거 관심도가 높은 유권자일수록 투표율이 높이 나타남을 알 수 있다.

둘째, 정치체제에 대한 충성을 확인한 만족감과 관련된 변수로 민주정치에 대한 만족도를 선정하였다. 이는 민주정치에 대한 만족도가 높을수록 정치체제에 대한 충성을 확인하는 만족감을 느낄 가능성이 크다고 보기 때문이다. 민주 정치에 대한 만족도를 측정하기 위하여 "선생님께서는 우리나라 민주정치에 대하여 얼마나 만족하십니까" 라는 설문을 사용하였다. 우리나라 민주정치에 대한 만족감이 큰 유권자는 그렇지 않은 유권자에 비해 투표할 확률이 높다고 예측할 수 있다. 교차 분석의 결과는 합리적 선택 모델에서 도출되는 예측과 일치하는 것이다. 민주정치에 대한 만족감이 큰 유권자는 그렇지 않은 유권자에 비해 투표율이 높은 것으로 나타났다.

셋째, 정당 선호를 확인했다는 만족감과 관련된 변수로서 정당 일체감을 선성하였다. 가깝게 느끼는 정당이 있는 유권자는 그렇지 않은 유권자에 비해 정당 선호를 확인하는 만족감을 느낄 가능성이 더욱 클 것이라고 판단되기 때문이다. 정당 선호를 확인했다는 만족감을 측정하기 위하여 "선생님께서는 평소에 가깝게 느끼시는 정당이 있으십니까" 라는 설문을 사용하였다. 따라서 가깝게 느끼는 정당이 있는 유권자는 그렇지 않은 유권자에 비해 투표할 확률이 높다고 예측할 수 있다. 투표 여부를 교차 분석한 결과 예상한대로 평소에 가깝게 느끼는 정당이 있는 유권자는 그렇지 않은 유권자보다 높은 투표율을 보였다.

넷째, 투표장에 가기로 결정했다는 만족감을 측정하기 위하여 "나 같은(나 정도의) 사람에게는 투표만이 정부가 어떻게 해야 되는지에 대해 말 할 수 있는 유일한 방법이다" 라는 진술에 얼마나 공감하는가를 묻는 설문을 사용하였다. 투표만이 정부가 어떻게 해야 되는지에 대해 말 할 수 있는 유일한 방법으로 평가하는 유권자는 그렇지 않은 유권자에 비해 투표장에 가기로 결정했다는 만족감을 느낄 가능성이 더욱 높다는 판단 때문이다. 따라서 이러한 유권자는 투표할 가능성이 보다 높다고 예측할 수 있다. 교차 분석의 결과는 투표만이 정부가 어떻게 해야 되는지에 대해 말 할 수 있는 유일한 방법으로 평가하는 유권자는 그렇지 않은 유권자에 비해 투표율이 높게 나타났다.

다섯째, 정치체제에 대한 효능감을 확인함으로써 오는 만족감을 보기 위한 변수로서 선거의 유권자 대변 여부를 선정하였다. 선거가 유권자의 의견을 대변한다고 생각하는 유권자는 그렇지 않은 유권자에 비해 정치체제에 대한 효능감을 확인함으로써 만족감을 느낄 가능성이 크기 때문이다. 정치체제에 대한 효능감을 확인함으로써 오는 만족감을 측정하기 위하여 “선생님께서는 우리나라 선거는 실제로 유권자의 의견을 얼마나 잘 대변한다고 생각하십니까”를 묻는 설문을 사용하였다. 선거가 유권자의 의견을 잘 대변한다고 생각하는 유권자는 그렇지 않은 유권자에 비해 투표할 확률이 보다 높다고 예측할 수 있다. 선거의 유권자 대변 여부와 투표 여부를 교차 분석한 결과 예상한대로 선거가 유권자의 의견을 잘 대변한다고 생각하는 유권자는 그렇지 않은 유권자에 비해 높은 투표율을 보였다.

5) 투표 여부 결정 요인의 상대적 중요도: 제 4차 지방 동시 선거에 적용해 볼 경우 합리적 선택이론이 제시한 가설의 설명에 중요성을 갖는 변수들은 투표 효능감, 이념성향, 나이, 정보의 충분 여부, 민주정부 형태 평가, 선거 관심도, 민주정치 만족도, 정당 일체감 존재 여부, 투표 유용성 평가 그리고 선거의 유권자 대변 여부였다. 유권자의 투표 여부를 결정짓는 각 변수들의 상대적 영향력을 보기 위하여 로지스틱 회귀분석을 시도한 결과 타 변수의 영향력을 통제할 경우 다섯 가지의 변수만이 통계적으로 의미가 있는 것으로 나타났다. 선거 관심도가 유권자의 투표 여부를 결정짓는 가장 중요한 변수였으며, 그 다음으로 정보의 충분 여부, 투표 효용성, 나이 그리고 선거의 유권자 대변 여부 순으로 변수의 상대적 중요도를 보였다.

6)기권의 정치적 결과: 기권이 선거 결과에 미치는 영향을 알아 볼 수 있는 방법 중의 하나는 투표 참여자와 기권자의 정치적 성향을 비교 분석하는 방법이다. 여기서는 각 정당별로 그 정당을 좋아하는 유권자의 기권율과 그 정당을 싫어하는 유권자의 기권율을 비교하였다. 우선 열린우리당의 경우 열린우리당을 좋아하는 유권자의 기권율(32.3%)이 싫어하는 유권자 기권율(31.2%) 보다 약간 높기는 하지만 그 차이는 그리 크지 않다. 따라서 열린우리당의 경우 기권이 열린우리당의 선거 결과에 미친 영향은 미미했다 할 수 있다.

민주당의 경우 민주당을 좋아하는 유권자의 기권율은 33.3%로 비교적 높은 편인데 비하여, 민주당을 싫어하는 유권자의 기권율은 25% 로 훨씬 낮은 편이다. 민노당의 경우도 민노당을 좋아하는 유권자의 기권율은 48%로 거의 절반에 가까운 유권자가 기권을 한 반면 민노당을 싫어하는 유권자의 기권율은 28.1%에 지나지 않는다. 이는 민주당이나 민노당이 자당의 지지자들을 동원하는데 실패했음을 극명하게 보여주는 것이다. 따라서 유권자의 기권 행위가 민주당이나 민노당에는 크게 불리하게 작용한 것을 알 수 있다.

반면에 한나라당의 경우 한나라당을 좋아하는 유권자의 기권율은 25.%인데 비해 한나라당을 싫어하는 유권자의 기권율은 42.3%로 압도적으로 많은 사람이 기권했음을 앐 수 있다. 이것은 이번 지방선거에서 한나라당이 자당의지지 세력을 효과적으로 동원하는데 성공함과 동시에 자당에 대한 반대 세력을 잠재우는데 성공했음을 보여 주는 것이다. 따라서 유권자의 기권 행위는 한나라당에게 크게 유리하게 작용했음을 알 수 있다.

**표 4. 정당 선호와 기권율**

| | 좋아하는 정당의 기권율 | 싫어하는 정당의 기권율 |
|---|---|---|
| 열린우리당 | 40<br>32.3% | 87<br>31.2% |
| 한나라당 | 100<br>25.3% | 82<br>42.3% |
| 민주당 | 22<br>33.3% | 27<br>25% |
| 민노당 | 26<br>48.0% | 16<br>28.1% |
| 국민중심당 | 1<br>12.5% | 5<br>29.4% |
| 기타정당 | 8<br>72.7% | 2<br>25% |

국민중심당이나 기타 정당 역시 그 당을 좋아하는 유권자의 기권율보다 그 당을 싫어하는 유권자의 기권율이 높음으로 선거 결과에 유리하게 작용했다. 그러나 이 정당들의 전체 지지도는 미미했기 때문에 선거 결과를 크게 바꾸지는 못했을 것이다.

결국 제 4회 전국 동시 지방선거에서의 유권자의 기권 행위는 야당인 한나라당에게 유리한 결과를 가져오게 했다. 반면에 다른 주요 야당인 민주당과 민노당에게는 심한 피해를 주었다. 그러나 여당인 열린우리당의 경우는 피해를 받기는 하였으나 그 피해의 폭은 그리 크지 않았다.

## III. 인용 및 읽을거리

강정인, “정치불참의 의미와 성격.” 정당, 선거, 여론. 김광웅, 이갑윤 편. 1996.

김광수, “투표 기권자의 사회인구론적 특성과 그 불참 사유에 대한 연구: 누가? 왜? 투표를 안하는가?” 의정연구 제 24집. 1986.

김왕식, “투표참여와 기권: 합리적 선택이론을 중심으로,” 한국동북아논총 제13권 1호. 2008.

김욱, “투표참여와 기권: 누가, 왜 투표하는가.” 한국의 선거 II: 제 15대 대통령 선거를 중심으로. 이남영 편. 1998.

김재한, “투표참여의 합목적성: 제14대 대선에서의 기권 행태를 중심으로.” 한국과 국제정치 9권 1호. 1993.

박찬욱, “유권자의 선거관심도, 후보자 인지능력과 투표참여의사: 제 14대 총선전 조사결과를 중심으로.” 한국정치학회보 26집 3호. 1993.

이남영, “투표참여와 기권.” 한국의 선거 I. 이남영 편. 1993.

이갑윤, “우리나라에서의 투표율 연구의 방법론적 고찰.” 한국사회과학 논문집, 한국사회과학협의회, pp.25-46. 1986.

신명순, “정치시위와 정부의 반응,” 한국정치론. 서울: 박영사, 1993.

조기숙. 합리적 선택: 한국의 선거와 유권자. 한울. 1996.

Brady, David and Jongrin Mo, "Electoral Systems and Institutional

Choice: A Case Study of the 1988 Korean Elections." Comparative Political Studies. 1992.

Dahl, Robert A. *Participation and Opposition.* New Haven: Yale University Press. 1971.

Downs, Anthony, *An Economic Theory of Democracy.* New York: Harper and Low. 1957.

Grafstein, Robert, "Rational Choice Inside and Out." The Journal of Politics. 1992.

Huntington, Samuel, Political Order in Changing Societies. New Haven: Yale University Press. 1968.

Huntington, Samuel and Joan M. Nelson, *No Easy Choice: Political Participation in Developing Countries.* Cambridge: Harvard University Press. 1976.

Popkin, Samuelson L. *The Reasoning Voter: Communication and Persuation in Presidential Campaigns.* Chicago: The University of Chicago Press. 1991.

Riker, William H. and Peter C. Ordeshook, "A Theory of the Calculus of Voting." American Political Science Review 62. pp. 25-43. 1968.

Sniderman, Paul M., Richard Brody and Phillip E. Tetlock, *Reasooning and Choice: Explorations in Political Psychology.* Cambridge: Cambridge University Press. 1991.

Tullock, Gordon, *Toward a Mathematics of Politics.* An Arbor: University of Michigan Press. 1967.

Weiner, Myron, "Political Participation: *Crisis of the Political Process," Leonard Binder et al. Crises and Sequences in Political Development.* Princeton: Princeton University Press. 1971.

# 제7장
# 시민의 정치참여를 위한 제도적 장치: 선거제도

## I. 이 론

### 1. 선거제도의 주요 변수

선거제도는 국민들의 정치적 의사를 대표기구의 구성으로 전환시키는 제도적 장치이다. 대부분의 국가에서 선거제도는 일반적으로 선거과정을 규율하는 선거법에 의해 규정된다. 선거법은 "선거상의 선호가 투표로 표출되고, 그리고 그러한 투표가 경쟁하는 정당들 간의 정부의 직위 배분(대표적으로 의회에서의 의석)으로 전환되는 과정을 규율하는 법률" (Rae 1997:14)이다. 따라서 선거법은 선거의 전 과정과 관련된 규칙들의 총체라고 볼 수 있으며, 선거제도는 선거법의 테두리 안에서 투표의 방식, 선거구의 크기, 후보자의 선정과 대표자의 결정방식 등과 같은 선거법상의 핵심적인 규칙을 말한다.

선거제도의 분석을 위한 변수들은 여러 가지 형태를 띠고 있다. 이를테면 레이파트(Lijphart)는 27개 민주주의 국가들의 선거제도를 비교분석하기 위한 변수로서 선거의 방식(formula), 선거구의 크기, 그리고 최소득표요건(threshold)의 3 가지 변수를 고려하고 있으며,(아랜드 레이파트, 서주실 역, 1997) 래(Rae)는 선거를 결정하는 투표자 역할의 구체화인 투표방식, 투표를 의석으로 전환할 때의 제약 요인인 선거구제, 그리고 투표를 의석으로 전환할 때의 주요인인 당선자 결정방식(electoral formula)의 3가지 변수(Rae 1997:16)를 고려하고 있다. 이들이 제시하는 선거제도의 비교분석을 위한 제반의 변수들은 비례대표제 중심의 서구 민주주의 국가의 선거제도 비교분석을 위해서는 유용한 변수이다. 그러나 다수대표제를 시행하고 있거나 당 지도부에 의한 중앙집권적인 후보자 선정과정이 일반적 특징으로 나타나고 있는 비서구 국가의 선거제도의 분석은 위의 세 가지 변수들만으로는 설명되지 않는 부분이 있다. 따라서 비서구 국가의 선거제도에 대한 이해의 증진을 위하여 후보자 선정방식이라는 변수를 고려해야 한다.

### 후보자 선정제도

후보자의 선정이란 "정당을 대표하여 선거에 출마하고자 하는 다수의 지원자 중에서 유권자의 지지를 얻어 정당의 정책을 실현할 수 있는 사람을 공식적 과정 또는 비공식적 절차를 통하여 선정하는 것을 의미한다."(안순철 1998: 70) 핵심적인 사항은 후보자 선정과정의 중앙집권화의 정도, 그리고 당원 및 일반 국민들이 어느 정도의 수준에서 참여하는가이다.

당원 및 일반 국민의 참여수준에 따른 후보자 선정유형을 보면 일반 당원을 포함한 정당의 당원만이 참여하여 후보자를 선정하는 정당 예비선거(party primary) 방식과 당원뿐만 아니라 일반 투표자도 참여하여 정당의 후보자를 선정하는 일반 예비선거 방식이 있다. 이 방식은 일반 투표자가 참여하기 때문에 높은 수준의 개방성이 유지된다.

정당의 구조와 권력구조의 형태에 따라 다르기는 하나 중앙당 중심형보다는 지구당 중심형으로 선정된 후보자가 보다 독립성과 자율성을 확보하게 된다. 정당의 책임성이라는 측면에서 일반 투표자의 참여를 배제하는 정당 예비선거에 의한 후보자 선정방식은 정당의 결속력을 유지시켜 준다. 그러나 일반 예비선거에 의한 후보자 선정방식은 정당의 응집력을 약화시킬 수 있다.

### 투표제

투표제는 선거를 결정하는 투표자의 역할을 구체화시키는 방식을 말한다. 즉 투표자가 어떠한 방식을 통하여 자신의 선택에 대한 의사

표시를 하는가와 관련이 있다. 투표제의 구체적 방식은 여러 가지가 있으나 여기에서는 단기 및 연기투표, 그리고 범주투표제 및 순위투표제의 내용과 그 제도적 효과만을 살펴보도록 한다. 우선 단기투표제는 투표자가 자신의 선택에 대한 의사표시를 할 때 후보자 1인을 지명하는 것이고, 연기투표제는 2인 이상을 지명하는 방식이다. 연기투표제는 완전연기투표와 제한연기투표로 나누어지는데, 완전연기투표는 투표자가 선거구에서 선출되는 후보자의 수만큼 지명하는 것이고 제한연기제는 선거구에서 선출되는 후보자의 수보다 적은 수의 후보자를 지명하는 투표방식이다. 소선거구제에서는 단기투표제가 채택되는 것이 일반적인 경우이며, 대선거구에서는 단기투표제와 연기투표제 모두가 적용될 수 있다. 대선거구제에 단기투표제를 적용하는 경우의 투표제도를 단기비이양식 투표제(single non-transferable vote)라고도 한다.

단기비이양식 투표제는 다수의 의석을 선출하는 대선거구에서 투표자에게 가장 선호하는 후보에게 1표를 던질 기회만을 허용한다. 따라서 이 제도는 같은 당 소속의 후보자 간에 과도한 경쟁을 가져와 정당 내의 파벌을 조장하는 효과가 다른 선거제도에 비해 높게 나타난다(Liphart, Pintor and Sone 1983: 154-179). 선거제도 개혁전 일본에서 심하게 나타났던 파벌정치는 부분적으로 이 제도의 시행과 관련이 있다. 대선거구 연기투표제를 시행할 경우에도 같은 당 소속의 후보자 간에 경쟁을 가져올 가능성이 있으나 단기비이양식 투표제의 경우보다는 덜하다.

대선거구 제한연기제는 선거구에서 선출되는 후보자의 수보다 적은 수의 후보자를 지명하기 때문에 선거구에서 선출되는 의석의 전부가 다수파에 의해서 독점되는 것을 방지하여 소수파가 대표될 수 있는 기회를 부여하는 효과를 갖고 있다. 따라서 이 제도는 새로운 정치세력이 대의기관에 대표될 수 있는 기회를 제공한다.

범주투표제는 투표자가 오직 한 정당의 후보자에게만 투표하는 제도이고, 순위투표제는 하나 이상의 정당 후보자에게 투표자의 선호에 따라 순위를 매겨 투표하는 제도이다. 따라서 범주투표제는 투표자 선택이 뚜렷이 나타나게 되나, 순위투표의 경우에는 투표자의 후보자나 정당에 대한 선택이 보다 복잡하고 모호한 형태로 이루어지게 된다. 범주투표제는 대부분의 선거제도에서 채택되는 일반적인 형태이고, 순위투표제는 단기이양식 비례대표제나 선호투표제에 적용된다.

래(Rae)에 의하면 범주투표제는 투표자의 선택이 단일 정당에 주어지는 반면, 순위투표는 투표자에게 몇 개의 정당에 분산하여 주어지게 함으로써, 일종의 극소적인 파당화를 낳게 되고, 또한 그와 같은 투표와 선거방식이 반복된다면 다른 선거제도보다 더욱 파당화된 선거정당제를 가져오는 효과가 있다고 주장한다(Rae 1997: 126). 즉 범주투표제는 투표자에게 자기의 표가 사표가 되지 않도록 전략적으로 투표하려고 하는 강한 동기를 부여하는 반면, 순위투표제는 자기 표가 사표화될 위험을 거의 없애 주어 투표자는 성실한 투표를 하게 되고, 이에 따라 다당성이 조장되는 효과가 나타난다(레이파트, 서주실 역 1997: 157).

### 선거구제

선거구는 투표의 결과가 대표의 의석으로 전환되는 단위를 말한다. 다시 말하면 대표가 선출되는 지역 단위이다.

선거구제는 선거구가 대표하는 의석수에 의해 분류된다. 선거구제는 1개 선거구에서 1개의 의석이 대표되는 선거구 제도인 소선거구제와, 1개의 선거구에서 2개 이상의 의석이 대표되는 대선거구제로 구분된다. 이 밖에도 1개의 선거구에서 2 내지 5개의 의석이 대표되는 선거구제를 중선구제라고 말하는 경우가 있으나 이는 대선거구제와 논리적으로 구분되는 점이 없기 때문에 대선거구제의 범주에 포함된다. 또한 전국을 1개의 선거구로 하여 다수의 의석이 대표되는 전국선거구제가 있으며, 이 역시 대선거구제로 분류된다.

정당별로 그것이 기초하고 있는 사회경제적 지지기반과 지역적 지지기반이 상이하게 나타나는 것이 일반적인 경우이기 때문에 선거구를 어떻게 획정하는가 하는 것은 정당의 선거에서의 승패에 지대한 영향을 준다. 따라서 선거경쟁에 참여하는 정당이나 후보자 모두에게 공평하게 영향을 주는 공정한 선거구 획정은 무엇보다도 중요한 것이다. 선거구 획정의 공정성 기준 논의에서 일반적으로 거론되는 기준으로서 다음과 같은 4가지가 있다(Gordon Baker 1986: 275-276; Robert G. Dixon 1982: 16-180). 첫째, 선거구를 획정함에 있어서는 '1인 1표 1가치'의 원칙이 지켜져야 한다. 둘째, 선거구를 획정함에 있어 인접성(continuity)의 원칙이 지켜져야 한다. 셋째, 선거구를 획정함에 있어 밀집성(compactness)의 원칙이 지켜져야 한다. 넷째, 선거구를 획정함에 있어 행정구역을 반영해야 한다.

한 선거구에서 선출되는 의석수를 의미하는 선거구의 크기는 정당이 획득하는 득표율과 의석점유율 간의 비례관계에 지대한 영향을 미친다. 하나의 의석을 선출하는 소선거구제하에서는 당선자를 결정하는 방식으로 다수대표제를 채택할 수밖에 없다. 다수대표제는 사표의 가능성이 높게 나타나기 때문에 비례효과는 나타나지 않는다. 그러나 두 개 이상의 의석을 선출하는 대선거구제하에서는 비례대표제를 적용할 수 있으며 이때 선거구의 크기는 득표율과 의석점유율 간의 비례관계에 영향을 미치게 된다.

놀렌(D. Nohlen)은 선거구를 2~5석을 선출하는 작은 선거구, 6~10석을 선출하는 중간 선거구, 그리고 10석 이상을 선출하는 큰 선거구로 구별하고, 선거구의 크기와 당선 가능한 유효득표율, 비례효과 간에는 다음과 같은 관계가 성립된다고 주장한다(디터 놀렌, 박병석 역 1994: 576-58). 즉 선거구가 커질수록 당선이 가능한 유효득표율은 낮아지고, 정당의 득표율과 의석점유율 간의 비례효과는 높아지게 된다는 것이다.

**표 1·1 선거구의 크기, 유효득표율 그리고 비례효과**

| 선거구의 크기 | 유효득표율 | 비례효과 |
|---|---|---|
| 2~5석　작은 선거구 | 높음 | 낮음 |
| 6~10석　중간 선거구 | 중간 | 중간 |
| 10석 이상큰 선거구 | 낮음 | 높음 |

[출처] 디터 놀렌, 박병석 역, 『선거제도와 정당체제: 선거제도의 정치적 효과』(서울: 도서출판 다다, 1994), pp. 57~58의 두 개의 표를 합성하여 재작성.

이러한 주장은 선거구가 커질수록 어떤 정당이 의석을 획득하기 위하여 얻어야 하는 상대적 득표수가 적어지게 되고, 군소정당의 의석 획득 가능성이 높아지게 됨에 근거하고 있으며, 이에 따라 득표율과 의석점유율 간의 비례효과는 높아지게 된다는 것이다.

또한 놀렌은 의석의 크기가 비례효과에 영향을 준다는 주장의 타당함을 보여주기 위하여 A 정당이 45%, B 정당이 35%, 그리고 C 정당이 20%를 득표했다는 가정 하에서 동트식 의석결정방식을 적용하여 선거구의 크기에 따라 변화되는 의석점유율을 제시하고 있는데, 이를 보면 선거구가 커질수록 각 정당의 득표율과 의석점유율이 접근하고 있음을 알 수 있다.

**표 1·2 상의한 크기의 선거구에서 이루어지는 비례선거제의 결정방식(동트식)에 따른 의석배분**

| 구분 | A 정당<br>450표(=45.0%) | B 정당<br>350표(=35.0%) | C 정당<br>200표(=20.0%) |
|---|---|---|---|
| 1석 선거구 | 100%(1석) | - | - |
| 2석 선거구 | 50%(1석) | 50%(1석) | - |
| 3석 선거구 | 66.6%(2석) | 33.3%(1석) | - |
| 4석 선거구 | 50%(2석) | 25%(1석) | 25%(1석) |
| 5석 선거구 | 40%(2석) | 40%(2석) | 20%(1석) |
| 7석 선거구 | 42.8%(3석) | 42.8%(3석) | 14.3%(1석) |
| 9석 선거구 | 44.4%(4석) | 33.3%(3석) | 22%(2석) |
| 15석 선거구 | 46.6%(7석) | 33.3%(5석) | 20%(3석) |
| 32석 선거구 | 46.8%(15석) | 34.4%(11석) | 15%(5석) |

[출처] 디터 놀렌, 박병석 역, 『선거제도와 정당체제』, p. 59에서 재작성.

이를 보면 비례대표제를 채택하고 있는 대선거구제하에서는 선거구의 크기가 득표율과 의석점유율 간의 비례관계에 영향을 준다는 사실을 명확히 알 수 있다. 즉 선거구의 크기가 커질수록 득표수와 의석의 배분 간에는 비례성이 높아지고, 역으로 선거구의 크기가 작아질수록 득표수와 의석배분 사이의 불균형관계는 더욱 커지게 된다.

위에서 논의한 바와 같이 선거구를 어떻게 획정하는가에 따라 각 정당들은 선거에서의 승패에 지대한 영향을 받기 때문에, 각 정당들은 선거구를 획정할 때 선거에서 자당에 유리하게 조작을 하려 한다. 선거구 획정을 조작하는 대표적인 방법은 인구비례를 무시한 선거구의 불공정 배분(malapportionment)과 정략적 선거구 획정인 게리맨더링이 있다.

선거구의 불공정 배분은 선거구별로 선거인 총수에 차이가 있음을 의미한다. 즉 일부 선거구에 다른 선거구보다 인구수에 비하여 많은 의석을 배분하는 경우이다. 인구비례를 무시한 선거구의 불공정 배분의 측정은 몇 가지 방법으로 이루어진다(김광수 1997: 76-79). 우선 흔히 사용하는 방법으로 최대 선거구와 최소 선거구의 비율을 측정하는 방법이다. 이 비율은 최소 선거구의 1표가 최대 선거구의 1표에 비교하여 얼마의 가치를 갖고 있는가를 보여 주는 것으로서 선거구 배분의 불공정 정도를 보여 준다. 이 방법은 간편하므로 많이 사용되나 극단적인 두 개의 선거구 비교만으로 선거구의 불공정 배분을 설명하기 때문에 전체적인 불공정 상황을 파악하는 데는 다소 무리가 있다.

이러한 문제를 해결하기 위하여 사용하는 방법이 모든 선거구의 크기를 평균과 비교하여 평균편차를 살펴보는 방법이다. 이 방법은 각 선거구 간 편차의 평균이기 때문에 불공정 배분 정도에 대한 보다 포괄적인 측정치가 된다.

또 다른 방법으로 누적 빈도표를 그려 불공정의 정도를 파악하는 방법이 있다. 이 방법은 우선 각 선거구를 크기에 따라 최대 선거구에서 최소 선거구까지 순서를 매겨 놓고 각 선거구의 인구비율에 대한 의석점유율을 각각 계속 합산하여 도표 위의 점으로 표시해 나간다. 이 점들을 이은 선인 로렌쯔 곡선과 각 선거구의 인구비율과 의석점유율이 일치할 때 그려지는 선인 대각선과의 사이에 나타나는 공간이 불공정 배분의 크기를 나타내는 것이다. 이 방법은 불공정의 정도를 한눈에 파악할 수 있게 하는 장점을 가지고 있어 국가 간의 비교에 유용하게 쓰여질 수 있다.

선거구의 불공정 배분 상황은 다음 두 가지 경우에 주로 나타난다. 첫째, 대선거구 비례대표제를 채택하고 있는 국가에서 보다 소선거구

다수대표제를 채택하고 있는 국가에서 선거구의 불공정 배분이 더욱 두드러지게 나타난다(아렌드 레이파트, 서주실 역 1997: 164). 소선거구 다수대표제를 채택하고 있는 국가에서는 균등한 의석배분을 위하여 비교적 많은 선거구 모두를 같은 수의 선거인이나 인구를 갖도록 조정해야 하는데, 이것은 현실적으로 쉽지 않은 일이다. 따라서 소선거구 다수대표제를 채택할 경우 선거구의 불공정 배분은 불가피하게 나타날 수밖에 없다. 그러나 비례대표제를 시행하고 있는 국가에서는 선거구의 크기가 다양할 뿐만 아니라 비교적 큰 선거구를 채택하고 있기 때문에 선거구의 불공정 배분상황이 일어나지 않거나 문제가 되지 않는다.

둘째, 선거구의 불공정 배분은 도시와 농촌 간의 관계에서 나타난다. "농촌지역은 의도적인 과다대표의 문제를 안고 있다"(Michael Gallagher 1991: 45)는 갤라거(Gallagher)의 지적처럼 대부분의 국가에서 농촌지역의 선거구가 인구에 비례하여 볼 때 의석수를 과다하게 많이 가지고 있는 현상이 나타난다. 그것은 도시화의 영향으로 농촌의 인구가 도시로 이주함에 따라 도시와 농촌 간의 인구밀도의 격차가 확대되어 왔으나, 인구변동에 따른 선거구의 재획정은 수시로 이루어지지 않았기 때문이다.

그러면 선거구의 불공정 배분은 선거에 있어 어떠한 효과를 가져오는가? 우선 선거구의 불공정 배분은 정당의 득표율과 의석점유율 사이의 불균형 비례를 가져온다는 점이다. 갤라거는 이와 관련하여 "불균등 비례성은 한 나라의 일부 지역이 다른 지역보다 인구수에 비해서 많은 의석을 배분 받는 경우에 일어날 수 있다"(Michael Gallagher 1991: 45)는 가설을 제시하고, 계량적 방법을 동원하여 검증한 결과, 선거구의 불공정 배분은 불균등 비례효과를 가져온다는 것을 발견하였다.

둘째, 선거구의 불공정 배분은 정당 간의 선거결과에도 영향을 준다. 선거구의 불공정 배분과 그것이 가져온 불균형 비례성은 일반적으로 군소 정당보다 큰 정당에 유리하게 작용하며, 그에 따라 실효적 정당 수를 감소시키고, 의회 과반수 및 제조된 과반수의 창출기회를 증대시키는(아렌드 레이파트, 서주실 역 1997: 165) 경향성이 나타난다.

선거구 획정을 조작하는 또 다른 방법은 게리맨더링이다. 게리맨더링은 특정 개인 또는 정당에게 유리하도록 정략적으로 선거구를 구획하는 것을 의미한다. 게리맨더링은 특정 개인 또는 정당의 지지기반이 유리한 곳을 중심으로 하여 선거구를 자의적으로 획정하는 것이기 때문에 일반적으로 소선거구 다수대표제를 채택하는 경우에 빈번하게 일어나며, 대선거구 비례대표제를 채택하는 경우에는 발생할 가능성이 적다.

게리맨더링은 특정 정당 후보자의 지지기반이 약한 지역을 묶어 하나의 선거구로 구획하여 그 선거구를 포기하는 대신, 지지기반이 강한 지역들을 여러 개의 선거구로 구획하여 특정 후보자의 당선 가능성을 높이려는 것이 기본 전략이다. 따라서 게리맨더링은 정당득표율과 의석점유율 간에 격심한 차이를 가져온다. 게리맨더링의 극단적인 예는 1990년 미국 텍사스주 연방 하원의원 선거에서 찾아볼 수 있다. 게리맨더링 전략이 적용된 이 선거에서 민주당은 1,083,351표로 14석 중 10석을 차지한 반면, 공화당은 민주당과의 근소한 표차인 1,080,788표를 얻고도 4석밖에 차지하지 못하였다(안순철 1998: 68-69에서 재인용).

### 대표제

대표제란 투표를 의석으로 전환시키는 방식 즉 당선자 결정방식을 말한다. 대표제는 크게 보아 다수대표제와 비례대표제가 있다.

#### 1) 다수대표제

단순다수 대표제는 한 선거구에서 출마한 후보 가운데서 가장 많이 득표한 후보가 의석을 차지하는 당선자 결정방식을 말한다. 선거구에서 출마한 후보자의 수나 득표수가 얼마나 되느냐와 관계없이 후보자들 중에서 단 한 표라도 더 많이 득표한 후보자가 의석을 차지한다는 의미에서 상대다수 대표제라 할 수 있다. 영미학자들은 이와 같은 제도를 경마에 견주어 The-first-past-the-post system 즉 1위

대표제라 부르기도 한다. 여기서는 이 제도를 단순다수 대표제로 부르기로 한다.

단순다수 대표제는 기본적으로 1개의 의석이 선출되는 소선거구제에 적용되는 당선자 결정방식이다. 선거구별로 1개의 의석을 선출하는 영국의 하원의원 선거제도, 미국의 하원의원 선거제도, 그리고 한국의 국회의원 선거제도가 대표적인 것이다. 선거구제와 대표제를 결합하여 이러한 국가의 선거제도를 소선거구 단순다수 대표제라고 부른다. 1석 이상을 선출하는 선거구에서도 상대다수에 의해 당선자를 결정하는 경우도 있다. 3 내지 5석을 선출하는 선거구에서 단기 비이양식 투표(single non-transferable vote)로 의원을 선출한 1994년도까지의 일본에서의 중의원 선거제도의 경우가 그러하다. 그러나 이 제도는 소선거구 단순다수 대표제와는 그 성격이 전혀 다르다.

단순다수 대표제에 적용되는 투표방식은 범주형 투표이다. 일반적으로 범주형 투표용지에는 후보자의 성명과 소속정당이 표시되어 있기 때문에 유권자는 투표시에 후보자 개인에 대한 선호뿐만 아니라 정당에 대한 선호도 함께 고려하게 된다. 투표용지에 표시되는 순서인 기호는 나라별로 다르나 일반적으로는 후보자 성의 알파벳 순서를 따른다. 한국의 경우는 국회에서 의석을 차지하고 있는 정당에게 우선하여 의석수의 순서대로 기호를 부여하며, 다음 순위로 의석이 없는 정당을 정당명의 가나다순으로, 그 다음 순위로 무소속 후보자들을 성명의 가나다순으로 기호를 부여한다.

단순다수 대표제를 채택할 경우에 나타나는 대표적인 제도적 효과는 낮은 수준의 비례성이다. 즉 이 제도는 정당의 득표율과 정당의 의석점유율 간에 극심한 차이가 나타난다는 점이다. 단순다수 대표제가 가져오는 비비례성의 패턴은 일반적으로 '3승 법칙(cube law)'로 설명된다(M. G Kedall and A shugart 1950: 183-184). 단순다수 대표제에서 득표를 의석으로 전환할 때 득표수가 많은 정당을 L, 득표수가 적은 정당을 S라고 할 때 두 정당이 획득한 득표의 비율이 L : S 라면 두 정당의 의석점유 비율은 $L^3$ : $S^3$에 가까운 패턴을 보인다는 것이다.

둘째, 단순다수 대표제는 대표성의 문제가 발생할 수 있다. 즉 단순다수 대표제에서는 소수의 득표로 의석을 차지하는 문제와 근소한 표차로 의석을 차지하게 되는 극단적인 경우가 나타날 수 있다. 단순다수 대표제는 선거구에서 출마한 후보자의 수나 득표수가 얼마나 되느냐와 관계없이 후보자들 중에서 단 한 표라도 더 많이 득표한 후보자가 의석을 차지하는 제도이기 때문에 여러 명의 후보자가 난립하여 경쟁을 벌일 경우 소수의 득표로도 의석을 차지하게 되는 문제와 근소한 표차로 의석을 차지하는 문제가 언제든지 나타날 수 있는 현상이며 이로 인해 대표성의 문제가 야기된다.

셋째, 단순다수 대표제는 투표자의 정치적 선호가 반영되지 않는 사표를 많이 만들어 낸다. 당선자를 제외한 다른 모든 후보자의 득표는 의석으로 전환되지 않기 때문에 기권표나 무효표와 마찬가지로 투표자의 선호가 반영되지 않아 유권자의 정치적 의사가 심각하게 훼손된다.

넷째, 단순다수 대표제에서는 투표자가 후보자들의 당선 가능성을 자기 나름대로 예측하여 자신의 표가 사표로 처리되는 것을 방지하고 투표의 효용성을 최대화하는 전략적 투표가 나타난다. 투표자의 심리적 요인에 바탕을 둔 전략적 투표는 특정 정당이나 집단에게 불균등한 영향을 미친다. 즉 대정당의 경우 유권자들이 갖고 있는 긍정적인 성향 때문에 득표율에 비해 의석점유율이 유리하게 나타나며, 소정당은 부정적 경향으로 불리하게 나타난다(J. Sprague 1980). 이러한 경향이 있기 때문에 단순다수 대표제는 여성과 정치적 소수집단의 대표성을 제도적으로 봉쇄하는 효과를 갖고 있다. 따라서 유권자들의 심리적 요인에 바탕을 둔 전략적 투표로 인해 단순다수 대표제에 의해 구성된 의회의 다수당은 "만들어진 다수(manufactured majority)"라 할 수 있다.

단순다수 대표제에서 나타나는 대표성의 문제를 해결하고자 고안된 것이 절대다수 대표제이다. 절대다수 대표제는 당선에 필요한 최소득표 요건(threshold)을 총투표수의 50%로 정하고, 이 이상 득표할 때 의석을 차지하는 제도이다. 절대다수 대표제의 대표적 유형으로는 프랑스에서 채택하고 있는 결선투표제(second ballot system)와 오스트레일리아 하원의원 선거에서 채택하고 있는 선호투표제도(prefrential or alternative vote)가 있다.

결선투표제는 과반수 이상의 득표를 한 후보자가 의석을 차지하게 하는 대표제 방식이다. 과반수 이상을 득표한 후보자가 의석을 차지하는 제도이기 때문에 결선투표제에 적용되는 선거제는 1개의 의석이 선출되는 소선거구제이다. 결선투표제는 당선에 필요한 최소 득표요건을 50%+1로 하고 있기 때문에 1차 투표에서 당선된 후보자는 대표의 민주적 정당성이 확보된다. 과반수 이상을 득표한 후보자가 없을 경우에는 제2차 투표를 시행하게 되는데 이때 제2차 투표에 진출할 후보자를 어떻게 결정할 것인가 하는 것이 문제가 된다. 2차 투표에 참가할 수 있는 자격을 부여하는 방법은 제1차 투표에서 1위와 2위를 차지한 후보자만을 진출시키는 방법에서부터 1차 투표에 참가한 후보자 모두를 진출시키는 방법에 이르기까지 다양할 수 있다. 1위와 2위 후보자만을 2차 투표에 진출시키는 것이 가장 일반적인 경우이며, 이 경우 2차 투표의 당선자는 2명의 후보자 가운데에서 투표자의 선택이 이루어지기 때문에 절대다수의 득표가 가능하여 대표성이 확립된다. 다수의 후보자가 2차 투표에 진출할 경우에는 과반수 이상을 획득하는 것이 어려워지며, 과반수 이상이 최소 득표요건인 경우 당선자를 결정하기 위한 투표는 여러 번 반복된다.

결선투표제를 채택할 경우 대표의 정당성이 확립되기는 하나 정당의 득표율과 의석점유율 사이의 차이는 단순다수 대표제의 경우보다 더욱 심하게 나타나 낮은 수준의 비례효과를 가져온다.

선호투표제는 투표자가 후보자들을 선호하는 순서대로 표시하고, 그 선호에 근거하여 의석을 배분하는 제도이다. 선호투표제는 기본적으로 소선거구제하에서 사용된다. 오스트레일리아의 하원의원 선거에서 실시되고 있는 이 선거제도는 유효투표의 절대다수를 얻은 후보가 의석을 차지하는 제도이다.

전면적 선호투표제의 운용방식은 다음과 같다. 우선 투표자는 선거구에 출마한 모든 후보자에 대하여 투표자의 선호도에 따라 서열을 표시한다. 이때 어느 한 후보자라도 선호도에 따른 서열이 매겨지지 않았을 경우 그 표는 무효가 되고, 모든 후보자에 대한 서열이 매겨졌을 때에 한하여 유효표로 계산된다. 선호투표제에서의 당선자 결정 방식은 다소 복잡하다. 먼저 모든 후보자에 대한 서열이 매겨진 유효표 가운데서 어느 후보자든지 투표자로부터 제1순위로 선택된 표를 50% 이상 득표한 후보자가 있으면 그 후보자는 당선이 확정된다. 만일 투표자가 제1순위로 선택한 표를 50% 이상 획득한 후보자가 없는 경우에는 제1순위로 선택된 표가 가장 적은 후보자를 탈락시키고, 1순위로 선택된 그 후보자의 투표용지에 투표자가 제2순위로 누구를 선택했는가에 따라 2순위로 선택한 후보자에게 탈락한 후보자의 표를 이양한다. 이때 어느 후보자든지 1순위로 선택된 표와 탈락된 후보자로부터 이양된 2순위 표를 합산하여 50%를 넘는 최다득표를 하게 되면 그 후보자가 당선된다. 표를 이양받은 후에도 과반수 이상의 득표를 한 후보자가 나오지 않을 경우, 위의 절차를 50% 이상의 득표를 한 후보자가 나올 때까지 되풀이하여 당선자를 결정한다.

이 제도는 투표자의 선호도가 최대한도로 반영되며, 제1순위로 선택한 후보자가 당선되지 않더라도 다음으로 선호하는 후보자에게 표가 이양되기 때문에 투표자로 하여금 당선 가능성을 고려한 전략투표보다는 소신투표를 하게 만드는 경향이 있다. 그러나 이 선거제도는 차 순위로 선택된 표에 힘입어 당선이 될 가능성이 높다는 문제점이 있다. 또한 이 제도는 투표자의 선호도를 최대한 반영하긴 하지만 소선거구제에서 나타나는 문제점은 그대로 남아 있기 때문에 비비례성이 높게 나타난다.

### 2) 비례대표제

비례대표제는 다수대표제가 갖고 있는 비비례성의 문제를 해결하고 국민들의 정치적 의사를 대의기관에 가능한 한 정확히 반영하려고 고안된 제도이다. 비례대표제는 기본적으로 대선거구제에 적용되는 제도이며, 정당이 차지하는 의석을 각 정당이 획득한 득표비율에 따라 배분하는 제도이다. 비례대표제의 대표적 형태로는 정당명부식 비례대표제와 단기이양식 비례대표제가 있다. 정당명부식 비례대표제는 대부분의 유럽국가가 채택하고 있는 선거제도이며, 단기이양식 비례대표제는 아일랜드, 몰타 그리고 오스트레일리아의 상원의원 선거에 채택하고 있는 제도이다.

정당명부식 비례대표제는 투표자가 선거구별로 각 정당에서 선정된 후보자 명부 중에서 하나를 선택하거나 정당에 대한 범주형 투표 또는 정당 및 후보자에 대한 선호투표를 하고, 각 정당에 대한 의석은 미리 정해 놓은 공식에 의거하여 각 정당이 획득한 득표비율에 따라 배분하는 선거제도를 말한다. 정당명부식 비례대표제는 비례성에 관심을 두는 제도이기 때문에 다수의 의석을 선출하는 대선거구에 적용되며, 정당을 매개로 하여 후보자를 선택하는 제도이다.

정당명부식 비례대표제의 운용은 의석을 배분하는 공식, 후보자 명부에 대한 투표방식, 그리고 의석을 배분받기 위한 최소 득표요건에 따라 다양하기 때문에 이에 대한 이해가 필요하다. 첫째, 정당명부식 비례대표제하에서 의석을 배분하는 공식은 크게 나눔수제(divisor system)와 쿼터제가 있다. 나눔수제는 미리 정해진 일련의 나눔수로 각 정당의 득표수를 나누어 몫이 큰 순서대로 의석을 배분하는 방식이다. 쿼터제 방식은 1석을 배정 받는데 필요한 득표수(쿼터)를 미리 정해 놓고 정당의 득표가 쿼터에 도달할 때 마다 의석을 배정하는 방식이다.

둘째, 정당명부식 비례대표제를 운용할 때는 대체적으로 의석배분의 대상이 되기 위해 필요한 최소 조건을 두는 것이 일반적이다. 의석을 얻기 위한 최소 득표요건(threshold)을 두는 것은 비례성을 강조하는 이 제도가 가져올 수 있는 군소 정당의 난립을 방지하기 위하여 두는 것이다. 그러나 최소 득표요건은 그만큼 비례대표제의 관심사인 비례성을 왜곡시킨다.

셋째, 후보자 명부에 대한 투표방식에 따라서도 명부식 비례대표제의 운용은 다양하게 나타난다. 후보자 명부에 대한 투표방식은 정당에 의해 후보자의 순위가 결정된 각 정당의 후보자 명부를 대상으로 정당에 투표하는 폐쇄형 명부제와 당선 순위의 결정에 투표자의 선호가 반영될 수 있는 개방형 명부제가 있다. 개방형 명부제는 투표자의 선호가 반영될 수 있는 정도에 따라 다양한 형태를 띠고 있다. 그런데 폐쇄형 명부제를 채택하는 경우는 정당의 리더십이 강화되는 효과가 나타나는 반면, 개방형 명부제를 채택하는 경우에는 투표자의 후보자에 대한 선호도는 강하게 반영되나 경쟁정당뿐만 아니라 같은 정당 내의 후보자 간에도 경쟁이 심화되어 정당조직이 약화될 수가 있다.

단기이양식 비례대표제는 당선에 필요한 쿼터를 정하여 놓고 이 쿼터에 해당되는 득표를 한 후보자에게 의석을 배정하고, 쿼터를 초과하거나 미달한 득표를 차선의 후보자에게 이양하여 당선자를 결정하는 방법이다. 단기이양식 비례대표제는 다수의 의석을 선출하는 대선거구제에 적용되며, 투표제 방식으로 선호투표제를 채택하고 있는 선거제도이다. 정당에 대한 선호를 표시하는 정당명부식 비례대표제와는 달리 단기이양식 비례대표제는 후보자에 대한 직접적인 선택이 이루어진다.

단기이양식 비례대표제의 운용은 다소 복잡한 면이 있다. 우선 투표자는 선거구에 출마한 모든 후보자를 선호 순위에 따라 서열을 매기는 순위투표를 한다. 당선자의 결정은 당선에 필요한 쿼터를 정한 다음, 제1순위 표를 이 쿼터만큼 획득한 후보자에게 의석을 배정한다. 쿼터를 초과한 표는 2순위로 선택된 후보자에게 이양된다. 표를 이양 받은 후보자가 자신이 받은 1순위 표와 이양 받은 표를 합산한 표수가 쿼터에 도달하면 그 후보자에게 의석을 배정한다. 만일 쿼터를 초과한 표를 이양 받았음에도 어느 후보자의 득표수도 쿼터에 도달하지 못한 경우에는 제1순위로 선택된 표가 가장 적은 후보자를 탈락시키고, 1순위로 선택된 그 후보자의 투표용지에 투표자가 제2순위로 누구를 선택했는가에 따라 2순위로 선택한 후보자에게 탈락한 후보자의 표를 이양한다. 이때 어느 후보자든지 1순위로 선택된 표와 탈락된 후보자로부터 이양된 2순위 표의 합산이 쿼터에 도달하는 득표를 하면 그 후보자에게 의석을 배정한다. 이런 식으로 탈락과 당선에 불필요한 표의 이양을 되풀이하여 선거구의 의석수만큼의 당선자를 결정한다.

단기 이양식 비례대표제는 투표자의 선호도를 최대한 반영하는 제도이나 정당보다는 후보자에 대한 투표자의 선호가 직접적으로 이루어지기 때문에 같은 정당 후보자 간에 경쟁이 심화되어 정당의 응집력을 약화시킬 가능성이 높다.

## 2. 선거제도의 유형

위에서 논의한 선거제도의 변수를 종합적으로 고려할 때 나타나는 선거제도의 대표적인 유형은 소선거구 단순다수대표제와 대선거구 비례대표제이다. 이 두 가지 선거제도는 각각 장점을 갖고 있으나 제도상의 문제점도 아울러 갖고 있기 때문에 이를 보완하기 위하여 두 제도를 혼합하여 각각의 제도가 갖고 있는 문제점을 최소화하려는 의도로 고안된 혼합선거제도가 있다.

### 소선거구 단순다수대표제

소선거구 다수대표제는 1석 선거구에서 출마한 후보자 가운데에서 가장 많은 득표를 한 후보자를 당선자로 결정하는 선거제도이다. 물론 이때 유권자는 후보자 중 1인 만을 지명하는 단기투표제를 채택한다. 물론 이 제도는 위에서 대표제를 논의 할 때 살펴 본 것처럼 정당의 득표율과 그 정당이 의회에서 차지하는 의석의 비율간의 차이가 많이 나타나다는 점, 당선자가 소수의 득표로 의석을 차지하거나 경쟁자와 근소한 표차가 나더라도 당선될 수 있어 대표성의 문제가 야기될 수 있다는 점, 그리고 낙선한 후보에게 투표한 유권자의 정치적 선호가 반영되지 않는 사표가 발생하다는 점 등 여러 가지 문제를 가지고 있는 제도이다. 이러한 문제점이 있음에도 불구하고 이 제도가 쓰여 지고 있는 이유는 이 제도가 간단명료하여 유권자에게 편리하다는 것과 유권자가 거주하는 지역의 대표자가 누구인가를 명확히 알 수 있는 지역 대표성이 두드러지기 때문이다. 현재 이 제도를 채택하고 있는 대표적인 나라는 미국과 영국이다.

### 대선거구 비례대표제

대선거구 비례대표제는 여러 명의 의원을 선출하는 다석 선거구에서 정당이 얻은 득표율에 따라 의석을 배분하는 제도이다. 이 제도는 소선거구 단순다수대표제가 갖고 있는 최대의 문제점 즉 정당 득표율과 의석점유율간의 비비례성의 문제를 해결하기 위하여 고안된 제도이다. 비례대표제를 채택하는 대부분의 나라들은 의석 배분을 위한 최소요건으로서 봉쇄 조항을 두고 있기는 하지만 정당의 득표율에 따라 의석을 배분하기 때문에 정당득표율과 의석점유율간의 비례성이 높을 수밖에 없고, 이것이 이 제도의 최대의 장점이라 할 수 있다. 선거구제를 논의할 때 살펴 본 것처럼 하나의 선거구에서 선출되는 후보자가 많으면 많을수록 그 비례성은 높아진다. 대선거구 비례대표제는 정당명부식 비례대표제와 단기이양식 비례대표제가 있는데, 대부분의 유럽 국가가 정당명부식 비례대표제를 채택하고 있으며 그 작동 방식은 위에서 논의한 대표제 논의를 참조하면 된다.

### 혼합형 선거제도

혼합형 선거제도는 위에서 논의한 대표제 중 둘 이상이 혼합되어 운용되는 선거제도를 말한다. 일반적으로 지역대표성을 강조하는 다수대표제와 비례성을 강조하는 비례대표제를 혼합하여 운용한다. 혼합형 선거제도를 채택하고 있는 국가는 독일이 대표적이라 할 수 있으며, 독일은 소선거구 단순다수 대표제와 정당명부식 비례대표제를 혼합하여 운용하고 있다.

독일식 혼합선거제도는 하원의원 선거에 시행되고 있는데, 하원의원의 50%는 소선거구 단순다수 대표제를 통하여 그리고 나머지 50%의 의원은 정당명부식 비례대표제를 통하여 선출한다. 이때 투표자는 2개의 투표권을 행사하는데 한 표는 지역구에 출마한 후보자에게, 그리고 다른 한 표는 정당명부 중의 한 정당을 선택하여 투표한다. 각 정당이 차지하는 총 의석수는 비례대표제 투표에서 각 정당이 획득한 득표율에 근거하여 배정된다. 각 정당은 권역으로 나누어진 선거구별로 각 정당이 획득한 득표수를 가지고 정당별로 차지할 수 있는 총 의석수를 정한다. 소선거구 다수대표제에 의한 지역구 선거에서 차지한 의석을 뺀 나머지 의석을 정당명부에 기재된 순서대로 의석을 배정한다.

## 3. 선거제도의 평가

선거제도가 대의민주주의체제를 구성하는 주요 수단임에도 불구하고 선거제도를 민주주의 기준에 의거하여 평가하려는 노력은 그간 등한시 되어 왔으며, 그렇기 때문에 선거제도를 평가하는 민주주의적 기준을 고안하려는 노력 또한 등한시 되어 왔다. 그런 가운데 최근 비덤(David Beetham)은 민주주의의 기본적 원칙으로부터 도출한 선거제도 평가를 위한 민주적 기준을 제시한 바 있다(Beetham 2007). 그는 선거가 다양한 기능을 수행한다는 점, 선거제도를 평가하는 민주적 기준이 서로 다를 수 있다는 점, 선거제도가 시행되는 방식이 다를 수 있다는 점, 그리고 선거제도는 국가에 따른 특수한 환경에 영향을 받을 수 있다는 점들을 염두에 두면서, 선거제도를 평가할 때 고려해야 할 두 가지 민주주의 원칙을 제시하고 있다(위의 논문, 66).

그가 제시한 첫째 원칙은 "시민의 표현의 자유와 결사의 자유가 보장되는 맥락 속에서 주요 정치 지도자나 정부의 관리에 대해 인민이 권한을 부여하는 것, 그들이 지속적으로 공적 책임을 갖게 하는 것, 그리고 그들이 여론에 따라 반응하도록 하는 것을 확실히 하는 제도를 통하여 집단적인 정책결정과 정책결정자에 대하여 인민이 권한을 갖고 있고, 통제한다는 원칙"이다. 두 번째 원칙은 "정치적 평등의 원칙 즉 모든 사람이 다 하나의 가치를 갖고 있으며, 그들이 유권자로서, 공공 서비스의 이용자로서, 혹은 시민으로서의 어떠한 상황에서도 그들의 의견이 동일한 대우를 받는 그러한 평등의 원칙"이다.

대부분의 현대 정치체제는 대의 민주주의 형태를 취하고 있기 때문에 비덤은 민주주의 원칙에서 도출된 대표의 개념에 기반을 둔 민주적 기준을 구성하였다. 그는 대표의 개념을 그가 제시한 두 가지의 민주주의 원칙에 상응하는 두 가지의 개념으로 구분하였다. 그 하나는 정치적 대표의 개념을 유권자의 "대리인"으로 파악하는 것이고, 다른 하나는 정치적 대표의 개념을 "소세계(microcosm)"으로 파악하는 것이었다.

비덤은 대리인으로서의 대표 개념에 바탕을 둔 첫 번째 민주주의 원칙 즉 인민의 권한과 통제라는 원칙을 측정하는 지표로서 3 가지를 제시하였다. 선거제도가 유권자에게 부여하는 선택 자유의 정도, 선거제도가 유권자로 하여금 선거과정에 참여하도록 유도하는 정도, 그리고 유권자가 자신들의 대표자에게 접근할 수 있는 정도가 그것이다. 그는 또한 두 번째 민주주의 원칙 즉 정치적 평등의 원칙을 측정하는 지표로서 3가지를 제시하였다. 유권자의 지역적 분포 반영 정도, 여론 분포의 반영 정도, 그리고 유권자의 사회적 구성의 반응 정도가 그것이다 (위의 논문 68-69, 74-75).

그런데 비덤이 제시한 지표들을 어떻게 측정할 것인가 하는 문제에 대해서는 몇 가지의 보완이 필요하다. 우선 민주주의의 첫 번째 원칙을 반영하는 지표의 측정에 대하여 논의하기로 하자. 첫째 지표인 선거제도가 유권자에게 부여하는 선택 자유의 정도를 논의할 때 이 선택의 개념은 두 가지 차원 선택 즉 후보자에 대한 유효적 선택뿐만 아니라 정당에 대한 유효적 선택 두 가지를 의미한다. 정당에 대한 유효적 선택이란 유권자가 선택한 정당이 국회에서 대표될 수 있는 가능성을 말하며, 후보자에 대한 유효적 선택이란 후보자 개인에 대한 유권자의 판단이 후보자의 당선 전망을 실질적으로 결정지을 수 있는 가능성을 말한다. 따라서 유권자 선택의 자유 정도는 유권자가 후보자뿐만 아니라 정당에 대해서도 유효한 선택권을 갖고 있는가 하는 것으로 측정될 수 있다. 둘째, 선거제도가 유권자로 하여금 선거과정에 참여하도록 유도하는 정도는 새로운 선거제도 도입의 결과로 투표율이 증가될 가능성이 있는가 하는 것으로 측정될 수 있다.

민주주의의 두 번째 원칙 즉 정치적 평등의 원칙을 반영하는 지표는 다음과 같이 측정될 수 있다. 첫째 정치적 평등의 원칙은 유권자의 지역적 분포 반영 정도로 측정될 수 있다. 이것은 투표의 결과가 의석으로 전환되는 단위인 선거구가 지역적 분포를 얼마나 반영하는가 하는 것이다. 둘째, 정치적 평등의 원칙은 여론 분포의 반영 정도로도 측정될 수 있다. 이것은 정당득표율과 그 정당의 의석점유율 간의 비례성이 높게 나타나는가 하는 것으로 측정된다. 이는 일반적으로 각각의 정당들이 획득한 득표율이 여론을 반영하는 것으로 간주되기 때문이다. 셋째, 정치적 평등의 원칙은 유권자의 사회적 구성 반영 정도로도 측정될 수 있다. 이는 인종별 대표율이나 여성 대표율로 측정된다. 사회적 구성이라는 측면에서 볼 때 오늘날 가장 두드러진 특징 중의 하나는 성별로 그리고 인종별로 심히 왜곡되어 대표되고 있다는 점이다. 이에 따라 대표체제에서 소외된 여성이나 인종 역시 유권자의 분포에 비례하여 의회에 정당히 대표되어야 한다는 주장이 대두되고 있다. 이는 공유된 여론이나 신념만큼이나 공유된 정체감이나 경험 또한 중요하고, 또 의회는 이질적인 사회적 실체를 골고루 반영해야 한다는 시각을 반영하는 것이다(A. Phillip 1995)

## II. 경험과 사례

### 1. 선거 제도의 효과: 1인 2표제 도입의 정치적 효과

김왕식은 1인 2표제 도입을 근간으로 한 새로운 선거제도의 정치적 효과를 한국사회과학데이터센타와 한국선거학회가 공동으로 시행한 "제17대 국회의원선거 유권자 조사"에 나타난 설문 조사 내용에 기초하여 분석하였다(Kim Wang Sik 2005). 그의 분석 결과를 요약하면 다음과 같다.

#### 1) 새로운 제도의 도입 배경

6대 국회의원 선거 이래로 한국 국회의원 선거는 소선거구 1위 대표제와 전국구 제도를 근간으로 하여 이루어져 왔다. 이런 면에서 한국의 국회의원 선거제도는 일종의 혼합 선거제도를 채택하여 왔다고 볼 수 있다. 전국구 제도는 소선거구 1위 대표제가 갖는 유권자 의사의 왜곡현상을 보완하고 군소정당의 원내 진출 및 필요한 전문 인력을 충원한다는 취지의 정당비례대표제의 형식을 띠고 있다. 그러나 그간에 시행되어 온 전국구제도는 비례대표제가 갖는 원래의 취지는 실종된 상태에서 실제로는 집권세력이 국회 내에서 안정적인 다수를 이룰 수 있도록 하는 정략적 도구로 활용되어 왔다. 예컨대, 제 4공화국의 경우에서와 같이 전국구 제도는 유정회라는 이름 하에 국회의원 정수의 1/3에 달하는 국회의원을 사실상 대통령이 임명하거나, 또는 제 5공화국 초기에서와 같이 임명은 하지 않더라도 전국구 의원의 의석 배분을 소선거구 1위 대표제에서 나타난 의석점유율이나 정당 득표율에 근거하여 배분하는 방식을 취함으로써 제 1당이 특혜를 받을 수 있도록 운용되어 왔다. 또한 이러한 배분 방식은 소선거구 1위 대표제가 갖고 있는 문제점인 유권자 의사의 왜곡을 더욱 증폭시킬 수밖에 없었기 때문에 심각한 문제를 내포하고 있었다. 더욱이 의석 점유율에 의거하여 배분하던 정당 득표율에 의거하던 간에 의석의 배분은 제 1당인 집권당이 원내에서 안정적 의석을 확보할 수 있도록 일정 수준의 의석을 제 1당에 우선적으로 배분하는 방법을 운영함으로써 전국구 제도는 집권세력의 이익에 봉사하는 제도라는 비판을 면하기 어려웠다.

이에 대한 비판이 거세게 일자 전국구 의석 배분 방식을 개선하여 최근에는 각 정당의 득표율에 비례하여 의석을 배분하여 왔다. 그러나 이와 같은 배분방식도 지역구에서의 득표가 전국구 의석 배분을 결정한다는 점에서 위헌적이라는 비판이 끊임없이 제기 되어 왔다. 마침내 2001년 헌법재판소가 전국구 비례대표의 의석배분은 위헌이며, 정당명부식 비례대표제를 실시하면서도 별도의 정당투표를 허용하지 않은 1인 1표제는 위헌이라고 판결하였다. 이를 받아들여 제 17대 국회의원 선거에서는 유권자가 지역구 후보자 투표와 정당비례대표 투표를 독립적으로 행사하는 1인 2표제를 시행하게된 것이다. 1인 2표제를 근간으로 하는 여러 형태의 혼합선거 제도를 도입한 국가가 이미 25개국에 달하기 때문에(Blais and Massicotte, 1996, p.115), 한국 국회의원 선거에 새로이 혼합 선거 제도가 새로이 도입된 것은 이와 같은 추세를 반영하는 것이라 하겠다.

### 2) 1인 2표제와 유권자의 투표행태

#### 분할투표의 규모와 유권자의 특성

새로운 선거법은 유권자에게 지역구 후보자에게 1표, 그리고 정당의 비례대표에게 1표를 독립적으로 행사할 권한을 부여하고 있기 때문에 유권자는 자신의 판단에 따라 지역구 후보자의 소속정당과 동일한 비례대표 정당에게 일괄적으로 투표하는 경우가 있고, 이와는 달리 지역구 후보자 소속정당과 상이한 비례대표 정당으로 나누어 투표하는 경우도 발생하게 된다. 전자의 경우를 일괄투표라고 하고, 후자의 경우를 분할투표라고 한다. 한국사회과학데이터센터와 한국선거학회가 공동으로 시행한 "제17대 국회의원선거 유권자 조사"에 담겨 있는 설문 내용을 분석해 본 결과 투표자의 79.2%가 일괄투표를 하였고 20.8%가 분할투표를 한 것으로 나타났다. 이 분할투표의 규모는 상대적으로 작은 것이다. 이것은 1인 2표제를 도입하고 있는 국가들의 분할투표의 규모 즉 독일의 24.8%, 뉴질랜드의 37.8%, 그리고 일본의 30.1%와 비교하여 볼 때도(김영태, 2002) 17대 국회의원 선거에서의 분할투표 규모는 작은 편이라 할 수 있다.

제 17대 국회의원 선거에서 처음으로 도입된 1인 2표제를 시행한 결과 20.8%로 상대적으로 작은 규모의 분할투표를 보인 점에 대하여 다음과 같이 추론해 볼 수 있다. 첫째, 1인 2표제의 도입이 급속히 이루어졌기 때문에 이 제도가 갖고 있는 유용성이 유권자들 사이에 널리 인지되지 않았고, 따라서 분할투표의 규모는 그리 크지 않았으리라 생각된다. 둘째, 정당비례대표 선거로 선출되는 의원의 수가 지역구 선거를 통해 선출되는 의원의 수보다 훨씬 적은 점을 지적할 수 있다. 셋째, 분할투표의 규모는 그 제도 자체뿐만 아니라 다른 요인에 의해서도 영향을 받는데 특히 선거이슈의 영향을 크게 받는다. 1인 2표제에는 분할투표 가능성이 내재되어 있는 제도이나, 제 17대 국회의원선거 과정에서는 대통령에 대한 탄핵심판, 물갈이와 개혁정치, 현 정부에 대한 업적 평가, 지역주의 청산에 대한 요구 등이 커다란 쟁점이었었기 때문에, 이러한 이슈에 대한 유권자들의 입장에 따라 분할투표보다는 오히려 일괄투표가 보다 광범위하게 이루어졌을 가능성이 높았다. 따라서 1인 2표제에 내재해 있는 분할투표의 효과는 상당히 감소되었으리라 생각된다.

그러면 어떠한 특성을 가진 유권자들이 분할투표를 했는가? 유권자의 경제적 지위, 학력수준, 직업, 농촌-도시의 구분이든 행정구역상의 구분이든 거주지역의 특성 등은 통계적으로 유의미한 분할투표의 차이를 가져오는 것이 아니고, 성별과 세대간의 구분만이 분할투표의 차이를 가져온다는 것을 알 수 있다. 그런데 이들이 지지하는 정당을 보면 남녀 간에는 큰 차이가 없으나, 세대별로 보면 차이가 있다. 즉 분할투표 비율이 높은 20대와 30대는 타 정당에 비해 열린우리당 지지자가 압도적으로 많고, 40대는 열린우리당 지지자와 한나라당 지지자의 비율이 비슷하다. 반면 분할투표 비율이 높은 50대의 경우는 한나라당 지지자가 많다.

인구사회학적 변수 이외의 특성을 고려할 경우 우선 진보성향 유권자일수록 분할투표율은 높았고. 보수성향의 유권자일수록 분할투표율이 낮았다. 정당의 선호도와 분할투표와의 관계 역시 통계적으로 의미있으나 그 관계는 정당에 따라 다르다. 우선 한나라당 선호도와 분할투표는 선형관계를 보인다. 한나라당에 대한 선호도가 높을수록 분할투표의 비율이 낮고, 선호도가 낮을수록 분할투표의 비율이 높다. 민노당의 경우 역시 선형관계를 보여주나 그 결과는 한나라당과는 정반대로 나타난다. 민노당에 대한 선호도가 높을수록 분할투표의 비율이 높게 나타난다. 이에 반하여 열린우리당과 민주당의 경우는 그 관계가 비선형적으로 나타난다. 열린우리당을 싫어하거나 좋아하는 양극단으로 갈수록 분할투표율이 낮고, 중간 정도의 선호도를 보이는 유권자의 분할투표 비율이 가장 높다. 민주당의 경우는 이와는 정반대로 민주당을 좋아하거나 싫어하는 양극단으로 갈수록 분할투표율이 높고, 중간 정도의 선호도를 보이는 유권자의 분할투표비율이 가장 낮다.

그런데 유권자의 정치적 성향과 그들이 투표한 정당 사이에는 일정한 관계가 보인다. 분할투표 비율이 높은 진보성향과 중도성향의 유권자들은 열린우리당에 압도적으로 많은 투표를 던졌고, 분할투표

비율은 낮은 보수 성향의 유권자들은 한나라당에 투표한 유권자가 압도적으로 많았다.

### 1인 2표제와 투표율

1인 2표제의 도입이 유권자의 투표행태에 영향을 미치는 또 다른 분야는 바로 투표율의 문제이다. 1인 2표제는 정당비례대표제의 도입을 전제로 하는 것이고, 비례대표제는 1위 대표제에 비하여 투표참여를 높이는 것으로 알려져 있기 때문에 1인 2표제의 도입은 투표참여율을 제고시킬 것으로 상정할 수 있다. 이론적으로 볼 때 1인 2표제는 세 가지 측면에서 투표율 제고에 영향을 미칠 수 있다. 첫째, 1인 2표제 하에서는 유권자가 2표를 행사하기 때문에 정당비례대표 투표에서 자신이 선호하는 정당과 지역구 투표에서 자신이 선호하는 후보의 정당이 다를 경우에는 정당과 후보자를 분리하여 선택할 수 있기 때문에 투표참여에의 유인이 높다. 둘째, 비례대표제는 사표를 최소화하고, 유권자 개개인 투표의 효용을 높여주기 때문에 투표율이 높아질 수 있다. 셋째, 듀베르제가 지적한 것처럼 비례대표제는 다당체제를 유도하는 경향이 있는데, 다당체제 하에서의 유권자는 자신의 정책적 선호에 부합되는 정당을 선택할 수 있 폭이 넓어지기 때문에 투표참여에의 동기가 높아지고, 또한 유권자의 표를 획득하기 위한 정당들 간의 경쟁이 치열해지기 투표율이 상승될 가능성이 높다. 그러나 1인 2표제가 투표율을 증가시켰다는 구체적인 증거는 없다. 17대 총선의 투표율이 약간 상승했으나 그것은 1인 2표제의 시행보다는 오히려 다른 요인들 특히 탄핵심판, 물갈이와 개혁정치 등과 같은 쟁점들이 총선과정을 주도하였기 때문이다.

### 1인 2표제와 지역주의적 투표성향

1인 2표제 도입과 관련하여 살펴보아야 할 또 하나의 주제는 1인 2표제가 한국의 투표행태의 두드러진 특징 중의 하나인 지역주의적 투표성향을 완화시켰는가 하는 점이다. 집합자료를 보면 17대 총선에서도 지역주의적 투표성향은 온존한 것으로 나타난다. 전통적으로 지역주의적 성향이 두드러졌던 영남과 호남에서의 지역주의적 성향은 17대 총선에도 그대로 유지되었다. 설문조사 자료를 분석하여 보면 1인 2표제의 도입에도 불구하고 지역주의는 완화되지 않고 온존하고 있음을 다시 한번 확인할 수 있다.

### 3) 1인 2표제와 선거결과

#### 정당별 득표율과 의석점유율

우선 지역구의 경우 유권자 의사의 왜곡은 여전히 심각하게 나타났다. 1인 2표제를 도입하더라도 지역구 의석은 소선거구 1위 대표제에 의해서 결정되기 때문에 이 제도에 내재해 있는 사표의 발생으로 정당의 득표율과 의석 점유율 사이의 비비례성은 그대로 유지되었다. 그러나 정당비례대표의 경우는 사정이 다르다. 최소득표 요건 때문에 정당의 득표율과 의석점유율 사이에 약간의 차이가 보이기는 하지만 그 이득비는 정당 간에 큰 차이를 보이지 않는다. 이 점에서 정당비례대표에 대한 독립적 투표를 채택한 1인 2표제는 정당비례대표의 크기에 비례하여 정당의 득표율과 의석 점유율 간의 비비례성을 감소시키는 효과를 갖고 있음을 알 수 있다.

#### 1인 2표제의 도입과 정당체제의 변화

1인 2표제의 도입은 한국의 정당체제에 어떠한 영향을 미쳤는가? 우선 정당비례대표 투표에서 거대 정당인 열린우리당과 한나라당을 지지한 유권자들은 지역구 투표에서도 동일 정당 후보에게 각각 87.8%와 91.1%의 높은 일괄 투표율을 보였다. 이는 1인 2표제를 시행하고 있는 외국의 경우 거대 정당들은 지역구 투표에서도 유권자의 높은 지지를 받는 현상이 한국의 경우에도 그대로 재현되고 있음을 보여주는 것이다.

1인 2표제 도입의 최대 수혜자는 민노당이었다. 민노당은 총 분할투표의 44.2%를 차지함으로서 지역구 선거에서 부진했음에도 불구하고 분할투표에서 얻은 이득에 힘입어 민주당을 제치고 제 3당의 위치에 오를 수 있었다. 열린우리당 역시 1인 2표제 도입의 수혜자였다. 열린우리당은 평균 분할투표율을 상회하는 전체 분할투표의 26.9%를 득표함으로서 새로운 제도 도입의 혜택을 보았다. 뿐만 아니라 열린우리당에 대한 유권자들의 높은 수준의 일괄투표로 제 1당이 될 수 있었다.

1인 2표제 도입의 최대 피해자는 민주당이었다. 민주당은 일괄투표 득표율도 낮았을 뿐만 아니라 지역구 투표에서 타 정당 후보자에게 투표한 유권자의 분할투표를 정당비례대표 선거에서 거의 얻지 못함으로써 제 4당의 위치에 머무를 수밖에 없었다. 한나라당의 역시 피해자였다. 한나라당은 열린우리당에 비교하여 상대적으로 낮은 일괄투표 득표율과 분할투표에서의 낮은 득표율로 제 2당에 머무를 수밖에 없었다.

그러면 왜 유권자들은 분할투표를 하였는가를 살펴보기로 하겠다. 17대 국회의원 선거에서의 분할투표는 대체적으로 유권자의 전략적 투표행위에 바탕을 두고 이루어졌다고 할 수 있다. 그러나 전반적으로 전략적 분할투표자가 선호적 분할투표자보다 다소 많은 것으로 나타났으나 그 차이는 별로 크지 않았다는 점에서 전략적 분할투표가 강하게 이루어졌다고 보기는 어렵다. 이것은 두 가지로 설명되어질 수 있다. 첫째, 최근에 비슷한 제도를 도입, 시행하고 있는 러시아나 일본과 비교하여 볼 때 한국의 분할투표율이 훨씬 낮았다는 점에서 전략적 분할투표가 강하게 이루어졌다고 보기 어렵다. 둘째, 1인 2표제가 급속히 시행되었기 때문에 대부분의 유권자들이 사표 방지를 위한 전략적 투표를 할 수 있다는 이 제도의 유용성에 대하여 학습할 수 있는 시간이 상대적으로 적었다는 점을 들 수 있다.

## 2. 선거제도 개혁의 평가

김왕식은 비덤이 제시한 민주적 기준에 의해 제 17대 국회의원 선거를 규율한 새로운 선거제도를 평가하였다(Kim Wang Sik 2008). 이를 요약하면 다음과 같다.

### 1) 대표에 대한 인민 통제: 선택의 정도

대표에 대한 인민 통제라는 측면에서 개정된 선거제도를 평가하는 첫 번째 지표는 새로운 선거제도가 유권자에게 어느 정도 선택의 자유를 부여하고 있는가 하는 것이다. 이와 관련하여 개정된 선거제도는 유권자에게 지역구 후보자뿐만 아니라 정당에 대하여도 선택권을 부여하고 있다는 점에서 이전의 선거제도와 비교하여 민주주의 원칙을 더욱 반영하고 있다고 평가된다. 그렇다면 유권자 선택의 폭을 넓힌 1인 2표제를 처음으로 도입한 제 17대 국회의원 선거에서는 유권자들은 선택의 자유를 얼마나 향유하였는가? 이 선택의 자유는 정당비례대표 투표 시 유권자가 지역구 후보자의 소속정당과 동일한 비례대표 정당에게 일괄적으로 투표하였나 혹은 지역구 후보자 소속정당과 상이한 비례대표 정당으로 나누어 투표하였나 하는 분할 투표 여부로 측정될 수 있다. 필자가 한국사회과학데이터센터와 한국선거학회가 공동으로 시행한 "제17대 국회의원선거 유권자 조사"에 담겨있는 설문 내용을 분석해 본 결과 투표자의 79.2%가 일괄투표를 하였고 20.8%가 분할투표를 한 것으로 나타났다. 비록 분할투표의 수준이 낮지만, 개정된 선거제도가 제도적으로 유권자에게 선택의 자유를 부여하고 있는 만큼 이전의 선거제도와 비교하여 볼 때 민주주의 원칙을 더욱 반영하고 있다는 점은 분명하다.

### 2) 대표에 대한 시민의 통제: 투표율

개정된 선거제도를 대표에 대한 시민의 통제라는 측면에서 평가할 수 있는 또 다른 지표는 선거제도가 유권자로 하여금 선거과정에 참여하도록 하여 투표참여율을 제고시키고 있는가 하는 것이다. 이론적으로 볼 때 1인 2표제는 세 가지 측면에서 투표율 제고에 영향을 미칠 수 있다. 첫째, 1인 2표제 하에서는 유권자가 2표를 행사하기 때문에 정당비례대표 투표에서 자신이 선호하는 정당과 지역구 투표에서 자신이 선호하는 후보의 정당이 다를 경우에는 정당과 후보자를 분리하여 선택할 수 있기 때문에 투표참여에의 유인이 높다. 둘째, 비례대표제는 사표를 최소화하고, 유권자 개개인 투표의 효용을 높여

주기 때문에 투표율이 높아질 수 있다. 셋째, 듀베르제가 지적한 것처럼 비례대표제는 다당체제를 유도하는 경향이 있는데, 다당체제 하에서의 유권자는 자신의 정책적 선호에 부합되는 정당을 선택할 수 있 폭이 넓어지기 때문에 투표참여에의 동기가 높아지고, 또한 유권자의 표를 획득하기 위한 정당들 간의 경쟁이 치열해지기 투표율이 상승될 가능성이 높다. 그러나 1인 2표제의 도입은 투표율 제고에 직접적 영향을 미치지 않았다. 17대 총선의 투표율이 약간 상스한 바 있으나 그것은 1인 2표제의 시행보다는 오히려 다른 요인들 특히 탄핵심판, 물갈이와 개혁정치 등과 같은 쟁점들이 총선과정을 주도하였기 때문이다.

### 3) 정치적 평등: 유권자의 지리적 대표성 정도

정치적 평등의 관점에서 개정된 선거제도를 평가하는 하나의 지표는 이것이 유권자들의 지리적 대표성을 충분히 반영하는 것인가 하는 것이다. 이는 유권자는 대의 기구에 지역적으로 골고루 대표되어야 함이 중요하다는 생각에 기반을 둔 것이며, 따라서 국회의 구성은 주민들의 지역적 분포가 왜곡됨이 없이 그리고 지역적 특성을 간과함이 없이 반영할 수 있도록 정당하게 이루어져야 한다는 것이다. 이 점에서 새로 개정된 선거제도는 이전의 선거제도와 비교하여 볼 때 별 차이가 없다. 이 점에서 개정된 선거제도가 민주주의 원칙을 보다 충실히 반영하기 위해서는 정당비례대표 후보자 선정에 있어서 전국 단위의 명부를 작성하는 것보다는 지역적으로 분할되어 있는 유권자들을 대표할 수 있도록 지역 단위의 명부를 작성하도록 재개정을 할 필요가 있다.

### 4) 정치적 평등: 정치적 의사 대표의 비례성 정도

선거제도를 평가하는 또 다른 민주적 기준은 유권자의 정치적 의사가 왜곡됨이 없이 대표되고 있는가 하는 점이다. 즉 1인 2표제의 도입이 정당별 득표율과 의석 점유율간의 비례성을 높여 주었는가 하는 점이다. 우선 1인 2표제를 도입할 경우 유권자는 자신의 정치적 의사나 선호에 따라 지역구 투표와 정당비례대표에 대한 투표를 동일한 정당에 일괄적으로 하거나 상이한 정당으로 나누어 분할투표를 할 수 있으므로 유권자의 의사가 대의기관에 더욱 정확하게 전달 될 수 있다. 또한 1인 2표제는 정당비례대표제의 도입을 전제로 한 것이기 때문에 정당 득표율과 의석점유율간의 비비례성을 완화시켜 유권자의 정치적 의사를 보다 정확하게 정치과정에 반영시킬 수 있다. 정당비례대표에 대한 독립적 투표를 채택한 1인 2표제는 정당비례대표의 크기에 비례하여 정당의 득표율과 의석 점유율 간의 비비례성을 감소시켰다.

### 5) 정치적 평등: 유권자의 사회적 구성 반영 정도

평등의 차원에서 선거제도를 평가하는 또 하나의 민주적 기준은 선거제도가 유권자의 사회적 구성을 왜곡함이 없이 대표시키는 제도인가 하는 것이다. 한국사회의 주요 정치 현안 가운데 하나는 국회에 여성들이 차지하고 있는 유권자의 구성 비율에 합당하게 어떻게 대표시킬 수 있는가 하는 것이었다. 한국 여성계가 이의 실현을 위하여 다각적이고 끈질긴 노력을 기울여 왔음은 주지의 사실이다. 여성계의 강력한 요구에 응답하여 국회는 정당비례대표 선거를 위한 후보자 추천에서 각 당에게 남녀 동수를 추천하는 여성할당제를 강제하는 선거법을 도입한 바 있다. 이 제도에 힘입어 여성 대표의 비율은 비약적으로 증가하였다. 2000년도에 시행된 제 16대 국회의원선거에서 5.9%밖에 되지 않았던 여성 대표의 비율이 이 제도가 도입된 제 17대 국회의원 선거에서는 13.0%롤 급증하였다. 이 점에서 개정된 선거제도가 유권자의 사회적 구성 특히 여성을 보다 정확하게 반영시킨다는 점에서 민주주의 원칙에 더욱 충실히 따른 것이라고 평가 할 수 있다.

## III. 인용 및 읽을거리

김광수. 선거와 선거제도. 서울: 박영사, 1997.

김영태. “1인 2표제의 제도적 효과와 정치적 영향: 독일, 뉴질랜드, 일본의 경험과 시사점.” 진영재 편. 한국의 선거제도 I. 서울: 한국사회과학데이터센터, 2000.

디터 놀렌, 박영서 역. 선거제도와 정당체제. 서울 : 도서출판 다다, 1994.

아렌드 레이파트, 서주실 역. 선거제도와 정당제 : 27개 민주주의 국가를 대상으로. 서울: 삼지사, 1997

박승재. 현대선거론 : 선거제도의 정치적 효과. 서울 : 법문사, 1977

박찬욱. “제 17대 총선에서 2표 병립제와 유권자의 분할투표: 선거제도의 미시적 효과 분석.” 한국정치연구. 제 13집 제2호. 2004.

박찬욱, 김경미, 이승민. “제 17대 대통령 선거에서 유권자의 사회경제적 특성과 이념정향이 후보 선택에 미친 영향.” 박찬욱 편, 제 17대 대통령선거를 분석한다. 서울: 생각의 나무, 2008.

안순철. 선거체제비교 : 제도적 효과와 정치적 영향. 서울 : 법문사, 1998.

안철현. “지역주의 정치와 16대 대선.” 21세기 정치학회보 2003.

이남영. “세대와 투표참여.” 계간사상. 제14권 3호. 2002년 가을호.

이현우. “정당투표제 도입의 정치적 효과.” 한국정치학회 총선분석 특별학술회의 발표논문. 2004년 4월 22일.

정구종. “16대 대통령 선거 분석: 정치변동에서 사회변동으로.” 어수영 편, 한국의 선거 V. 서울: 오름, 2006.

최준영. “2007년 대통령 선거와 지역주의.” 한국정치학회 춘계학술대회 발표 논문. 2007.

황아란. “여성의 정치적 대표성제고를 위한 제도적 접근: 지역구 국회의원 선거제도를 중심으로,” 진영재 편, 한국의 선거제도

I. 서울: 한국사회고학데이터센터, 2000.

황아란. “제 17대 대통령 선거의 투표행태 분석: 지역, 이념, 세대 요인을 중심으로.” 한국정치학회 발표논문. 2008.

Alan Ware. *Political Parties and Party Systems.* Oxford : Oxford University Press, 1996, pp.256~277.

Arend Liphart, Rafael Lopez Pintor and Yasunori Sone, "The Limited Vote and the Single Nontransferable Vote : Lessons from Japanese and Spanish Examples," Vernon Bogdanor and David Butler eds., *Democracy and Elections : Electoral Systems and Their Political Consequences.* Cambridge : Cambridge University Press, 1983.

Austin Ranney. "Candidate Selection," David Burtler, Howard R. Penniman and Austin Ranney, eds., *Democracy at the Poll.* Washington : American Enterprise Institute for Public Policy Reasearch, 1982.

Beetham, David. "Democratic Criteria for Electoral Systems," Michael Saward ed. *Democracy: Critical Concepts in Political Science.* Vol II, London: Routledge. 2007.

Cox, Gary W. *Making Votes Count.* Cambridge: Cambridge University Press, 1997.

Farrell, David. *Comparing Electoral Systems.* London: Prentice Hall, 1997.

Fiorona, Morris. *Divided Government,* 2nd ed. Boston: Allyn & Bacon, 1996.

Giovanni Sartori. *Comparatuve Constitutional Engineering : An Inquiry into Structures : Incentives and Outcomes.* Basingstoke, GB : Mcmillan, 1994.

Gordon E. Baker. "Whatever Happened to the Reapportionment Revolution in the United States?" in Bernard Grofman and Arend Liphart, ed. *Electoral Laws and Their Political Consequences.* New

York : Agathon Press, 1986.

Robert G. Dixon, "Fair Criteria and Procedures for Establishing Legislative Districts," in Bernard Grofman et al., eds., *Representation and Restricting Issues,* Massachusetts : Lexington Books.

Jesse, Eckhard. "Split-Voting in the Federal Republic of Germany: An Analysis of Federal Elections from 1953 to 1987." Electoral Studies 7, 1988.

Karp, Jeffrey A., Jack Vowels, Susan A. Banducci, and Todd Donovan. "Strategic Voting, Party Activity, and Candidate Effects: Testing Explanation for Split Voting in New Zealand's New Mixed System." Electoral Studies 21. 2002

Kim, Wang Sik, "The New Mixed Electoral System in Korea: Ticket Splitting, Party Arrangement and Voting Turnout," Korean Political Science Review, Vol.39 No.4. 2005.

Kim, Wang Sik. "Assessment of Electoral Reforms in Korea," Korea Observer Vol 39, No. 1. 2008.

Kohno, Masaru. "Voter Turnout and Strategic Ticket Splitting under Japan's New Electoral Rules." Asian Survey 37. No. 5. 1997.

Massicotte, Louis, and Andre Blais. "Mixed Electoral Systems: A Conceptual and Empirical Survey." Electoral Studies 18.1999.

McAllister, Ian, and Stephan White. "Split Ticket Voting in the 1995 Russian Duma Elections." Electoral Studies 19. 2000.

M. G. Kendall and A. Shugart. "The Law of Cubic Proportion in Electoral Results." British Journal of Sociology, 1950.

Michael Gallagher. "Proportionality, Disproportionality and Electoral Systems," Electoral Studies, 10. 1991.

Michael Gallagher, Michael Laver and Peter Mair. *Representative Government in Modern Europe,* 2nd ed. New York : McGraw-Hill, 1995.

Rae, Douglas. *The Political Consequences of Electoral Law.* New

Haven: Yale Univ. Press, 1971.

Reed, Steven R. "Strategic Voting in the 1996 Japanese General Election." Comparative Political Studies 32, No. 2. 1999.

Rein Taagepera and Martin Solberg Shugart, *Seats and Votes : The Effects and Determinants of Electoral System.* New Haven, CT : Yale University Press, 1989.

Phillips, A. *The Politics of Presence.* Oxford: Clarendon Press, 1995.

Phillips Laundry. *Parliaments in the Modern World.* Aldershot, England : Dartmouth, 1989.

P. J. Taylor and R. J. Johnson. *Geography of Elections.* New York : Holmes & Meier Publishers, inc., 1979.

# 제8장

# 시민의 정치참여: 투표행태

## I. 주요 내용

### 1. 유권자의 후보자나 정당 선택 결정 요인

#### 1) 사회경제적 특성

정당이나 후보자를 선택하는데 영향을 주는 가장 일반적인 요인은 유권자의 사회경제적 배경이다. 즉 성별, 연령, 경제적 지위, 직업 및 거주지나 출신 지역 등 유권자의 사회경제적 특성에 따라 정당이나 후보자의 선택에 차이로 보인다는 것이다(Larzarsfeld, Bernard Berelson and Helen Cadet 1944). 이것은 모든 나라의 투표행태 연구에 있어서 일반적으로 나타나는 현상이다. 특히 서구 사회에서는 사회적 균열구조에 따라 유권자의 정당 선택이 이루어진다는 점에 주목하여 정당-유권자 연합(party-voter alignment)에 대한 분석이 활발히 이루어지고 있다.

우선 정당이나 후보자 선택에 가장 영향을 주는 사회경제적 요인은 경제적 지위이다. 서구 사회에서는 계급이 정당이나 후보자에 선택에 영향을 주는 가장 중요한 요인으로 작용하여 왔다. 이를테면 영국의 경우 노동자 계급의 유권자인 경우 대체적으로 노동당을 지지하는 경향이 강했고, 자본가 계층의 유권자인 경우 보수당을 지지하는 경향이 강하게 나타나는 계급투표 성향이 나타났었다. 그러나 산업화의 진전에 따라 직업구조가 다양화되어 이른바 신중간계층이 증가함으로써 일부 국가에서는 계급투표 현상이 약화되는 경향을 보이고 있다(Russel Dalton 2002). 그러나 그럼에도 불구하고 경제적 지위에 따른 투표행위는 대부분의 나라에서 여전히 나타나는 현상이고, 우리나라의 경우도 민주화가 시작된 이래 서서히 유권자의 계급투표 성향이 나타나고 있는 실정이다.

둘째, 유권자의 연령 또한 정당이나 후보자 선택에 있어 차이를 가져오는 중요 변수이다. 우선 유권자들은 나이가 들어감에 따라 점차 보수화되고, 그에 따라 투표에 있어서도 보수적인 정당이나 후보자를 선택한다는 생애주기 효과(life-cycle effect)가 나타난다. 또한 성장과정에서 특별한 정치적 사건이나 사회적 변화의 경험을 공유한 동일한 연령 집단들은 일정한 형태의 정치적 태도를 공유하고 있음을 발견하게 되는 경우가 있는데 이를 세대효과(cohort effect)라고 한다.

셋째, 거주지나 출신지역 역시 후보자의 투표 결정에 차이를 가져오는 중요 요인이다. 한국 유권자의 경우 거주 지역이나 출신 지역이 투표선택에 있어 차이를 가져오는 중요한 요인이다(김만흠 1991). 한국 사회에서는 엘리트 충원에 있어서의 지역적 편중, 경제개발 정책의 지역적 격차 등에 따른 정치경제적 불평등 구조와 사회 심리적 차별의식에 기초하여 형성된 지역저 집단정체성이 선거과정에서 표출되어 정당이나 후보자 선택의 차이를 가져온다는 것이 일반적인 관찰이다.

### 2) 정책과 이념

정책을 둘러싼 쟁점은 유권자가 정당이나 후보자를 선택하는데 있어서 중요한 요인으로 작용하여 왔다. 정책이 후보자 선택의 중요 변수가 되기 위해서는 다음과 같은 조건이 충족되어야 한다(A. Campbell, Phillip E. Converse, W.E. Miller and Donald E. Stokes 1960; 박찬욱 1993). 첫째, 유권자는 선거 쟁점에 대해 자신의 의견이 정립되어 있어야 한다. 둘째, 그 쟁점의 해소와 관련되어 제시되어 있는 정당이나 후보자의 정책 대안에 대하여 인지하고 있어야 한다. 셋째, 이러한 견해와 인지를 바탕으로 하여 투표 결정을 할 정도로 그 쟁점의 중요성이 유권자에게 충분히 부각되어 있어야 한다.

그런데 대부분의 유권자들은 정책 쟁점에 대한 자신의 확립된 견해를 갖고 있지 못할 뿐 아니라 각 정당이나 후보자의 쟁점에 대한 입장조차 모르는 경우가 대부분이다. 또한 정당이나 후보자 역시 서로 차별화되는 정책 대안을 제시하지 못하는 경우도 많이 나타나고 있다(V.O. Key 1966). 차별적 정책 대안을 제시하지 못하는 경향은 특히 선거에 승리하기 위하여 대다수의 유권자가 선호하는 정책노선으로 정책을 수렴시키는 포괄정당의 성격을 나타나는 양당체제 하에서는 더욱 두드러진다. 이런 까닭에 정책적 관심을 바탕으로 하여 유권자의 정당이나 후보자의 선택행태를 분석하고자 하는 시도는 보다 단순한 측정도구를 발전시켜왔다. 하나는 정당이나 후보자의 정책수행 실적이나 능력에 대한 유권자의 주관적 평가이고, 다른 하나는 이념이다.

정당이나 후보자의 정책수행 능력이나 실적은 유권자가 투표에서 정당이나 후보자를 선택하는데 있어 지대한 영향을 미친다. 정책수행 능력이나 실적이 정당이나 후보자에 미치는 영향은 두 가지 형태로 나타난다. 하나는 집권당의 정책 수행 실적에 만족할 경우 유권자는 이를 보상한다는 차원에서 투표 시에 집권당이나 집권당의 후보자를 선택하고, 불만인 경우에는 유권자들은 이를 처벌한다는 차원에서 타당이나 타 정당 후보자를 선택한다는 것이다. 즉 유권자들은 회고적 투표(retrospect vote) 행태를 보인다는 것이다. 다른 하나는 각 정당이나 후보자가 제시하는 정책을 비교하여 유권자의 기대에 부응하는 정책을 제시하는 정당이나 후보자를 선택한다는 것이다. 즉 유권자들은 미래의 정책 실현에 대한 기대감으로 전망적 투표(prospect vote)를 한다는 것이다.

그런데 정책 수행 능력이나 실적에 대한 유권자의 주관적 평가가 현저하게 나타나는 영역은 경제적 능력이나 실적이다. 즉 집권당의 경제적 실적에 대해 만족하는 경우 유권자는 선거에 있어서 집권당이나 집권당 후보자를 선택한다는 것이고, 불만족할 경우에는 타 정당이나 타 정당 후보자를 선택한다는 것이다. 즉 경제투표를 한다는 것이다.

경제투표의 바탕이 되는 경제실적에 대한 유권자의 평가는 두 가지를 기준으로 이루어진다. 하나는 경제성장률, 실업률, 인플레이션, 실질개인소득 등으로 표시되는 거시 경제 지표이다. 거시경제지표가 좋을수록 집권당 및 집권당 후보자에 대한 지지가 높아진다는 것이다(Hibbs 1982;Kramer 1971;Far 1978;Tute 1978). 다른 하나는 유권자 개인의 경제상황에 대한 주관적인 평가이다. 유권자가 경제적 상황을 긍정적으로 평가할 경우에는 선거에서 집권당이나 집권당 후보를 선택하고, 부정적으로 평가할 경우에는 타 정당이나 타 정당 후보자를 선택한다는 것이다(Lews-Beck 1988;Kiewit 1983). 경제상황에 대한 개인의 주관적 평가일지라도 그 평가는 유권자 자신의 개인적 경제적 형편에 근거하여 경제 상황을 판단할 수도 있고(pocketbook voting), 국가의 전반적인 경제상태에 근거하여 판단할 수도 있다(sociotropic voting).

정책적 관심을 바탕으로 하여 유권자의 정당이나 후보자의 선택행태를 보다 간결하게 분석하는 또 다른 도구는 이념이다. 다운스(Anthony Downs)는 이념을 유권자들이 투표에서 정당이나 후보자를 선택하는데 필요한 정보획득 비용을 절감하는 수단으로 파악한다(Downs 1957). 즉 유권자들은 이념적 스펙트럼 상에서 각 정당이나 후보자들이 어느 위치에 있는가를 고려하여 자신의 이념적 스펙트럼에 가장 가까운 정당이나 후보자를 선거에서 선택한다는 것이다. 이념은 한국 선거에 있어서 유권자의 선택을 좌우할 정도로 의미있는 변수는 아니었다. 그러나 냉전체제가 해체되고 민주화가 본격적으로 시행되면서부터 이념은 서서히 한국 유권자의 선택에 영향을 미치기 시작하였다. 특히 제 16대 선거에서는 이념균열이 중요한 변수로 등장하여 유권자의 선택에 영향을 주는 주요 변수로 자리를 잡아가고 있다.

### 3) 정당일체감

정당일체감은 유권자가 특정의 정당이나 후보자를 선택하는데 영향을 미치는 중요한 요인 중의 하나이다. “특정한 유형의 당파적 태도로서 유권자가 어느 정당을 대상으로 하여 상당 기간 동안 내면적으로 간직하는 애착심 또는 귀속의식(박찬욱 1993)"을 의미하는 정당일체감은 선거 분석에 적실성 있는 개념으로 정당이나 후보자 선택에 영향을 주는 주요한 변수로 자리 잡아 왔다.

그러나 정당일체감이라는 변수는 어느 정당에도 일체감을 갖지 않는 무당파가 증가일로에 있어 정당일체감이 약화되어 가는 사회에서나 정당이 제도화 되어있지 않거나 정당에 대한 애착심이 유권자에게 내면화되어 있지 않은 사회에서는 적실성이 떨어질 가능성이 있다. 이 점에서 정당일체감이 한국 선거의 후보자 선택을 분석하는데 있어서 적절한 변수가 아니라는 비판은 정당한 측면이 있다. 왜냐하면 한국의 경우 정당의 제도화 수준이 매우 낮을 뿐만 아니라 선거를 앞두고 당명을 수시로 바꾸거나 이합집산 하는 경우가 많아 정당일체감을 변수로 하여 유권자의 후보자 선택을 판단하는 것은 상대적으로 적실성이 떨어지기 때문이다. 이러한 까닭에 한국에서는 정당일체감의 대리 변수로서 한국 유권자 사이에서 어느 정도 일관성 있다고 관찰되는 당파적 태도인 여야성향이 사용되고 있는 실정이다. 즉 다수의 한국 연구자들은 여야성향을 한국 유권자의 마음속 깊이 자리 잡고 있으면서 여타의 정치적 태도와 행위를 규제하는 요약적 심리정향(psychological predisposition)(조중빈 1993)으로 파악하고, 이것은 정당일체감과 같이 장기간의 학습을 거쳐 형성되며 쉽게 변하지 않는다고 인식하고 있기 때문에 이를 사용하고 있는 것이다.

정당일체감의 대리변수로서 여야성향을 측정하여 한국 유권자의 정당이나 후보자 선택에 미치는 당파적 태도의 영향을 살펴보는 것은 대단히 의미 있는 시도였다고 생각된다. 민주화를 위한 투쟁기간과 초창기 민주화 기간 동안 여야성향은 한국 유권자의 심리에 어느 정도 안정적으로 존재해 왔던 것은 분명하다. 그러나 민주화 과정이 본격적으로 진행되면서 여야 간의 정권교체도 두 번이나 이루어져 유권자의 심리 속에 자리 잡고 있는 여야의 대상이 역전되는 상황에서도 이 개념을 계속적으로 사용하는 것은 분석 상의 혼란을 야기시킬 우려가 있다. 따라서 한국 유권자에게 내면화되어 있는 정당에 대한 애착심을 분석하는 데 있어서 발생할 수 있는 혼란을 불식시키고, 유권자의 당파적 태도를 일관성 있게 측정할 수 있는 새로운 지표가 필요하다. 다행인 것은 한국 정당들이 자주 이합집산을 하고 심지어는 당명까지도 자주 바꾸는 경향이 있기는 하지만, 그래도 비교적 구별되는 당파적 속성에 따라 이합집산이 진행되고 있으며, 한국의 유권자 역시 이러한 움직임에 조응하는 당파적 태도를 가지고 있다는 점이다. 이것이 바로 유권자가 스스로 규정하는 자신의 지지정당이다. 일견 유권자의 지지정당이 선거에 임박하여 변화하는 정당체제에 조응하여 단기적으로 형성되는 것 같이 보이지만, 이는 한국 유권자의 마음속에 어느 정도 안정적으로 존재하고 있는 여야성향이 정당의 변화에 따라 조응하여 가지고 있는 당파적 태도인 것이다.

#### 4) 후보자 요인

후보자 선택에 영향을 주는 또 하나의 변수는 유권자의 후보자에 대한 평가이다. 유권자들은 후보자 개인의 성격, 경력, 능력 그리고 도덕성 등에 대한 평가를 바탕으로 하여 선거에서 후보자를 선택한다는 것이다. 즉 후보자 개인에 대한 종합적 평가를 통하여 후보자 이미지가 유권자 사이에 형성되는데, 이러한 후보자 요인이 유권자의 투표 선택에 영향을 주는 중요한 요인이라는 것이다.

후보자 요인 가운데 서구 사회 특히 미국의 선거에서 후보자 선택에 영향을 주는 가장 대표적 요인으로 거론되는 것은 지역구대표활동이다. 미국 국회의원 선거의 경우 현직자의 재선율이 상당히 높은데 이는 현직 의원들이 지역개발사업(project works)을 해결하거나 지역구 주민들의 개별적 고충을 해결(casework)하는 등 지역구에 대한 서비스를 통하여 개인의 긍정적 이미지를 확보하고, 이러한 이미지의 향상은 차기 선거에서 득표율의 증가로 이어지기 때문이다.

지역구대표활동을 통하여 개선된 후보자의 이미지가 후보자 선택에 영향을 주었다는 연구 결과는 다양하다. 첫째, 자신의 개인적 고충을 해결하기 위하여 의원들과 접촉한 경험이 있는 유권자들은 접촉의원들에 대해 긍정적으로 평가하였다(Cain, Ferejohn, Fiorina 1987). 둘째, 지역구민을 위해 각종 서비스를 제공하는 현직의원들의 노력은 유권자로부터 선거에서 긍정적 투표 지지로 보상을 받았다(Norton and Wood 1990; Wood and Norton 1992; Norton and Wood 1993). 셋째, 초선의원들의 경우는 다선 의원에 비해 지역구 대표활동을 더욱 열심히 하며, 따라서 선거에서 초선 의원은 다선의원보다 득표율이 높다(Cain, Ferejohn and Fiorina 1987;Norton and Wood 1993). 이 연구들을 종합하면 결국 의원이 지역대표활동을 열심히 전개할수록 의원의 이미지는 향상되고, 이는 선거에서 유권자들이 그들을 선택하게 만든다는 것이다.

한국의 선거에 있어서도 후보자 요인은 유권자가 후보자를 선택하는데 중요한 요인으로 작용해왔다. 한국인의 투표행태를 분석한 기존의 연구에서는 후보자 요인이 투표 선택의 중요한 요인이었음을 보여 준다(길승흠 1993;길승흠, 김광웅 , 안병만 1987). 한국선거학회의 설문조사에서도 투표 결정시 유권자가 가장 중요시한 요인 역시 인물로 대표되는 후보자 요인이었다. 그 조사에 의하면 국회의원 선거에서 인물이 가장 중요한 요인으로 응답한 비율이 13대 총선에서는 30.2%, 14대 총선에서는 31.8%, 15대 총선에서는 44.0% 그리고 16대 총선에서는 59.3%에 이르러 인물로 대표되는 후보자 요인의 중요성이 점점 높아지고 있다(이갑윤 2002).

후보자 요인이 후보 선택의 주요 변수이기는 하나 대통령 선거에서 후보자 선택을 분석하는 경우 대통령의 임기가 5년 단임제이기 때문에 미국의 의회 선거나 한국의 국회의원 선거에서 자주 채택되어 분석되는 현직효과를 채택하기에는 어려운 점이 있다. 따라서 경우에 따라서는 유권자가 각 후보자에 대해 갖고 있는 호감도 지수를 채택하기도 한다.

# II. 경험과 사례

## 1. 한국 대통령 선거에서의 후보자 결정 요인

김왕식은 제 17대 대통령선거에서의 후보자 결정요인을 분석하였다(김왕식 2008). 그 결과를 요약하면 다음과 같다.

### 1) 유권자의 사회경제적 특성과 후보자 선택

성별을 제외하고는 유권자들은 자신이 위치한 사회경제적 특성에 따라 후보자를 선택함에 있어 차이를 보였다. 우선 후보자를 선택함에 있어 남녀 간에 차이는 나타나지 않았다. 일견 정동영 후보나 이명박 후보의 경우 자신의 지지자 중에서 여성보다 남성의 지지를 상대적으로 약간 더 많이 받은 반면, 이회창 후보는 여성으로부터 상대적으로 더 높은 지지를 받은 것으로 보인다. 그러나 이러한 차이는 통계적으로 의미가 없다.

연령은 유권자의 후보자 선택에 영향을 미친 것으로 보인다. 우선 개별 후보자에 대한 유권자의 선택을 살펴보면 연령별로 차이가 있다. 정동영 후보의 경우 60대를 제외한 모든 연령층에서 비슷한 수준의 지지를 받았다. 그러나 60대 이상의 유권자가 정동영 후보를 선택한 경우는 타 연령 대에 비교하여 현격히 낮았다. 이명박 후보의 경우 대체적으로 유권자의 연령이 높을수록 더 많은 지지를 받았다. 이회창 후보는 20대에서 가장 높은 지지를 받았다. 나이가 들수록 보수적 성향을 띠게 된다는 이른바 생애주기 효과(life cycle effects)는 이명박 후보를 선택한 유권자에게만 나타났고 그 외의 후보자를 선택한 유권자에게는 나타나지 않았다. 특정 후보자에 대한 유권자의 선택 비율을 살펴보면 연령별로 차이가 나지만, 모든 연령층의 유권자들이 정동영 후보나 이회창 후보보다 이명박 후보를 더 많이 선택했다. 심지어는 이명박 후보를 가장 낮게 선택한 연령층인 19세 및 20대 유권자들조차도 정동영 후보의 두 배에 가깝게 더 많은 선택을 하였다.

학력 수준은 17대 대선에서 유권자가 후보자를 선택함에 있어 차이를 보이지 않았다. 이명박 후보는 저학력 수준의 유권자로부터 보다 많이 선택되었으며, 이회창 후보의 경우는 학력이 높을수록 보다 더 많이 선택되었다. 정동영 후보의 경우 중졸 이하나 대재 이상의 학력을 가진 유권자들이 더 많이 선택하였다. 특정 후보자에 대한 유권자의 선택 비율은 학력 수준에 따라 달리 나타났으나 이명박 후보는 학력 수준과 관계없이 모든 수준에서 다른 후보자보다 더 많이 선택되었다. 그러나 이러한 차이는 통계적으로 의미가 있는 것이 아니다.

가구 소득 역시 제 17대 대선에 어느 정도 영향을 미쳤다. 우선 특정 후보자에 대한 유권자의 선택은 가구 소득 수준에 따라 다르게 나타났다. 정동영 후보의 경우 중류층 유권자의 선택 비율이 상대적으로 높았던 반면 이명박 후보는 하류층 유권자와 상류층 유권자의 선택 비율이 높았다. 이회창 후보의 경우 상류층 유권자의 선택 비율은 낮았고, 중류층과 하류층 유권자의 선택 비율은 상대적으로 높았다. 그러나 위의 경우와 마찬가지로 모든 수준의 가구 소득 유권자가 다른 후보자보다 이명박 후보를 더 많이 선택하였다. 이 점에서 가구 소득 수준 역시 유권자가 후보자를 선택하는데 어느 정도 영향을 주었으나, 그 영향은 그다지 크지 않았음을 말해주는 것이다.

직업 또한 제 17대 대선에 어느 정도 영향을 미쳤다. 특정 후보별 유권자의 선택 비율은 직업 계층에 따라 다르게 나타난다. 정동영 후보의 경우 농업, 임업, 어업 종사자와 생산, 기능, 노무직 종사자의 선택 비율이 상대적으로 높았으며, 이명박 후보의 경우는 판매, 영업, 서비스업 종사자, 사무, 기술, 전문직 종사자, 자영업자 그리고 주부의 선택 비율이 높았다. 이회창 후보의 경우는 생산, 기능, 노무직 종사자의 선택 비율은 아주 낮았으나, 학생의 선택 비율은 비교적 높았다. 그러나 모든 직업 계층의 유권자가 이명박 후보를 다른 후보자보다 훨씬 높은 선택을 하였다는 점에서 직업이 후보자 선택에 영향을 주었다고 할지라도 그 영향은 크지 않았음을 알 수 있다.

유권자가 어느 지역 출신인가 하는 것은 유권자의 후보자 선택에 중요한 영향을 미쳤다. 정동영 후보의 경우 광주와 전라도 지역 출신 유권자 압도적 다수가 선택을 한 반면, 이명박 후보의 경우 서울과 대구, 부산, 울산을 포함한 경상도 지역 출신 유권자의 압도적 다수가 선택하였다. 그러나 어느 지역 출신 유권자도 이회창 후보를 다른 후보에 비해 더 많이 선택하지는 않았다. 다만 이회창 후보를 선택한 유권자 가운데에서는 대전, 충청도 지역 출신 유권자만이 다른 지역 출신 유권자에 비해 이회창 후보를 상대적으로 많이 선택하였을 뿐이다. 그나마 그 지역 출신일지라도 유권자 압도적 다수가 이회창 후보보다 이명박 후보를 선택하였다. 이 같은 현상은 지역주의적 성향이 제 17대 대선에서도 여전히 중요한 요인으로 작용하고 있다는 것을 보여주는 것이다.

그런데 제 17대 대선에서 출신 지역에 따른 유권자의 후보자 선택은 기존의 지역적 정서에 기반한 지역주의 투표와는 다소 다른 특징을 보인다. 첫째, 출신 지역에 따른 유권자의 후보자 선택이 호남 대 비호남의 구도를 띠고 있다는 점이다. 호남 지역을 제외한 모든 지역 출신 유권자의 압도적 다수가 이명박 후보를 선택하였다는 점에서 그러하다. 둘째, 후보자 선택에 있어 유권자의 결집도가 출신 지역별로 차이가 난다는 점이다. 영남 지역 출신 유권자는 같은 영남 출신 후보자인 이명박 후보를 집중적으로 선택함으로써 결집도가 높게 나타났다. 반면 호남 지역 출신 유권자의 선택 결집도는 영남 출신 유권자에 비해 약한 것으로 나타났다. 호남 출신 유권자들이 다른 지역 출신 후보자보다 같은 호남 출신인 정동영 후보를 압도적으로 많이 선택한 것은 분명하지만, 적지 않은 유권자 역시 영남 출신 후보자인 이명박 후보를 선택함으로써 유권자의 선택 결집도는 낮았다. 중앙선거관리위원회가 집계한 집합자료에 의하면 호남 지역 거주자들이 정동영 후보에게 집중적으로 투표한 것으로(득표율 80%) 나타나 있다. 그러나 그럼에도 불구하고 호남 출신 유권자의 선택 결집도가 떨어진 것은 서울 혹은 수도권 거주 호남 출신 유권자의 상당수가 이명박 후보를 선택했기 때문인 것으로 생각된다.

### 2) 이념성향 및 정책 평가와 후보자 선택

제 17대 대선에서 유권자의 이념성향은 후보자 선택에 어느 정도 영향을 미쳤다. 우선 동일 후보에 대한 유권자의 지지를 보면 정동영 후보에 대한 지지는 진보성향을 가진 유권자일수록 높게 나타나고, 이명박 후보에 대한 지지는 보수성향을 가진 유권자일수록 높게 나타났다. 이회창 후보에 대한 지지는 이념성향과 크게 관계없이 고루 나타났다. 문제는 보수, 중도, 진보 모든 이념성향의 유권자가 이명박 후보를 다른 후보 보다 더 많이 선택했다는 점이다. 즉 보수나 중도 성향의 유권들은 물론 진보성향을 가진 유권자들의 경우도 정동영 후보보다 이명박 후보를 선택한 비율이 훨씬 높았다. 뿐만 아니라 중도 성향의 유권자들은 두 배 이상, 그리고 보수 성향의 유권자들은 일곱 배에 가까운 압도적인 차이로 정동영 후보보다 이명박 후보를 더 많이 지지하였다.

노무현 정부 5년에 대한 평가는 유권자의 대통령 후보 선택에 영향을 미쳤다. 노무현 정부 5년을 긍정적으로 평가한 유권자는 정동영 후보를 선택하였고, 노무현 정부에 대하여 부정적 평가를 내린 유권자는 이명박 후보나 이회창 후보를 선택하였다. 노무현 정부에 대해 긍정적 평가를 내리고 있는 유권자들이 정동영 후보나 이명박 후보를 선택하는 비율은 그다지 크게 차이가 나지 않으나, 부정적으로 평가하는 유권자들은 정동영 후보에 비해 이명박 후보를 압도적으로 많이 선택하고 있다.

5년 전과 비교한 국가의 경제 상태에 대한 평가는 유권자의 후보자 선택에 어느 정도 영향을 미쳤다. 유권자들은 국가의 경제 상태에 대해 긍정적 평가를 내리든 부정적 평가를 내리든 이명박 후보를 골고루 높게 선택하였다. 5년 전과 비교한 국가의 경제 상태에 대하여 부정적 평가를 내리는 유권자의 압도적 다수가 이명박 후보를 선택했음은 물론 긍정적 평가를 내리는 유권자조차도 큰 차이로 정동영 후보보다 이명박 후보를 선택하였다. 이 점에서 5년 전과 비교한 국가 경제 상태에 대한 유권자의 평가는 후보자를 선택하는데 어느 정도 영향을 주었으나, 그 영향은 그다지 크지 않았다고 할 수 있다.

### 3) 당파적 태도와 후보자 선택

제 17대 대통령 선거에서 유권자들은 그들이 갖고 있는 당파적 속성에 따라 후보자를 선택하였다. 정동영 후보의 경우 여당이었던 열린우리당이 해체, 이합집산 그리고 다시 통합되는 등 우여곡절 끝에 만들어진 대통합민주신당을 지지하는 유권자의 압도적 다수의 선택을 받았을 뿐만 아니라 구 여당인 열린 우리당과 맥을 같이 하는 민주당을 지지하는 유권자로부터 압도적 선택을 받았다. 반면 이명박 후보는 한나라당을 지지하는 유권자의 압도적 선택을 받았을 뿐만 아니라 대통합민주신당과 민주당을 제외한 모든 정당 지지자로부터 골고루 다수의 선택을 받았다. 이회창 후보의 경우 오직 국민중심당을 지지하는 유권자로부터만 다른 후보자와 비슷한 다수의 선택을 받았을 뿐이었다.

### 4) 후보자 요인과 후보자 선택

제 17대 대통령 선거에서 유권자들은 후보자에 대한 호감도에 따라 후보자 선택에 차이를 보였다. 이명박 후보를 선호하는 유권자일수록 그리고 정동영 후보를 혐오하는 유권자일수록 타 후보에 비해 이명박 후보를 압도적으로 선택하였다. 또한 이회창 후보에 호감을 갖고 있는 유권자들도 이회창 후보보다 이명박 후보를 더욱 많이 선택하였다. 정동영 후보의 경우 이명박 후보를 혐오하는 유권자일수록, 그리고 정동영 후보에 호감을 갖고 있는 유권자일수록 타 후보에 비해 정동영 후보를 더 많이 선택하였다. 또한 정동영 후보에 호감을 갖고 있는 유권자들이 정동영 후보를 더 많이 선택하기는 하였으나 그에 못지않은 많은 유권자 역시 이명박 후보를 선택하였다. 이회창 후보의 경우 이명박 후보를 혐오하거나 정동영 후보를 혐오하는 유권자의 선택을 받기는 하였으나 그 선택의 수준은 높지 않았다. 뿐만 아니라 이회창 후보에 호감을 갖는 유권자조차 이명박 후보를 더 많이 선택하였다.

### 5) 후보자 결정 요인에 대한 종합적 분석

유권자가 후보자를 결정함에 있어 어느 변수가 결정적으로 중요했는가를 살펴보기 위하여 로지스틱 회귀분석을 실시하였다. 이명박, 정동영, 이회창 후보 선택을 보여주는 세 가지 모형 모두 통계적으로 유의미하며, 설명력이 높을 뿐만 아니라 예측 적중률 또한 높이 나타났다.

후보자 개인별로 보면 우선 유권자가 이명박 후보를 선택할 가능성은 영남 출신 유권자, 노무현 정부 5년에 대해 부정적인 평가를 하는 유권자 그리고 한나라당 지지자들 사이에서 높았고, 대통합민주신당 지지자들 사이에서 낮았다. 또한 이명박 후보에 대한 호감도가 높을수록 이명박 후보를 선택했을 가능성이 높았고, 정동영 후보나 이회창 후보에 대한 호감도가 높을수록 낮았다.

유권자가 정동영 후보를 선택했을 가능성은 호남출신 유권자, 노무현 정부 5년을 긍정적으로 평가하는 유권자, 대통합민주신당 지지자들 사이에서 높았고, 한나라당 지지자 사이에서 낮았다. 또한 정동영 후보에 대한 호감도가 높을수록 정동영 후보를 선택했을 가능성이 높았고, 이명박 후보에 대한 호감도가 높을수록 낮았다.

유권자가 이회창 후보를 선택했을 가능성은 노무현 정부 5년을 부정적으로 평가하는 유권들 사이에서 높았고, 전라도 출신 유권자, 한나라당과 민주당을 지지하는 유권자들 사이에서는 낮았다. 가구 수입이 높은 유권자들보다 낮은 유권자들이 이회창 후보를 선택했을 가능성이 높았다.

### 유권자의 후보선택 로지스틱 회귀 분석

| 변수 | 이명박 | 정동영 | 이회창 |
|---|---|---|---|
| 성별 | 0.352 | -0.105 | -0.271 |
| 나이 | 0.012 | 0.155 | -0.058 |
| 학력(3점척도) | -0.133 | -0.011 | 0.026 |
| 가구수입(5점척도) | 0.035 | 0.024 | -0.259** |
| 직업계층(무/기타 기준) | | | |
| 농업/임업/어업 | -0.485 | 0.852 | 0.832 |
| 자영업 | -0.485 | 0.663 | 0.426 |
| 서비스 | 0.312 | -0.115 | 0.240 |
| 노동 | -0.959 | 1.218 | 0.197 |
| 사무직 | -0.276 | 0.159 | -0.233 |
| 주부 | -0.020 | -0.136 | 0.307 |
| 학생 | -0.711 | -0.038 | 0.718 |
| 출신지역(강원/제주기준) | | | |
| 서울 | 0.329 | 0.052 | -1.092* |
| 인천/경기 | 0.175 | 0.221 | -0.038 |
| 대전/충청 | -0.119 | 0.120 | 0.397 |
| 광주/전라 | -0.065 | 1.362* | -1.435** |
| 대구/부산/울산/경상 | 0.821* | -0.333 | -0.714 |
| 이념성향(3점척도) | -0.095 | 0.277 | 0.231 |
| 노무현 5년평가 | -0.650** | 1.334*** | -0.984** |
| 국가경제 | -0.112 | -0.456 | 0.519 |
| 한나라지지 | 1.498*** | -1.228*** | -0.255 |
| 민주신당지지 | -1.241*** | 2.199*** | -2.225*** |
| 민주당지지 | -1.940 | -0.211 | -18.483 |
| 이명박 호감도(3점) | 1.680*** | -0.983*** | -1.396*** |
| 정동영 호감도(3점) | -0.373** | 1.281*** | 0.009 |
| 이회창 호감도(3점) | -0.706*** | -0.198 | 1.701*** |
| 카이 제곱 | 567.310*** | 481.826*** | 199.103*** |
| Cox와 Snell R-제곱 | 0.491 | 0.436 | 0.211 |
| Nagelkerke R-제곱 | 0.659 | 0.685 | 0.427 |
| 예측적중율 | 85.3% | 91.6% | 92.0% |

## III. 인용 및 읽을거리

강명세, "지역주의는 언제 시작되었는가? 역대 대통령 선거를 기반으로, 한국과 국제정치(2001).

강원택, "유권자의 이념적 성향과 투표행태," 이남영 편, 한국의 선거 II(서울: 푸른길, 1998).

강원택, 한국의 선거정치: 이념, 지역, 세대와 미디어(서울: 푸른길, 2003).

길승흠, "한국인의 정치의식 구조변화," 한국정치학회보 26집 3호(1993).

길승흠, 김광웅, 안병만, "한국선거론(서울: 다산출판사, 1987).

김왕식, "한국의 제 17대 대통령 선거 후보자 선택 결정 요인 분석," 한국동북아논총 제 13권 2호 (2008).

김욱, "16대 대선에서 세대, 이념 그리고 가치의 영향력," 어수영 편, 한국의 선거 V(서울: 오름, 2006).

나간채, "지역(민)간의 사회적 거리감," 한국사회학회 편, 한국의 지역주의와 지역갈등(서울: 성원사, 1990).

박찬욱, 김경미, 이승민, "제 17대 대통령선거에서 유권자의 사회경제적 특성과 이념정향이 후보 선택에 미친 영향, 박찬욱 편, 제 17대 대통령선거를 분석한다(서울: 생각의 나무, 2008).

안철현, "지역주의 정치와 16대 대선," 21세기 정치학회보 (2003).

이남영, "유권자의 지역주의 성향과 투표," 이남영 편, 한국의 선거 II(서울: 푸른길, 1998).

이갑윤, 한국의 선거와 지역주의(서울: 오름, 1999).

이갑윤, 이현우, "후보자 요인이 득표에 미치는 영향: 14-16대 총선을 중심으로," 진영재 편, 한국의 선거 IV(서울: 한국사회과학데이터센터, 2002)

정구종, "16대 대통령 선거 분석: 정치변동에서 사회변동으로," 어수영 편, 한국의 선거 V(서울: 오름, 2006)

조기숙, 지역주의 선거와 합리적 유권자(서울: 나남, 2000).

조중빈, “유권자의 여야성향과 투표행태,” 이남영 편, 한국의 선거 I(서울: 나남, 1993).

조중빈, “16대 대통령 선거와 세대,” 한국정치학회 춘계학술대회 발표 논문(2003. 2.6. 서울 프레스 센터).

최준영, ”2007년 대통령 선거와 지역주의,“ 한국정치학회 춘계학술대회 발표 논문(2007).

황아란, “제 17대 대통령 선거의 투표행태 분석: 지역, 이념, 세대 요인을 중심으로” 한국정치학회 발표 논문(2008).

D. A. Hibbs, Jr., "Economic Outcomes and Political Support for British Governments among Occupational Classes," APSR Vol. 76(1982).

Gerald H. Kramer, "Short-term Fluctuations in U.S. Voting Behavior," APSR Vol. 65(1971)

R. Fair, "The Effects of Economic Events on Votes fot President," Review of Economic and Statistics Vol 60(1978);

Edward R. Tufte, *Political Control of Economy* (Princeton: Princeton University Press, 1978).

Micheal S. Lewis-Beck, *Economic and Elections* (Ann Arbor: University of Michigan Press, 1988).

D Roderick Kiewit, *Macroeconmic and Mocropolitics*(Chicago: University of Chicago Press, 1983).

Anthony Downs, *An Economic Theory of Democracy*(New York: Harper and Brothers, 1957).

Bruce E. Cain, John A. Ferejohn and Morris P. Fiorina, *The Personal Vote: Constituency Service and Electoral Independence*(Cambridge, Mass. and London: Harvard University Press, 1987.

Philip Norton and David Wood, "Constituency Service by Members of Parliament: Does it Contribute to a Personal Vote?" Parliamentary Affairs 43 (1990).

David Wood and Philip Norton, "Do Candidates Matter?

Constituency-specific Vote Changes for Incumbent MPs, 1983-1987," Political studies 40 (1992).

Norton Pilip and David Wood, *Back From Westerminster: British Members of Parliament and Their Constituents.* Lexington, Kentucky: The University of Kentucky,1993.

Walker, Scott and Kyung-Tae Kang, "The Presidential Election in South Korea, December 2002" Electoral Studies(2004).

제9장

# 집단과 정치

## I. 주요 내용

### 1. 집단과 집단의 중요성

일반적으로 정치과정은 사회 구성원들이 정치적 요구를 함으로써 시작된다. 이러한 정치적 요구 행위를 이익 표출(interest articulation)이라고 하며, 이익 표출은 다양한 형태로 다양한 정치 구조에 의해 행해진다. 일차적으로 이익 표출은 정치 사회를 구성하는 개인에 의해서 행해지나, 개인의 정치적 요구는 거대한 정치과정에서 때때로 반영되지 않거나 간과되기 쉽기 때문에 개인들은 자신들의 정치적 요구를 보다 효과적으로 관철시키기 위해 집단을 형성한다. 따라서 집단은 정치과정에 있어서 중요한 행위자라고 할 수 있다.

집단의 중요성은 1908년 벤틀리(Arthur F. Bentley)의 저서 The Process of Government를 통하여 처음으로 논의되었으나 한 동안 주목을 받지 못하고 있다가 1951년 트루만(David Truman)이 그의 저서 The Governmental Process에서 집단의 중요성을 재발견함으로써 정치 과정의 중요 행위자로 조명을 받게 되었다.

집단(group)은 공통의 정치적 목적을 추구하면서 상호작용하는 개인들의 집합체를 지칭한다. 알몬드는 이러한 집단들을 조직적 특성에 따라 다음과 같이 분류하고 있다(Almond and Powell, 75-78).

첫째, 결사적 이익집단(associational interest group)이 있다. 결사적

이익집단은 자신들이 추구하는 특수이익을 명시적으로 대변하는 고도로 조직화되고 전문화된 조직체의 성격을 지닌 이익집단을 말한다. 이러한 집단들은 잘 조직화되어 있고, 비교적 강하게 밀착되어 있기 때문에 자신이 추구하는 이익을 보다 효과적으로 관철시킬 가능성이 높다. 결사적 이익집단의 대표적인 예로 노동조합, 경제인단체, 교원단체, 의사협회, 약사협회 등을 들 수 있다.

둘째, 제도적 이익집단(institutional interest group)이 있다. 제도적 이익집단은 원래는 특유한 사회 정치적인 기능을 수행하기 위해 조직된 고도로 분화된 역할과 구조를 지닌 조직체이나 조직 구성원 자신들의 특수한 이익을 반영하기 위한 요구 행위를 할 때에 국한하여 나타나는 이익집단을 지칭한다. 이 제도적 이익집단은 그 조직기반이 활용할 수 있는 자원과 정책결정기구에 대한 접근 가능성이 높기 때문에 대단히 강력한 영향력을 구사할 수 있다. 대표적인 예로 입법부, 관료, 정당, 군대, 교회 등이 있다.

셋째, 비결사적 이익집단(non-associational interest group)이 있다. 전문화된 조직을 갖고 있지는 않으나 자신들의 이익을 비공식적으로 추구하며, 집단의 구성이 유동적이고, 잠재적이며, 고도로 개인적인 상호작용의 형태를 취하고 있는 이익집단을 지칭한다. 비결사적 이익집단은 조직이 없는 상태로 존재하기 때문에 이익표출은 간헐적으로 이루어지는 것이 일반적이다. 비결사적 이익집단은 대체로 두 가지 형태를 띠고 있는데, 하나는 비공식적 집단이나 파벌이며, 다른 하나는 혈연, 지연, 종교에 기반을 둔 집단들로서 종친회, 향우회 등이다.

넷째, 아노미 이익집단(anomic interest group)이 있다. 아노미 이익집단은 폭동이나 데모, 폭도활동과 같이 불만이나 항의의 자연발생적 표현으로 나타나는 자발적이고 분출적인 집단을 말한다.

## 2. 이익대표체계

정치과정상에서 자신들의 이익을 반영하고자 하는 이익대표체계는 두 가지로 나뉘어 진다. 하나는 다원주의적 이익대표체계(pluralism)이고, 다른 하나는 조합주의적 이익대표체계(corporatism)이다. 이익대표체계의 구별은 공익에 대한 인식, 집단 구성의 원리 그리고 국가와의 관계에서 나타나는 상이성에 의거한다.

## 다원주의적 이익대표체계

다원주의적 이익대표체계는 다음과 같은 특징을 보인다. 첫째, 집단구성 원리를 보면 이익집단들은 직능에 따라 복수로, 자발적으로, 경쟁적으로 조직된다. 둘째, 국가로부터 자율성을 유지하고 있어 집단을 조직하는데 국가의 허가나 인정이 필요치 않다. 집단에 대한 국가로부터의 자금 지원이 없으며, 대표자를 선출하거나 이익을 표출함에 있어 국가의 통제를 받지 않고 자율적으로 행한다. 셋째, 다원주의적 이익대표체계에서는 각 집단들이 추구하는 이익들 간의 경쟁의 결과가 공익을 구성하는 것으로 본다.

이렇기 때문에 다원주의적 시각에 의하면 정치체계는 서로서로 끊임없이 작용하는 집단들의 거대한 망(gigantic network)으로 간주된다. 이러한 상호작용은 압력(pressur)과 반압력(counter-pressure)의 형태를 취하고 있으며, 그 결과는 어떤 특정 시기에 있어서의 정치체계의 상태를 규정하는 것(Bill and Hardgrave, 120)으로 파악된다. 다시 말하면 다원주의적 이익대표체계는 이익집단의 활동을 요약하면 다음과 같다.

> "정치란 사회적 가치가 권위적으로 배분되는 과정이다. 이 과정은 결정에 의해 행해진다. 이 결정들은 활동의 산물이다. 이 때 개별적 제 활동들은 분리되지 않으며, 활동의 덩어리들은 제 결정을 향하여 공통적인 경향을 갖는다. 이 활동의 덩어리들이 집단이다. 따라서 집단간의 투쟁은 정책을 결정한다(Eckstein, 391)."

집단들이 자신의 이익을 효과적으로 반영시키기 위해서는 집단 자신이 동원할 수 있는 자원이 어떠한 성격을 갖고 있는 것인가 그리고 집단이 이익표출을 위해 동원하는 수단과 통로가 무엇인가 하는 것이 중요하다.

우선 집단의 자원에 대해 살펴보기로 하자. 첫째, 집단 이익을 효과적으로 반영시키기 위해서 무엇보다 중요한 자원은 인적 자원이다. 민주정치체제는 여론과 투표에 의해 운영되기 때문에 집단 구성원이 많으면 많을수록 자신의 이익을 효과적으로 반영시키는 데 유리하다. 이 점에서 집단이 가지고 있는 대표성이 중요하다. 집단이 특정 이익을 추구하는 것으로 상정되는 사회 구성원을 어느 정도 조직의 일원으로 갖고 있느냐 하는 조직율이 집단의 이익을 관철시키는데 중요 요인으로 작용한다. 집단의 높은 조직율은 자신들의 이익을 관철시키기 위한 동원력을 높여 집단 이익을 관철시킬 가능성을 높여주기 때문이다.

조직율이 동원율과 밀접한 관계가 있으나 인적 자원의 물량적 총계 그 자체가 동원력으로 나타나는 것은 아니고, 밑으로부터의 집단에 대한 일체감이 동원력의 결정 요인으로 작용한다. 따라서 집단의 구성원이 자신이 소속된 집단에 대한 애착과 헌신이 어느 정도인가 하는 것 또한 이익을 효과적으로 반영시키는데 중요 요인으로 작용한다.

둘째, 집단의 리더십은 집단이 추구하는 이익을 효과적으로 반영시키는데 중요한 결정 요인으로 작용한다. 이는 리더십이 집단이나 조직의 목표를 설정하고 이 목표를 구현하는 수단을 동원할 뿐만 아니라, 집단의 구성원이 목표를 성공적으로 성취할 수 있는 방향으로 움직여 나가도록 통제, 통합, 조정해나가는 기능을 수행해 나가기 때문이다.

셋째, 재정력은 집단 활동을 물적으로 뒷받침한다는 점에서 이익표출 활동의 양태에 중대한 영향을 미치는 요소이다. 집단이 자신의 활동을 위한 재정을 스스로 마련하지 못하고 외부에 의존할 경우 활동에 있어 재정 지원을 받는 기관으로부터 자유롭지 못하게 된다. 특히 집단이 재정 문제를 국가에 의존할 경우 국가의 정책에 타협하게 되어 집단의 이익을 관철하기보다 오히려 압력을 받아 국가의 시책에 적응하게 되는 경우가 발생하게 된다. 국가로부터 상당부분 재정 지원을 받는 이른바 관변단체의 경우 국가에 압력을 행사하는 것이 아니라 국가의 시책을 앞장서서 시행하는 전위대가 될 가능성이 있다.

따라서 각 집단들은 풍부한 재정을 갖도록 노력한다.

넷째, 집단의 조직과 구조 역시 이익을 효과적으로 반영시키는데 중요한 요인으로 작용한다. 집단이 자신들이 활동하고 있는 영역에 대해 높은 수준의 전문성을 갖고 있고, 또 이를 뒷받침할 전문 연구 부서를 가지고 있을 경우 집단은 보다 효과적으로 이익을 반영할 수 있다. 이는 집단이 높은 수준의 전문성을 갖고 있을 때 그들이 추구하는 목적에 상응하는 정책을 정부가 입안하도록 분위기를 조성시키거나, 정책대안을 제시하거나, 혹은 정부가 정책을 시행함에 있어 그것들이 자신들의 이익실현에 어긋나지 않게 할 수 있다는 것을 의미하기 때문이다.

또한 집단들이 자신의 이익을 효과적으로 표출하기 위해서는 집단이 정책결정의 핵에 도달할 수 있는 능력 즉 접근(access)을 확보하고 있어야 한다. 정책결정자에 대한 접근을 위하여 사용하는 수단과 방법은 집단마다 다양하며, 이 수단과 방법에 따라 영향력의 정도가 정해진다고 볼 수 있다.

알몬드와 포웰은 이익집단 활동의 접근과 전략을 합법적 채널과 강압적 채널로 분류하여 합법적 채널로서 개인적인 관계, 엘리트 대표, 공식적 제도적 접근 채널(매스 미디어, 정부, 입법부, 내각, 관료), 그리고 선거운동을 들고 있으며, 강압적 채널로서 파업과 질서 방해, 폭동 그리고 정치적 테러를 들고 있다(Almond and Powell, 178-191). 또한 듀베르제(Maurice Duverger)는 압력단체가 사용하는 행동방법으로 권력수준으로의 직접행동(정부기관: 내각, 의회, 관료 등) 그리고 대중수준으로의 간접행동의 두 가지를 들고 있다. 이 양자를 결합하면 다음과 같이 이익표출의 수단과 통로를 종합적으로 파악할 수 있다(윤형섭 1975). 우선 권력수준으로의 직접 행동하는 수단과 통로로는 첫째, 엘리트 대표(의원으로의 충원, 의회에서의 증언, 결정 작성을 위한 제 기구로의 충원, 당국자와의 면담 및 합동회의 등), 둘째, 건의, 청원, 연구, 조사 등을 통한 자료 정보 제공, 셋째, 정책지지 및 선거운동, 넷째, 사적 친분관계에 의한 막후교섭, 다섯째, 리셉션 초대, 표창장, 감사장 수여를 들 수 있다.

대중수준으로의 간접 행동 즉 우회적 압력을 가하는 수단과 통로로는 첫째, 선전(담화문, 성명문, 연구 조사를 통한 정보 자료 공개, 각종 캠페인, 심포지움, 공개 토론회, 공청회, 각종 대회), 둘째, 폭력 (데모, 파업, 난동, 혁명, 쿠테타 지원 및 참여)을 들 수 있다.

**다원주주의적 이익대표체계 모형**

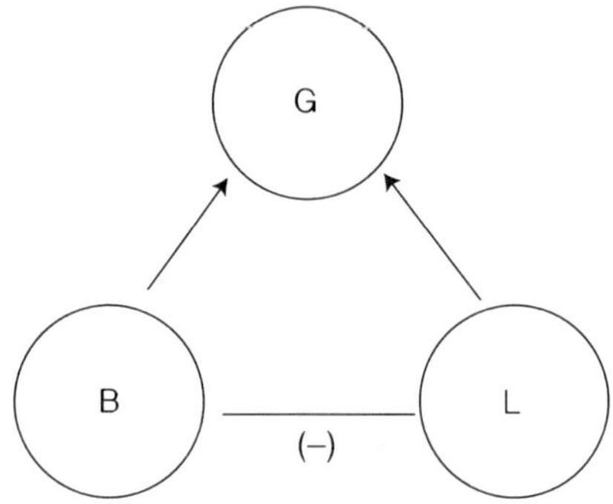


## 조합주의적 이익대표체계

조합주의적 이익대표체계에 대한 관심은 슈미터에 의해 새롭게 대두되었는데 그에 의하면 조합주의는 다음과 같이 정의된다.

> "조합주의는 사회의 기능적, 직능적 분화 영역별로 이익집단들이 단일적으로, 비경쟁적으로, 위계적 서열에 따라 제한된 수로 조직되며, 이익집단의 지도자 선출과 요구 및지지의 표명에 대해 국가의 간섭을 받으며, 그 대신에 국가로부터 승인을 받거나, 독점적 이익 대표권을 부여받는 이익체계이다(Schmitter 1974: 100)

위와 같이 정의된 조합주의적 이익대표체계의 특징은 다음과 같이 정리될 수 있다. 첫째, 집단 구성의 원리를 보면 이익집단들은 우선 수적으로 제한되어 조직된다. 이 집단들은 기능적으로 그리고 직능별로 분류된 사회적 영역 내에서 단 하나씩만 존재하며, 조직에의 가입이 의무적이며 상호간에는 경쟁을 하지 않는다. 분류된 영역 내 단 하나만 존재하는 조직 내에는 여러 층위가 있으며 이들 간에는 위계질서가 강하여 위로부터 지시를 받는다. 둘째, 이들은 국가에 의해 설립되지는 않지만, 인정을 받거나 허가를 받는다. 이들은 자신들의 지도자를 선출하거나 자신들이 추구하는 요구를 표출하거나 또는 국가에 대한 지지를 표명하는 데 있어 국가로부터의 제약을 수용하는 대가로 자신들의 영역에서 독점적 이익 대표권을 부여받는다. 셋째, 조합주의적 이익대표체계는 각 집단들이 추구하는 부분이익간 경쟁의 결과는 또 다른 부분이익일 뿐 공익이 될 수 없으며, 공익은 집단들이 추구하는 이익의 경쟁을 초월하는 일반이익이라고 본다. 따라서 조합주의적 이익대표체계는 각 집단들이 추구하는 이익을 사회전체를 위한 일반 이익을 위해 조화시키는 것이 중요하다고 인식한다.

조합주의적 이익대표체계는 사회조합주의(societal corporatism)와 국가조합주의(state corporatism)로 분류된다(Schmitter, 100). 우선 사회조합주의는 1970년대 중반부터 선진 민주국가에서 나타난 이익집단과 정부와의 관계 패턴을 설명하는 이익대표체계이다. 자유민주주의의 쇠퇴와 함께 선진 자본주의 복지국가에서 나타나는 형태로서 정당의 역할이 저하되고, 입법부와 행정부의 통제력이 약화됨으로써 나타나는 이익대표체계이다. 슈미터는 선거에서의 근소한 승리, 당에 대한 충성도의 변화, 당에 대한 일체감의 하락, 독립적 투표성향을 가진 유권자의 확내, 점증하는 소수내각의 출현 등으로 야기된 국가의 통치력 악화를 회복시키거나 또는 이로 인하여 야기되는 문세에 대처하기 위하여 사회조합주의가 등장한다고 주장한다(Schmitter, 100). 사회조합주의 이익대표체계에서는 사회의 여러 이익집단들이 자발적인 합의와 참여에 기초한 민주적 계획에 의하여 협력적 계급관계를 형성한다.

국가조합주의는 자본주의 발달이 후진적인 지역에서, 또 정치적으로 민주주의가 확립되지 못한 지역에서 발견되며 이익집단이 중앙집권적 관료국가에 종속되어 있는 이익대표체계이다(Schmitter, 110). 국가조합주의는 라틴 아메리카에서와 같이 개발도상국가들이 당면한 산업화를 위하여 국가가 자본축적 과정에 직접 개입하여 적극적인 역할을 수행하게 되는 데, 이 과정에서 사회의 안정을 유지하기 위해 이익집단의 활동을 통제하는 이익대표체계를 말한다.

한편 스테판(Stephan)는 국가조합주의를 이익집단에 대한 국가의 통제 정도에 따라 융합적 조합주의(inclusionary corporatism)와 배제적 조합주의(exclusionary corporatism)로 분류한다(Stephan 1978). 융합적 조합주의는 국가엘리트들이 자신들이 추구하는 정치, 경제체제를 지지하는 정치연합에로 노동자와 농민을 통합함으로써 민중세력으로부터의 지지를 얻고 상대적으로 낮은 수준의 강압적 수단을 사용하여 통제한다. 이에 반하여 배제적 조합주의는 국가가 주요 노동집단을 강압적 수단을 통하여 비활성화 시키고, 새롭게 조직함으로써 노동을 무력화 시키는 유형이다.

**조합주의적 이익대표체계 모형**

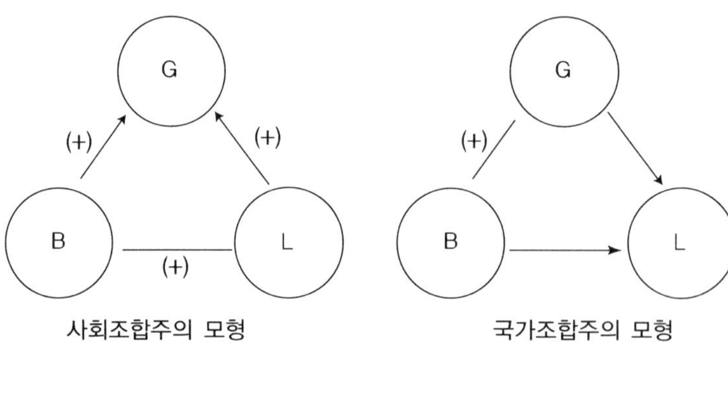


## II. 경험과 사례

### 1. Olson의 집단선 이론(The Theory of Collective Goods)

올슨(Mancur Olson)은 Bentley나 Truman과 같은 집단 이론이 가정하는 집단 구성원들의 행동에 대해 이기주의와 합리성에 기초하여 비판을 가하고 새로운 집단행동 이론을 제시하고 있다(Olson 1968).

그의 주장을 간단히 정리하면 다음과 같다(Bill and Hardgrave, 김기우 역 1990).

우선 집단이론가들은 집단을 구성하는 개개인들은 공동의 목표나 공동의 선을 획득하려는 기회를 향상시키기 위해 결속하고, 또 집단의 활동을 통하여 자신들의 목표를 실제로 달성시킬 수 있다는 것이다. 즉 개인이 자신의 이익을 추구하는 것과 같은 양식으로 집단도 그들의 이익을 추구한다고 가정한다.

이에 대해 올슨은 큰 집단 속에 있는 개인들은 집단선이 획득될 때 자신들에게 이익이 됨에도 불구하고 공동의 이익이나 혹은 집단이익을 달성하려고 행동하지 않을 것이라 주장한다. 개인들이 집단선의 획득을 지향해서 행동하지 않기 때문에 집단들은 자주 그들이 추구하는 목표를 달성하지 못한다는 것이다. 또한 올슨은 큰 집단에 있어서 개개의 구성원들이 더 큰 집단이익을 위해 노력한다는 것은 합리적이 아니라고 주장한다.

이기적이고 합리적인 개인은 두 가지 이유로 그런 행동을 보인다는 것이다. 하나는 거대한 집단 속에서 집단선을 달성함에 있어 개인의 공헌은 미미하여 자신이 공헌하더라도 큰 차이를 만들지 못한다고 판단하기 때문에 집단선 획득을 위한 행동을 하지 않는다는 것이다. 다른 하나는 집단의 목표나 목적이 보편적이기 때문에 목표가 달성되었을 때 얻어진 이익은 집단 구성원 어느 누구도 배제되지 않고 받게 되기 때문에 합리적 인간은 공동 노력에 공헌하려 하지 않는다는 것이다.

이에 근거하여 올슨은 집단의 구성원이 집단행동을 통하여 공동의 목표를 달성하는 경우는 다음과 같은 경우라고 주장한다. 첫째는 소집단의 경우는 집단 구성원이 공동의 노력을 기울여 집단선을 달성한다는 것이다. 그것은 보다 작은 집단일수록 개개인이 차지하는 몫이 커지고, 작은 집단에서는 개인은 그가 실제로 그런 몫을 얻을 것이라는 것을 보다 쉽게 인식할 것이며, 또 작은 집단에서 개인들은 서로를 잘 알 수 있으며 집단선에 대한 각자의 공헌에 대해서도 잘 알 수 있기 때문이다. 둘째, 큰 집단의 경우도 집단행동을 통하여 집단선을 이룩할 수 있는데, 그것은 두 가지의 경우이다. 하나는 구성원들로 하여금 집단에 공헌하도록 하는 강제력이 있는 경우이고, 다른 하나는 구성원들의 협력을 얻기 위하여 개별적인 자극제(incentive)가 주어질 때이다.

## 2. 대한교련의 이익표출 분석

윤형섭 교수는 1951년부터 1965년의 15 년간에 걸친 대한 교련의 이익표출 활동을 분석하였다(윤형섭 1992: 587-631). 이를 요약하면 다음과 같다.

윤 교수는 집단 활동의 가장 공통적인 기초는 경제적인 것이라는 Key의 주장을 받아들여 대한 교련의 이익표출활동을 교원의 물질적 보상에 관한 활동과 정신적 보상에 관한 활동 즉 교원보수와 교권옹호을 중심으로 분석하였다. 대한교련의 이익표출 양태의 분석 결과는 다음과 같다.

**대한교련의 이익표출양태 (1951-1965)**

| 이익표출 구조 | A.권력수준으로의 직접행동 | | B.대중수준으로의 간접행동 | | | |
|---|---|---|---|---|---|---|
| 분야 | 건의, 청원 | 면담 | 담화 성명 | 교직자 대회 | 연구 조사 | 사설여론 조성 |
| 교원보수 | 50회 | 188회 | 14회 | 10회 | 8회 | 18회 |
| 교권옹호 | 15회 | - | 1회 | 2회 | 1회 | 8회 |
| 소 계 | 63회 | 188회 | 15회 | 12회 | 9회 | 26회 |
| 합 계 | 253회 | | 62회 | | | |

첫째, 대중수준으로의 간접행동보다는 권력수준으로의 직접행동이 더욱 많다. 또한 접근대상에 있어서도 행정부가 압도적이다. 이는 행정부 우위의 권위주의적 정치구조 하에서 의회가 무력화되기 때문에 대중수준으로의 우회적 방법이 그 만큼 무용해진 결과이다.

둘째, 권력수준으로의 직접행동에 있어서 취해진 방법은 공개적이며 정보 제공적이다. 이는 지식인 집단답게 연구, 조사를 통해 자기들에게 유리한 정보를 제공하리라 이해되며, 또 교직자라는 사회적 명분이 있기 때문에 공개적 행위를 택하였을 것이다.

셋째, 대중수준으로의 간접행동에 있어서도 폭력보다는 선전을 택하고 있다. 이는 일반적으로 교직이 성직으로 인식되고 있을 뿐만 아니라 법적으로도 노조활동이 금지되어 있는 관계로(이 당시의 법령) 파업, 데모 등 폭력을 사용할 가능성이 제한되어 있기 때문이다.

넷째, 대한교련의 이익표출 스타일은 manifest, specific, general, affective로 특징지을 수 있다. 대한교련이 양질의 인적자원을 이용하여 연구, 분석하는 학구적 노력의 덕분으로 주장이나 요구를 분명히 표현할 줄 알고(manifest), 초점을 선명하게 하여 대안까지 제시하며(specific), 교직자 전체의 표현방식을 사용하고 있어서(general), 바람직한 이익표출을 기대할 수 있으나 감사, 분노, 희망 등을 표시하는 affective한 consultation이 고작이어서 실효성을 거두지 못하고 있다.

## 3. 이익집단에 대한 조합주의적 통제

김영래 교수는 조합주의적 시각에서 한국에 있어서의 대표적인 이익집단인 한국노동조합총연맹과 전국경제인연합회를 중심으로 박정희 정부가 어떻게 이익집단을 통제하였는가를 분석하였다(김영래 1986). 그는 국가의 이익집단에 대한 통제를 법적 통제와 선택적 통제라는 두 가지 차원에서 설명한다.

우선 그는 한국노총이나 전경련의 경우 성장 배경에 있어 종속형의 성장 유형을 지니고 있으며, 따라서 국가에 의해 법률적으로 재가된 제도화의 형태를 띠고 있기 때문에 이익집단의 활동에 대해 법이 지니는 중요성은 상당히 크다. 이익집단에 대한 통제는 일반법과 특별법을 통하여 이루어진다. 첫째, 민법을 통하여 각종 이익집단의 설립과 활동에 대하여 영향을 미친다. 민법은 사단 및 재단은 주무관청의 허가를 얻어야 함을 명기함으로써 단체의 설립과 활동에 대하여 통제를 가하고 있다. 물론 민법상의 통제가 규제보다는 보호의 성격을 띠고 있기 때문에 이익집단의 활동에 있어 큰 제약은 없으나, 국가는 언제든지 단체의 활동과 설립에 관하여 통제를 함으로써 단체로 하여금 국가의 정책목표 달성을 위한 동원세력으로 이용할 수 있는 제도적 근거를 마련하고 있다.

둘째, 국가는 특별법을 통하여 이익집단을 통제한다. 특히 노동단체 같은 경우에는 노동조합법, 노동쟁의조정법, 노동위원회법, 근로기준법 등이 박정희 정부 시기에는 국가의 정책 목표인 경제성장, 국가안보의 달성을 위하여 노동조합의 활동을 정치적으로 비활성화하고, 경제적 동원을 위하여 통제입법으로 활용되었다.

또한 박정희 정부는 법적으로 규정되어 있거나 또는 제도적으로 사용 가능한 다양한 수단을 여러 가지 정치적, 경제적, 사회적 여건을 고려하여 선택적으로 사용하여 통제하고 있다. 이익집단에 대한 선택적 통제는 첫째, 집단의 조직화에 대한 국가의 통제가 있다. 조직화에 대한 통제는 민법 또는 노동조합법과 같은 각종 법규에 의하여 실시되고 있으나, 실제적으로 조직화에 대한 통제는 단순한 법규의 적용보다는 실질적인 요건을 확대하여 단체의 조직화를 어떻게 유도 또는 배제하는 형태로 이루어진다.

둘째, 이익집단 활동에 대한 선택적 통제는 재정운용에 대한 통제를 통하여 이루어진다. 이익집단에 대한 통제는 집단 활동의 불가결의 요소인 재정 지원과 재정 지출에 대한 통제를 통하여 이루어진다. 한국의 이익집단들은 일부를 제외하고는 대부분 재정상의 어려움을 겪고 있기 때문에 정부는 공식, 비공식적으로 운용자금을 지원하거나 재정 지출에 제약을 가함으로써 이익집단의 활동을 통제한다.

셋째, 이익집단의 활동에 대한 다른 선택적 통제는 리더십에 대한 통제를 통하여 이루어진다. 정부는 단체의 대표자가 정부에 호의적인 인사가 충원되도록 압력을 가하거나 직접 임명하기도 한다. 다른 한편으로는 지도자 충원에 있어 여러 가지 조건을 부과하여 정부에 비우호적인 인사가 선임되지 못하도록 하기도 한다. 또 다른 형태의 통제 유형은 단체의 대표자나 임원 등을 정책결정과정에 제도적으로 참여시켜 정부 목표에 대한 이해를 추구하고 동시에 단체 구성원에게 정부의 정책을 홍보할 수 있도록 유도하기도 한다.

넷째, 이익집단 활동에 대한 또 다른 선택적 통제는 정치활동을 규제함으로써 이루어진다. 단체의 이익추구를 위해서는 정치활동의 수행이 필수적임에도 불구하고 국가는 비우호적인 단체나 국가목표 수행에 저해 요인이 될 수 있는 단체에게는 정치 활동을 금지 또는 제약함으로써 통제를 가한다. 직접적인 정치활동 이외에도 정치자금의 기부와 같은 간접적인 정치활동도 금지함으로써 이익집단의 활동을 통제한다.

## III. 인용 및 읽을거리

김영래, “한국이익집단에 대한 국가의 통제: 조합주의적 시각을 중심으로” 한국정치학회 편, 현대한국정치와 국가. 서울: 법문사, 1986.

김왕식, “한국노총의 동태와 특성,” 윤형섭, 신명순 외. 한국정치과정론. 서울: 법문사, 1988.

윤형섭, 한국정치치론, 증보판. 서울: 박영사, 1992.

최장집, “노동조합에 대한 조합주의적 통제,” 변형윤 외. 분단시대와 한국사회. 서울: 까치, 1985.

Almond, Gabriel and G. Bingham Powell, *Comparative Politics: A Developmental Approach*. Boston and Toronto: Little Brown, 1966.

Bentley, Arthur. *The Process of Government*. Cambridge, Mass: Belknap Press of Harvard University Press, 1967.

Bill, A. James and Robert Hardgrave, Jr. *Comparative Politics: The Quest for Theory*. 김기우 역, 비교정치이론. 서울: 박영사,1990.

Eckstein, Harry. "Group Theory and Comparative Study of

Pressure Groups," Harry Eckstein and David Apter, eds., *Comparative Politics: A Reader*. New York: Free Press, 1963.

Key. V. O. Jr. *Politics, Parties and Pressure Groups*. New York: Thomas Y. Crowell, 1964.

Olson, Mancur. *The Logic of Collective Action: Public Goods and the Theory of Groups*. New York: Schocken, 1968.

Schmitter, Philippe. "Still the Century of Corporatism?" Review of Politics Vol. 36 No. 1. Jan. 1974.

Schmitter, Philippe and Grhard Lehmbruch eds. *Trends Toward Corporatist Intermediation*. Beverly Hills, Cal.: Sage Publication, 1979.

Stephan, Alfred. *The State and Society*. Princeton, N.J.: Princeton University Press, 1978.

Truman, David B. *The Governmental Process*. New York: 1961.

제10장

# 정 당

## I. 주요 내용

### 1. 이익집약과 정당

국민의 요구를 정부의 주요한 정책 대안으로 전환시키는 기능을 이익집약이라고 한다. 사회적 요구를 정부의 정책 대안으로 전환시키는 기능을 수행하는 구조는 다양하나 가장 대표적으로 이 기능을 수행하는 구조는 정당이라 할 수 있다. 정당은 권력의 획득을 궁극적 목표로 한 결사체이다. 정당이 국민의 지지를 얻어 국가 기관을 운영하거나 통제하기 위해서는 우선 국민의 지지를 얻을 수 있는 정책을 제시하여 국민의 심판을 받기 때문에 정당이 이익집약의 기능을 대표적으로 수행하게 되는 것이다.

### 2. 정당의 기능

정당의 기본적인 목표는 국가기관의 조직에 참여하고, 국가가기관의 행위에 대한 통제권을 획득, 유지하는 데 있으며, 궁극적 목표는 정권의 획득에 있다. 따라서 정당의 기능은 이러한 통제권을 회득, 유지하기 위한 제반 활동과 관련된다. 정당의 대표적인 기능은 다음과 같다(최한수 1993: 207-217).

첫째, 정당은 이익표출과 이익집약의 기능을 수행한다. 정당은 국민을 대신하여 국민의 정치적 요구를 표출하기도 하며, 제기된 요구들을 공공 정책의 대안으로 제시한다.

둘째, 정당은 정치 사회화의 기능을 담당한다. 정당은 국가기관에 대한 통제권을 획득 유지하기 위하여 시민들에게 정보를 제공하고 지지를 유도하게 되는데, 이 과정에서 시민들은 정치체제 내의 여러 구조나 과정을 익히게 된다.

셋째, 정당은 시민들의 정치 참여를 조장한다. 정당은 시민의 정치 참여에 대한 욕구의 산물인 동시에 지지의 확산이나 대중에 대한 반응을 통하여 참여를 촉진 또는 조장한다. 특히 정당은 선거 운동을 통하여 대중의 정치 참여를 극대화시킨다.

넷째, 정당은 정치 엘리트의 충원을 담당한다. 정당은 대통령 선거 및 국회의원 선거를 비롯한 각종 선거 후보자를 선출, 지명함으로써 그들을 통하여 시민들의 지지를 받게 된다. 이때 각 정당의 후보들은 선거 과정에서 시민들의 선택을 받을 경우 정치적 엘리트의 자리를 차지하게 된다.

다섯째, 정당은 정치체제를 유지시키는 기능을 수행한다. 정당은 정치권력을 획득하고 유지하는 것이 정당화되는 유일한 집단이기 때문에 정당의 존재나 작용은 어느 정파의 정치권력을 정당화시켜주며, 이것은 나아가 기존의 정치체제에 정통성을 부여함으로써 체제를 유지시키는 것이다.

여섯째, 정당은 정치적 의제를 설정하는 기능을 수행한다. 정당은 시민의 지지를 획득하고 유지하기 위하여 사회에서 야기되는 제반 문제에 대하여 민감하게 반응하게 되는데, 이 과정에서 정당은 공공 이슈에 대한 새로운 정치적 의제를 계속 제기하게 된다.

## 3. 정당체제

한 국가의 정당체제는 크게 두 가지로 나눌 수 있다. 하나는 비경쟁적 정당체제이고 다른 하나는 경쟁적 정당체제이다(Sartori 1976). 정당은 정권획득을 위한 경쟁을 전제하는 것이기 때문에 비경쟁적 정당체제라는 것은 모순적으로 보이나 여기서 비경쟁적이라는 것은 법적 규제, 실질적 억압을 통하여 경쟁이 제약되어 있는 정당체제를 말한다. 이에 반하여 경쟁적 정당체제는 법적으로나 실질적으로 정권 획득에의 경쟁이 보장되고 또 실제적으로 경쟁을 통한 정권의 획득이 이루어지는 정당체제를 말한다.

## 비경쟁적 정당체제

비경쟁적 정당체제의 대표적 유형으로는 일당체제와 패권정당체제를 들 수 있다.

### 일당체제

단 하나의 정당이 정치권력을 독점하고 다른 정당의 존재를 허용하지 않는 체제이다. 일당 밖에 존재하지 않기 때문에 정당의 운영이 곧 국가의 운영과 직결되는 정당국가체제(party-state system)를 이룬다. 지금은 체제 전환으로 몰락한 구 사회주의체제 하에서 발견되는 정당체제이다. 오늘날에는 중국공산당, 북한 노동당, 쿠바 공산당 등에서 그 명맥을 찾아 볼 수 있다.

### 패권정당체제(Hegemonic Party System)

형식상 복수의 정당이 존재하나 다른 정당들은 법적으로나 실질적인 억압에 의해 권력 획득에의 경쟁이 제한되어 있고, 단 하나의 정당만이 경쟁이 허용되어 그 정당만이 정치권력을 독점하고 있는 정당체제이다. 싸토리(Sartori, 230)는 패권정당체제의 특징을 다음과 같이 설명하고 있다. 첫째, 패권정당은 공식적으로 그렇고 현실적으로도 집권을 둘러싼 타 정당의 경쟁을 허용하지 않는다. 둘째, 패권정당 이외의 정당이 존재하지만 어디까지나 부차적이고 허가를 받아 존재하는 정당일 뿐이다. 왜냐하면 이러한 정당들은 패권정당에 적대적이거나 동등한 기반 위에서 경쟁하는 것이 허용되지 않기 때문이다. 셋째, 패권정당체제 하에서는 정권 교체의 가능성조차 생각할 수 없기 때문에 정권교체는 실세 일어나시도 않을 뿐만 아니라 일어날 수도 없다. 패권정당의 대표적인 예로 멕시코의 제도혁명당(PRI, Institutionalized Revolutionary Party)를 들 수 있고, 유사한 패권정당으로 제 5 공화국 초기 한국의 민주정의당을 들 수 있다.

## 경쟁적 정당체제

법적으로나 실질적으로 정권 획득을 위한 경쟁이 보장되는 정당체제의 유형으로 우세정당체제, 양당체제 그리고 다당체제를 들 수 있다.

### 우세정당체제(predominant party system)

우세정당체제는 다음과 같은 특징을 보인다. 첫째, 정당의 존립이 합법적으로 인정되고, 정권 교체를 위한 경쟁이 보장되는 정당체제이다. 따라서 우세 정당체제는 기본적으로 복수정당체제에 기반하고 있다. 둘째, 정권 교체를 위한 경쟁은 보장되어 있으나 현실적으로는 정권 교체가 발생하지 않고, 동일한 정당이 지속적으로 집권하는 정당체제이다. 셋째, 유권자 절대 다수의 지지를 받을 때 한해서만 우세정당으로서의 지위가 유지하며, 유권자의 지지가 철회될 때 이러한 지위는 언제든지 소멸될 수 있는 복수정당체제이다. 우세정당체제의 대표적인 예로 전후 자민당을 중심으로 형성된 일본의 정당체제를 들 수 있다. 또한 민주당이 우세한 미국 남부 지역의 정당체제 역시 우세정당체제의 예라 할 수 있다.

### 양당체제(two-party system)

양당체제는 비교적 단순한 체제이고 미국 영국 등 중요 국가들에서 발견되기 때문에 널리 알려진 정당체제이다. 양당체제의 특징은 다음과 같다. 첫째, 여타 정당이 존재한다 하더라도 양대 정당만이 의회 의석의 과반수 획득을 위한 경쟁을 벌일 수 있는 위치에 있어야 한다. 둘째, 이 양대 정당 중의 한 정당이 실제로 의회 의석의 과반수를 획득하는데 성공해야 한다. 셋째, 의회 의석의 과반수를 실제로 획득하기 때문에 여타 정당과의 연합(coalition)이 아니라 단독으로 지배하려는 의사를 가지고 있어야 한다. 넷째, 양대 정당 간에 정권

교체의 기회가 보장되고 이루어져야 한다. 만일 이 양대 정당 가운데 하나의 정당만이 지속적으로 집권을 한다면 이는 우세정당체제로 이행될 가능성이 높기 때문이다.

양당체제하에서는 양대 정당이 의회 의석의 과반수 획득을 위해 경쟁을 벌이기 때문에 보다 많은 유권자의 지지를 얻어야 하고, 그렇게 하기 위해서는 다양한 유권자를 포섭할 수 있는 포괄적인 정강 정책이 제시 될 수밖에 없다. 따라서 양당 간의 정강 정책이 유사한 방향으로 수렴되는 경향이 있다. 다운즈(Anthony Downs)에 의하면 양당체제하에서는 각 정당은 포괄적인 정책적 입장(catch-all set of policy position)을 취한다는 것을 보여준다. 그의 설명은 다음과 같다. 어느 사회에 하나의 차원을 가진 두드러진 이슈가 존재하고, 그 이슈에 대한 유권자의 정책적 선호도가 정상분포를 보인다고 가정해 보자. 이 경우 정권 획득을 위한 경쟁을 벌이고 있는 양대 정당은 의회 의석의 과반수 획득을 위해서는 유권자의 충분한 지지를 얻어야 하기 때문에 유권자의 선호도가 높은 정강 정책을 채택할 수밖에 없게 된다. 따라서 양대 정당은 유권자의 선호도가 가장 높은 중도적인 정책적 입장으로 서로 수렴하게 된다는 것이다.

예를 들어 보자. 그림에서 보는 바와 같이 이데올로기적으로 중도 좌파와 중도 우파의 정책적 입장을 대변하는 정당이 존재하고, 그 사회의 두드러진 이슈에 대한 유권자의 정책적 선호가 정상 분포를 보인다고 가정하자. 이때 각 정당이 자신들이 대변하고자 하는 이데올로기적 입장만을 고수할 경우 각 정당은 유권자로부터 p 수준 정도의 지지만을 받게 되기 때문에 일반적으로 의석의 과반수 획득은 어렵게 된다. 따라서 각 정당이 유권자로부터 보다 많은 지지를 얻어 집권하기 위해서는 적어도 q 수준의 지지를 얻어야만 한다. 따라서 각 정당은 유권자로부터 q 수준의 지지를 얻기 위해서는 정책적 입장을 각각 c와 d로 수정할 수밖에 없게 된다. 이렇게 되어 양당체제하에서는 각 전당의 정강정책이 중도적으로 수렴되는 포괄적인 정책적 입장을 취하게 되는 것이다.

양당체제하에서의 이익집약 스타일

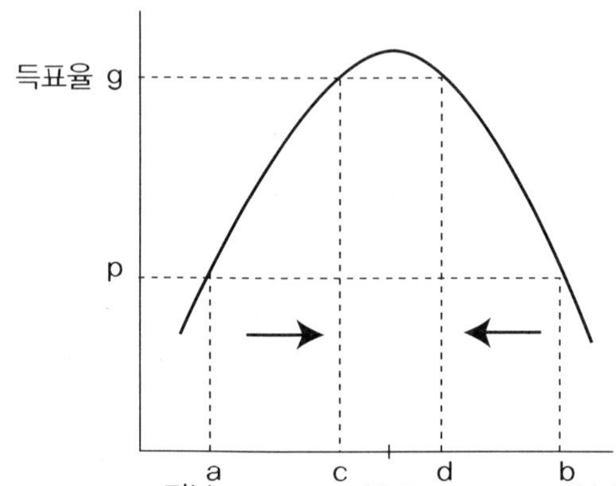


### 다당체제(multiparty system)

다당제의 특성은 다음과 같다. 첫째, 정권 획득을 위해 경쟁하는 정당이 여러 개 존재한다. 즉 정권 획득에의 경쟁이 법적으로나 실제적으로 보장되는 다원적 정당체제를 기반으로 한다. 둘째, 정권 획득 경쟁이 자유로이 이루어지나 과반수의 의석을 획득하는 정당이 존재하지 않는다. 셋째, 과반수 의석을 획득하는 정당이 존재하지 않기 때문에 흔히 정당 간의 연합(coalition)을 통하여 집권하게 된다. 소수단일 정권이 집권하는 것이 불가능한 것은 아니나 오래 존속하기 어렵고, 또 오래 존속한다고 할지라도 정권의 기반이 취약할 수밖에 없다.

다당체제 하에서는 연합을 통한 집권이 일반적인 경우이기 때문에 어떻게 연합이 이루어지는가에 따라 이익집약 즉 정책대안의 내용이 달라진다. 싸르토리는 다당체제를 온건다원주의(moderate pluralism)와 분극적 다원주의(segmented pluralism)로 구별하여 이해하고 있는데 (Sartori, 173-185), 각 체제별로 연합의 형태도 다르게 이루어지며 그에 따라 정책대안의 내용도 다르게 나타난다.

온건다원주의 정당체제는 반체제적 정당이 존재하지 않고 현존하는 정치질서의 가치를 인정하는 다수의 정당이 존재하는 정당체제이며, 각 정당은 집권 지향적이어서 자유로운 연합의 형성이 가능한 다당체제이다. 라이커(William Riker)에 의하면 이러한 체제 하에서의 정당연합은 최소승자연합(minimum winning coalition)의 형태로 이루어진다(Riker 1962). 즉 연합형성과정에 참여하는 다수의 행위자들이 완전한 정보를 갖고 있고, 합리적으로 행동하며, 제로섬 게임이 지배하는 상황 하에서 정당연합이 이루어진다는 것을 가정할 때 정당 연합의 규모는 승리할 수 있는 최소한의 크기로 이루어진다는 것이다. 연합형성과정에 참여하는 행위자들은 자신이 참여하는 연합이 승리연합(winning coalition)이 되어 집권하기를 희망하기 때문에, 많은 행위자가 참여하는 연합에 가입하려 한다. 참여하는 행위자가 많을수록 승리의 가능성이 높아지고 또 집권이 가능하기 때문이다. 그러나 승리연합에 참여하여 집권을 할 경우에는 연합 참여자들 각자는 보다 많은 정치적 보상(정부의 지위나 특정 정책의 관철 등)을 차지하기 위하여 또 다른 경쟁을 해야 하기 때문에 행위자들이 적게 참여하는 연합에 가입하는 것이 유리하다. 참여하는 행위자가 적을수록 자신에게 돌아오는 보상의 몫이 커지기 때문이다. 따라서 연합의 규모는 승리할 수 있는 최소한의 크기로 이루어지는 것이다. 그런데 때에 따라서는 특정의 행위자가 다른 행위자에 비해 세력기반이 약함에도 불구하고 연합에 참여하는 다른 행위자만큼이나 가치를 인정받아 그와 동등한 지위나 대우를 요구하거나 인정받는 경우가 있다. 이러한 지위에 서게 되는 행위자를 중추적 동반자(pivotal partnership)이라고 하는데, 이는 승자연합을 형성하기 위해서는 그 행위자를 연합에 포함시키는 것이 반드시 필요하기 때문이다. 어쨌든 온건 다원주의 정당체제 하에서의 정책 대안은 이렇게 형성된 연합체간의 흥정에 의해 결정되기 때문에 가변적이라 할 수 있다.

분극적 다원주의 정당체제는 현존하는 정치질서의 가치를 부정하고 새로운 체제의 성립을 옹호하는 극단적인 정당들이 존재하며, 정당들 간에는 이데올로기적인 차이가 커서 상호배타적인 다수의 정당이 존재하는 정당체제이다. 분극적 다원주의 정당체제 하에서는 대체적으로 이데올로기적으로 중앙에 위치한 정당이 중앙에 가까운 이데올로기를 표방하는 정당들 간의 연합을 통하여 집권한다. 이는 양 극단에 존재하는 정당 간에는 이데올로기적 거리가 크기 때문에 연합이 가능하지 않기 때문이다. 중앙에 위치한 정당과 중앙에 가까운 중도 좌익정당(left of center)이나 혹은 중도 우익정당(right of center)과의 연합만이 이루어지기 때문에 제한적인 정권 교체가 일어날 뿐이다. 따라서 정책대안 역시 제한적인 변화가 있을 뿐이다.

## 4. 정당의 사회적 기반

정당은 사회경제적 배경요인에 의하여 개인들이 차별화되는 분열현상인 사회적 균열에 기반을 두고 발전하였다. 사회경제적 특성에 의해서 규정되는 집단의 구성원들이 자신들의 정체성(identity)을 찾고 자신들의 입장을 관철시키기 위해 조직화하면서 사회적 균열이 주목을 받게 되었고, 이 사회적 균열 구조는 정당체제의 발전과 변화와 구조적 연관성을 갖고 있다.

립셋과 로칸(Seymour Martin Lipset and Stein Rokkan)은 서구의 국가들은 국민혁명(근대국가 건설과 국민형성)과 산업혁명을 거치면서 네 가지의 사회적 균열을 경험했으며, 이러한 균열구조는 정당체제에 그대로 반영되었다고 주장한다(Lipset and Rokkan 1967). 즉 서구의 정당체제는 16세기의 국민혁명(national revolution)과 18세기 중후반에 시작된 산업혁명의 결과로 나타난 사회의 구조적 균열: 중심-주변의 균열, 국가-교회의 균열, 도시-농촌의 균열, 그리고 자본-노동 간의 계급균열의 네 가지 축에 따라 형성되었다는 것이다.

국민혁명기에 나타난 첫 번째 사회적 균열인 중심-주변의 균열은 근대국가 건설을 위한 중앙집권화와 동질화를 모색하는 지배문화와 외부로부터 강요되는 새로운 질서와 가치를 거부하는 주변의 종속문화 사이의 갈등으로서 근대국가 건설 초기에 전개되었으며, 두 번째 사회적 균열인 국가-교회의 균열구조는 교육의 통제권을 둘러싸고 벌어진 것으로서 교회가 사회 구성원에 대한 도덕과 교육정책에 대한 기존의 특권을 수호하면서 국가의 대행자적인 위치에 서기를 거부함으로써 나타난 것이었다. 이러한 균열구조의 축을 따라 각각의 이익을 옹호하려는 정치세력을 중심으로 정당이 형성되고, 이에 따른 정당체제가 성립된 것이다.

산업혁명기에 나타난 세 번째 사회적 균열인 농-도시 간의 균열은 전통적으로 지배적이었던 토지 이익과 도시에서 새롭게 등장한 상공업 이익간의 상호 충돌을 반영한 것이었다. 영국에 형성되었던 보수당과 자유당 체제는 이러한 균열구조에 기반을 둔 것이었다. 산업화가 더욱 진행되면서 나타난 네 번째 사회적 균열인 자본-노동 간의 균열은 생산수단을 소유하고 있는 사용자와 산업화의 물결에 따라 급증한 노동자 계급의 임금과 노동조건 등 경제적 이익을 둘러싼 갈등이었다. 영국에서 자유당을 대신하여 형성된 보수당과 노동당체제의 성립은 이러한 사회적 균열구조를 반영한 것이었다.

이렇듯 서구의 정당체제는 16세기부터 시작된 사회적 균열을 모두 경험하면서 20세기 초에 현재와 같은 정당체제가 완성되었고, 그 이후 거의 동일한 유형의 정당과 정당체제가 안정적으로 유지되어 왔다.

## 5. 정당체제의 변화

정당체제의 변화를 가져올 수 있는 여러 가지 요인들이 현 시대에 두드러지게 나타나고 있기 때문에 안정적으로 유지되어 왔던 것으로 이해되던 서구의 정당체제에 1960년대 이후 중대한 변화의 바람이 일어나고 있다는 주장이 서서히 제기되고 있다. 정당체제의 변화를 가져 올 수 있는 변화 요인으로 경제적 번영과 더불어 나타나는 노동계급의 부르주아화 현상, 산업구성의 변화로 초래된 사회적 · 직업적 유동성, 원자화된 대중사회, 정치 공동체에서 나타나는 동질성과 유대감의 약화 현상, 교육수준의 향상, 정치 정보의 확산 및 대중정치 의식의 세련화, 정당체제의 노쇠화, 그리고 가치관의 변화가 논의되고 있다.

정당체제가 변화하고 있다는 논의는 두 가지로 나뉘어져 있다. 하나는 유권자-정당 연합체제가 재편성(realignment)되고 있다는 주장이고, 다른 하나는 유권자-정당 연합체제가 붕괴되고 있다는 주장이다. 유권자-정당 연합체제의 재편성이 일어나고 있다는 주장은 정당의 사회적 지지 기반에 중대한 변화가 일어나고 있다는 점에 주목하고 있다. 1960년대 말 이후 서구에서는 계급분열 등 전통적인 균열이 약화되고 신정치(new politics)-구정치(old politics) 그리고 물질주의(materialism)-탈물질주의(postmaterialism) 균열과 같은 새로운 균열이 형성되어 그에 따른 유권자-정당 연합체제의 재편성이 일어나고 있다는 것이다. 즉 서구 사회에서는 지금 중요한 정치적 과제로 환경보전, 참여, 개인 권리의 확대, 여성 권리의 신장 등을 중요하게 생각하는 신중산층으로 부상한 대학 수준의 학력을 가진 젊은 층들을 중심으로 탈물질주의자가 등장함으로써 물질주의-탈물질주의 균열이 나타나고 있고, 전통적 균열에 기반을 두었던 유권자-정당 연합체제가 이와 같은 새롭게 형성되는 사회적 균열에 기반을 둔 유권자-정당 연합체제로 재편성되고 있다는 것이다.

정당체제가 변화하고 있다는 또 다른 주장은 유권자-정당 연합체제가 새롭게 재편성되고 있는 것이 아니라 기존의 연합체제 붕괴되고 있다는 것이다. 산업사회에서 나타나는 제반의 문제들을 적절히 대변하지 못하는 정당이 갖고 있는 한계점 때문에 기존의 전통적 균열에 기반을 둔 유권자-정당 연합체제는 붕괴했으나 그것을 대치할 새로운 연합체제는 형성되지 못했다는 것이다. 그것을 보여주는 징후는 두 가지 점에서 살펴 볼 수 있다. 하나는 유권자들의 정당 일체감(party identification)이 약화되고 어느 정당과도 일체감을 갖고 있지 않은 무당파(independent)가 증가하고 있기 때문에 유권자-정당 연합체제가 붕괴했다는 것이다. 다른 하나는 현대 사회에는 계급 투표가 감소하고, 사회 집단적 맥락과 정당 지지와의 상관관계는 약화되는 반면 정책쟁점 투표와 이미지 투표가 증가하고, 유동층(floating voters)이 확산되고 있으며, 신생 정당이 급격히 출현하고 몰락하는 현상 등이 빈번하게 나타나고 있기 때문에 유권자의 정당 일체감을 적용하기가 어렵고 따라서 유권자-정당 연합체제가 붕괴했다는 것이다.

위의 주장과는 달리 정당체제는 변하지 않고 있다는 주장도 있다. 우선 정당체제 변화의 원천으로 지적되는 여러 가지 사회 경제적 변화는 주변적인 것이기 때문에 유권-정당 연합체제의 변화는 없다는 것이다. 즉 신정치를 내세우는 세력과 정당은 전적으로 새롭다기보다는 좌파의 한 변형에 불과하며, 물질주의-탈물질주의 균열도 전통적 좌-우파 균열을 대체할 수 없으며, 또한 정당정치의 변화가 있더라도 그것은 주로 좌파 내에서 또는 우파 및 중도파 내에서 정당 간의 세력관계가 변화하는 것일 뿐이라는 것이다. 또한 녹색당과 같은 신생정당이 의회에 진출하였다고 할지라도 여전히 주변적인 지위에 머물고 있으며, 정당체제의 분극화(fragmentation)도 심화시키지 않았다는 점에서 전당체제는 변하지 않고 있다는 것이다.

## 6. 정당체제와 선거제도

대체적으로 선거제도는 정당체제의 형성에 영향을 미친다. 선거제도가 정당체제에 영향을 미친다는 것을 주장한 사람은 듀베르제이다. 그에 의하면 다수대표제를 채택할 경우 정당의 수를 감소시켜 양당체제로 유도되는 경향이 있고, 비례대표제를 채택할 경우 정당의 수를 증가시켜 다당체제로 유도되는 경향이 있다는 것이다(Duverger 1963).

20개 자유민주주의 국가를 대상으로 하여 선기제도가 정당체제에 미친 영향을 검증한 래(Rae)의 결과는 듀베르제의 주장이 타당하다는 것을 보여준다. 즉 비례대표제를 도입할 경우 양당체제의 발전이 저해되고, 정당의 수를 다수화 시킨다는 듀베르제의 주장처럼 일반적으로 비례대표제를 채택한 나라들은 다른 나라에 비하여 정당의 수가 많다는 것을 발견한 바 있다.

## II. 경험과 사례

### 1. 한국 정당인의 의식구조

김왕식은 설문조사를 통하여 1995년 당시의 제 1당이었던 민주자유당과 제 2당이었던 민주당의 전국전당대회 대의원 명부에 등록된 당원들의 의식구조를 분석하였다(김왕식 2000: 147-177). 그의 분석 결과를 살펴보면 다음과 같다.

첫째, 정당원 자신이 갖고 있는 소속 정당에의 자부심, 정치이념의 일치도를 통해서 본 주관적 정당일체감과 자신이 파악하고 있는 동료당원의 정치이념에의 관심, 정치신념, 정당 활동에의 열의를 통해서 본 객관적 정당일체감을 종합하여 보면, 한국 정당원이 갖고 있는 정당일체감은 대체적으로 높은 편이며, 상대적으로 보아 여당 당원보다 야당 당원의 정당일체감이 다소 높은 것으로 나타났다. 그러나 정당에 대한 자부심은 낮은 것으로 나타났다.

둘째, 한국 정당원들의 정당 기능에 대한 인지수준과 당원들의 정치활동에 대한 평가를 보면 자신이 소속되어 있는 정당의 당원에 대해서는 인지수준이 높다고 평가할 뿐만 아니라 그에 상응하는 정당활동을 하고 있다고 평가하고 있다. 반면 경쟁정당의 당원에 대해서는 정당 기능에 대한 인지수준은 어느 정도 높은 편이지만 그에 상응하는 활동을 하지는 않고 있다고 평가한다.

셋째, 정당 운영에 있어서 당 지도부의 지도성과 평당원의 정치적 효능감의 조화라는 측면에서 정당운영의 민주화 수준을 평가해보면 한국 정당 운영의 민주화 수준은 낮다고 평가한다. 즉 한국 정당인들은 당 지도부의 영향력은 절대적인 반면 평당원의 영향력은 미미한 것으로 평가한다.

## III. 인용 및 읽을거리

김왕식, 한국정치과정: 제도의 운용과 정치의식. 서울: 사회와 담론, 2000.

안희수. 한국 정당 정치론. 서울: 나남출판, 1995.

윤정석, 신명순, 심지연 외. 한국정당정치론. 서울: 법문사. 1996.

최한수, 현대정당론. 서울:을유문화사, 1993.

최명, 김용호 공저, 비교정치학서설. 서울: 법문사, 1990.

Lipset, Seymour Martin and Stein Rokkan eds., *Party Systems and Voter Alignment: Cross National Perspectives*. New York: Free Press, 1967.

Maurice Duverger, *Political Parties.* New York: John Wiley, 1963.

Riker, William. *The Theory of Political Coalition.* New Haven: Yale University Press, 1962.

Sartori, Giovanni. *Parties and Party Systems: A Framework for Analysis.* London: Cambridge Univ. Press, 1976.

제11장

# 정치 엘리트

## I. 주요 내용

개인이 적극적인 정치적 역할을 담당하게 되는 과정을 정치충원이라고 한다. 정치적 충원 과정을 거쳐 정치적 영향력이 있는 지위를 차지하는 자들이 정치 엘리트를 구성한다.

### 1. 엘리트: 개념과 속성

일반적으로 엘리트란 타인에게 영향력을 행사할 수 있는 능력 그리고 집단적 정책 결정에 영향력을 행사할 수 있는 능력을 보유한 자를 말한다. Mosca, Pareto 그리고 Michels와 같은 고전적 엘리트 이론가들은 다음과 같은 생각을 공유하고 있다(Putnam 1976: 3-4). 첫째, 정치권력은 다른 사회적 공공재와 마찬가지로 불균등하게 분포되어 있다. 둘째, 기본적으로 인간은 중요한 정치권력을 갖고 있는 집단과 그것을 전혀 갖고 있지 않은 두 개의 집단으로 나뉘어져 있다. 셋째, 엘리트는 내적으로 동질적이고, 통합되어 있으며 자아의식이 강하다. 넷째, 엘리트는 대체적으로 자아 영속적이며, 사회 내의 특정 배타적 부문에서 충원된다. 다섯째, 엘리트는 기본적으로 자율성을 가지고 있다.

그렇다면 타인이나 집단적 정책결정에 보다 많은 영향력을 행사할 수 있는 엘리트는 어떻게 규정할 수 있는가? 누가 엘리트인가를 규정하는 방법은 일반적으로 3 가지 방법이 있다. 누가 엘리트인가를 규정하는 첫 번째 방법은 조직의 지위를 이용하는 방법(positional analysis)이다. 이 방법은 정부의 공식적 기구야말로 권력 관계를 이해할 수 있는 가장 유용한 도구로 간주한다. 정부의 기구에 주어진 조직의 역할을 수행하는 과정에서 권력이 발생하기 때문에 그러한 정부조직의 특정 지위를 점하고 있는 인사는 보다 많은 영향력을 행사하게 된다. 따라서 이러한 정부 조직의 상위 지위를 점하고 있는 현직자들이 엘리트로 규정된다.

이 방법은 정부의 공식적 기구 차지하고 있거나 차지하였던 인사들이 바로 엘리트로 간주되기 때문에 엘리트를 규정하는 가장 쉬운 방법이며, 또 가장 많이 쓰이는 방법이다. 그러나 이 방법으로 엘리트를 규정할 때 몇 가지 오류가 발생할 수 있다. 하나는 명목상의 영향력만 갖고 있는 허울뿐인 인사가 엘리트로 과장될 수 있다. 즉 정부 기구 내에 고위 지위를 차지하고는 있으나 실질적으로는 권한을 행사하지 못하는 인사들 이른바 허세를 엘리트로 간주하게 되는 문제가 있다.  다른 하나는 간접적인 영향력을 간과하게 되는 오류가 발생할 수 있다. 즉 정부의 고위직을 차지하고 있지는 않으나 비공식적으로 정책결정에 영향을 미치는 인사를 엘리트의 범주에서 제외시키게 되는 문제가 발생할 수 있다.

엘리트를 규정하는 두 번째 방법은 평판을 이용하는 방법(reputational analysis)이다. 이 방법은 조직의 구성원으로부터 영향력 있는 실력자라고 하는 평판을 받고 있는 인사들을 엘리트로 규정하는 방법이다. 이 방법은 기본적으로 조직의 성원이 누가 유력한 사람이고 누가 아닌지를 가장 잘 안다는 가정 하에 조직 내부의 움직임을 면밀히 관찰했다고 간주되는 정보제공자에게 누가 영향력을 행사하는 유력자인지를 문의하여 엘리트를 찾아내는 방법이다. 이 방법은 조직 내에서 특정의 지위는 차지 않고 있으나 간접적이거나 암묵적으로 영향력을 행사하는 인사들을 엘리트로 규정할 수 있는 장점이 있다.

이 방법 역시 문제점은 있다. 이 방법은 조직 내부 정보제공자가 제공하는 정보에 의해 엘리트를 규정하게 되는데, 문의를 위해 선택된 정보제공자가 내부 정보에 밝지 않거나 그들이 제공하는 정보가 특정 부문의 정보에만 한정될 경우 오류가 발생할 수 있다는 점이다.

엘리트를 규정하는 세 번째 방법은 실질적으로 이루어진 정책결정 사례를 이용하는 방법(decisional analysis)이다. 이 방법은 정치권력은 정부 정책 결정에 행사되는 영향력이라는 차원에서 정의되기 때문에 특정의 정책이 어떻게 이루어졌으며, 누가 그 정책을 주도 했는가 혹은 누가 그 정책에 대해 거부권을 행사했는가를 면밀히 분석함으로서 엘리트를 찾아내는 방법이다. 즉 실질적인 정책결정과정에서 가장 많이 영향력을 행사한 인사가 엘리트로 규정된다. 그 대표적인 예가 미국 Connecticut주 New Haven에서 이루어진 도시 재개발, 공교육, 그리고 공무원 지명에 관련된 결정과정에서 누가 영향력을 발휘했는가를 분석하여 그들을 엘리트로 규정한 Robert Dahl의 연구를 들 수 있다(Dahl 1961).

이 방법 역시 문제점이 있다. 하나는 실제적으로 이 방법은 위의 경우에서 보는 바와 같이 극소수의 사례만이 엘리트를 찾아내는 방법으로 활용될 수 있고, 이 극소수의 사례 분석을 통하여 전체적인 권력관계를 유추해야만 하는데서 오는 문제점이 있을 수 있다. 즉 권력관계는 정책 이슈에 따라 다양하게 나타날 수 있는데, 전체적인 권력관계를 보여줄 수 있는 분석 사례를 선택할 경우에는 문제가 없으나 그렇지 못할 경우에는 진정한 엘리트를 찾아내는데 오류가 발생할 수 있다. 또 하나는 정책결정 사례를 이용하여 엘리트를 규정하는 방법은 이미 공공 쟁점화 된 사례를 분석할 때에 누가 엘리트인가를 가장 적절하게 규정할 수 있는데, 이럴 경우에 오류가 발생할 수 있다. 즉 어떤 이슈가 정책결정을 위한 안건으로 상정될 것인가 하는 그 자체가 이미 정치권력이 발동한 결과이며, 또 실력자가 문제의 소지가 있는 안건을 미리 배제할 수 있다면 정책결정 사례를 이용하여 엘리트를 찾아내기는 힘들기 때문이다.

이렇듯 엘리트를 규정하는 방법들은 모두 장단점을 갖고 있기 때문에 어느 한 방법만을 가지고 엘리트를 규정하는 것은 문제가 있다. 따라서 위의 3 가지 방법을 조합하여 분석할 때 진정한 엘리트를 규정할 수 있을 것이다. 그것은 공식적인 권력관계나 비공식적인 권력관계나 모두 권력의 정점에서는 서로 수렴하기 때문이다.

## 2. 엘리트의 충원 및 교체

### ● 누가 충원되는가?

모든 사회에서 정치 엘리트는 상대적으로 보다 많은 혜택을 받은 특정 계층으로부터 배타적으로 충원된다.(Putnam 1976: 21-40). 첫째, 정치 엘리트들은 고위 관리직이나 전문직종에 종사하는 중상류층 가정 출신으로부터 배타적으로 충원된다. 노동계급 출신이거나 상대적으로 덜 혜택을 받은 가정 출신이 정치 엘리트로 충원되는 경우는 그리 많지 않다. 행정 엘리트 역시 정치 엘리트와 같이 고위 관리직이나 전문직에 종사하는 중상류 가정 출신으로부터 배타적으로 충원된다. 경제 엘리트의 경우는 정치 엘리트나 행정 엘리트보다 훨씬 더 혜택을 받은 가정 출신이 충원된다.

둘째, 정치 엘리트는 다른 사람들보다 훨씬 교육을 잘 받은 사람들이다. 서구 민주주의 국가에서도 정치 엘리트는 주로 대학 교육을 받은 인사가 충원되며, 발전 도상국가 뿐만 아니라 과거 공산주의 사회에서도 대학 교육은 정치 엘리트로 충원되는 중요한 요인으로 작용한다. 심지어는 정치 변동기에도 교육 수준은 중요 요인으로 작용하여, 대학 교육을 받은 인사들이 주요 정치 엘리트로 충원된다.

셋째, 모든 사회에서 정치 엘리트는 지배적인 종교적, 인종적 집단으로부터 충원된다. 지리적으로 볼 때도 정치 엘리트는 도시 특히 대도시 출신들이 상대적으로 많이 충원된다. 성인 총인구에 비례해볼 때 여성보다 남성이 정치 엘리트로 더 많이 충원된다. 전 세계적으로 볼 때 여성이야말로 정치 엘리트로 가장 덜 대표되는 집단이다.

일반적으로 모든 사회에서 정치 엘리트가 보다 혜택을 받은 특정 계층으로부터 충원되는데, 이러한 경향은 고위층으로 올라가면 갈수록 더욱 더 강해진다. 이른바 점증하는 불비례성의 원칙이 작용한다.

### 엘리트 충원의 기준

엘리트 충원에서 흔히 논의되는 것은 엘리트가 귀속적 기준(ascriptive criteria)에 근거하여 충원되는가 혹은 성취적 기준(achievement criteria)에 근거하여 충원되는가 하는 것이다. 귀속적 충원은 특정의 혈통을 타고 났다거나 그가 속해있는 인종, 종교, 성별, 연령 등이 기준이 되어 엘리트의 지위에 오르게 되는 충원 방식을 말한다. 왕가의 자손이라거나 종교지도자 혹은 공동체의 연장자라는 이유 때문에 지도자가 되는 경우가 바로 귀속적 기준에 의해 충원됨을 보여주는 예라 할 수 있다.

성취적 충원은 엘리트로의 충원이 개인이 성취한 업적이나 자질(skill)에 기초하는 충원 방식을 말한다. 고위 지도자의 지위에 오르는데 유리한 자질들로서는 교육, 특히 대학 교육으로부터 획득한 전문적 지식이나 관리능력과 같은 기술적인 전문성(technical expertise)이 중요시되며, 그 이외에도 타인을 설득할 수 있는 능력이나 조직 능력 등도 중요한 자원으로 작용한다(Putnam 1976:57-59).

일반적으로 귀속적 기준은 전통 사회의 엘리트 충원에 있어서 중요 특징으로 나타나는 반면 보다 발전된 정치체제에서는 성취적 기준이 중요하게 작용한다. 그러나 고도로 발전 사회에서도 귀속적 요인이 엘리트 지위를 차지하는데 중요한 요인으로 작용한다. 이를테면 중요 정치 가문에서 성장한 아이들은 자신의 부모나 친지로부터 정치수업을 받거나 그들의 영향력을 이용하여 보다 용이하게 정치 지도자의 지위에 오르게 된다. 결혼 또한 정치적 지도자로 오르는 중요한 통로로 작용한다. 중국의 주요 여성 지도자 중의 하나였던 장칭(江靑)은 마오쩌둥과의 결혼을 통하여 고위 정치 지도자로 상승한 대표적인 예이다.

### 엘리트의 충원 통로

엘리트들은 다양한 경력을 쌓아 고위 지도자의 지위에 오르게 된다. 첫째, 정당인으로서의 경력, 관료 경력 그리고 지방 정부에서 고위직으로 일한 경험이 고위 정치 엘리트로 상승하는데 중요한 경력으로 작용한다. 대부분의 민주주의 국가에서는 정당이야말로 정치 엘리트를 충원하는 중요 통로로 작용한다. 정당인으로서 정치 수업과 경력을 쌓은 후 정당을 대표하는 후보자로 지명되어 선거에서 승리하여 주요 정치 엘리트로 부상하는 방법이다. 또 대부분의 국가에서는 능력 있는 공무원들을 전문 지식 분야의 장관으로 발탁하는데, 이 때문에 공직으로의 진입은 정치 엘리트로 전환에 좋은 통로로 사용된다.

둘째, 전문 직종에 종사한 경력을 바탕으로 정치 엘리트로 진입한다. 이러한 전문 직종으로 경제계 지도자로서의 경력, 노동조합 지도자서의 경력, 언론계에서의 경력, 대학에서의 경력 등은 대부분의 사회에서 엘리트로 충원되는 통로로 작용한다. 대부분의 사회에서는 경제계에서 성취한 업적을 높이 평가 받은 인사들이 그 관리 능력을 인정받아 정치 엘리트로 충원되는 경우가 많다. 특히 미국과 같은 나라는 종종 경제계의 인사들이 정치 엘리트로 전환되는 경우가 많다. 선진 산업사회에서는 상당수의 좌파 정부가 노동조합에 의존하여 있는 경우가 많기 때문에 많은 수의 정치 엘리트가 노조 지도자로서의 경력을 가진 인사로 충원된다. 마찬가지로 대학과 언론 기관에서 쌓은 지식과 경험을 바탕으로 하여 정치 엘리트로 진출하는 경우 역시 많이 발견된다.

셋째, 군대를 경유하여 정치 엘리트로 진입한 경우가 있다. 많은 사회에서 군부는 정치 엘리트 충원의 주요 자원이다. 서구 민주주의 사회에서도 군 출신 인사들의 군사직 전문 지식이나 식견, 조직 관리 능력 등이 높이 평가하여 고위직으로 등용하는 경우가 많다. 개발도상 국가에서는 반복적인 군사 쿠테타를 통하여 군 출신이 자주 정치 엘리트로 부상한다.

### 엘리트 충원 방법

정치 엘리트로 충원되는 방법 역시 다양하다. 그 중 대표적인 것 몇 가지만 논의하면 다음과 같다.

우선 가장 흔히 방법은 선거를 통하여 충원되는 방법이다. 선거에 의해 충원되는 정치 엘리트는 국가마다 다르고, 선거에 참여할 수 있는 권리 또한 여러 가지 형태로 제한되며, 또 선거제도 역시 나라마다 다르지만 민주주의 국가에서는 선거가 정치 엘리트로 충원될 수 있는 가장 흔한 방법이다.

정치 엘리트로 충원될 수 있는 다른 방법은 후원자-고객 체제(patron-client system)를 통하는 방법이다. 많은 인사들은 정치 지도자들이 고위 정치 직위로 상승하는데 도움을 주고, 그에 상응하는 보답으로 중요 정치 지위에 지명되어 정치 엘리트의 지위에 오른다.

정치 엘리트로 충원될 수 있는 또 다른 방법은 시험을 통하여 공직자로서 경력을 쌓아 정치 엘리트로 전환하는 방법이다. 민주주의 정치체제에서 행정 관료들은 국가에 의해서 체계적으로 충원되는데, 최초의 임용은 능력을 테스트하는 시험을 통해서 이루어진다. 시험을 거쳐 임용된 행정 관료들은 자신의 능력을 발휘하여 고위 공직자로서의 경력을 쌓고, 이를 바탕으로 정치 엘리트로 전환한다.

정치 엘리트로 충원되는 예외적인 방법 중의 하나는 폭력을 통하는 방법이다(최명, 김용호 1990: 132-136). 의외로 많은 정치체제에서 볼 수 있으며, 힘의 사용이나 위협으로 공직을 탈취하는 방법이다. 쿠데타, 혁명, 외부로부터의 군사적 개입, 암살 혹은 민중 폭력을 통하여 정권을 장악하고 고위 공직을 차지한다.

### 엘리트의 교체

어떤 경우에 정치 엘리트가 수시로 교체되며, 또 어떤 경우에 현직자가 고위 정치적 지위를 오랫동안 유지하는가?

우선 엘리트의 교체율은 나라마다 다르지만 대체적으로 두 가지 경향이 보인다(Putnam 1976: 65-66). 하나의 경향은 엘리트의 교체율은 정치적 위기 기간에는 높게 나타나고, 정치적 안정기에는 낮아진다는 것이다. 다른 하나의 경향은 정치제도가 오래 존속할수록 엘리트의 교체율은 낮아진다는 것이다.

그러면 엘리트의 교체는 정치나 정책에 어떠한 의미를 갖는가? 엘리트의 교체가 정치나 정책에 미치는 영향을 세 가지 점에서 생각해 볼 수 있다(Putnam 1976: 66-68). 첫째, 엘리트 교체율이 높으면 높을수록 체제 개혁이나 정책적 유연성이 높아진다. 새로운 지도자의 등장은 새로운 아이디어의 등장을 의미하는 것이기 때문에 엘리트의 교체는 개혁이나 정책 변화를 가져올 가능성을 높게 한다. 둘째, 엘리트 교체율이 높으면 높을수록 엘리트의 경험이나 전문성 그리고 효과성이 떨어진다. 오래된 지도자들의 경우 개혁적 성향은 다소 떨어질지 모르나 오랜 경험을 갖고 있기 때문에 노련히 국정을 운영할 수 있다. 반면 새로운 지도자들은 상대적으로 경험이 적기 때문에 국정 운영이 서툴 수 있고, 또 정책을 시행함에 있어 행정 관료에 대한 통제 역시 원활히 이루어질 가능성이 낮다. 셋째, 엘리트의 교체율이 높으면 높을수록 엘리트의 지위를 획득할 가능성이 있는 인사의 수가 늘어난다. 엘리트의 교체율이 높아지면 정권에 대한 잠재적 도전자에게 지도자의 지위를 차지할 수 있는 기회를 보다 많이 부여하기 때문에 자연스럽게 엘리트 순환이 이루어져 정치적 안정이 이루어질 수 있다.

## 3. 엘리트 구조

많은 이론가들은 정치 엘리트가 특정의 사회 집단으로부터 배타적으로 충원되는 현상 때문에 정치 엘리트들은 이러한 조건들을 바탕으로 한 인간관계나 가치의 공유를 통하여 통일성을 유지한다고 주장한다. 또한 그들은 통일성을 바탕으로 한 엘리트 집단이 지배계급을 형성한다고 주장한다.

### 엘리트 통합의 차원

한 사회의 정치 엘리트가 얼마나 통합되어 있는가는 여러 가지 차원에서 살펴 볼 수 있다(Putnam 1976:108-123). 첫째, 엘리트의 통합 정도는 사회적 동질성 차원에서 살펴볼 수 있다. 모든 사회에서 정치 엘리트는 사회경제적 배경 측면에서 보았을 때 상대적으로 보다 많은 혜택을 받은 특정 계층으로부터 배타적으로 충원되며, 이러한 경향은 고위 엘리트 지위로 올라갈수록 더욱 강해진다. 점증하는 불비례성의 원칙에 따라 엘리트간의 사회경제적 동질성은 더욱 강해지는데, 이에 따라 공유하는 사회화 경험이 많아지기 때문에 엘리트 간에 높은 수준의 통합이 이루어진다.

둘째, 엘리트 통합의 정도는 충원 패턴의 중첩성 차원에서 살펴볼 수 있다. 엘리트 개인들이 여러 조직이나 부문에서 얼마나 많은 주요 지위를 동시에 차지하고 있는가가 엘리트 통합의 정도를 말해준다. 동시에 여러 주요 지위를 차지함으로써 엘리트들은 다양한 활동들을 조정, 협조하게 된다. 이 보다 더욱 중요한 지표는 엘리트 개인들이 다양한 부문에서 최고의 지위를 얼마나 연속적으로 중첩하여 차지하고 있는가 하는 것이다. 연속적이며 중첩적인 최고의 지위 보유를 통하여 엘리트들은 과거나 미래의 사안에 대해 상호 이해와 협력을 높인다.

셋째, 엘리트 통합의 정도는 엘리트 상호간의 개인적 교류를 통해 증진된다. 엘리트 개인간의 접촉은 상호 협조를 촉진시킨다. 개인적 교류와 가치의 공유는 상호 연결되어 있기 때문에 엘리트 개인간의 교류는 중요하다.

넷째, 엘리트 통합의 정도는 엘리트들 간에 가치관이 얼마나 일치되어 있는가의 차원에서도 살펴볼 수 있다. 정책 선택이나 정치적 절차에 대해 엘리트들 간의 합의의 정도는 엘리트 통합의 정도를 말해준다.

다섯째, 엘리트 통합의 정도는 엘리트간의 결속력 차원에서 살펴볼 수 있다. 엘리트 성원간의 상호 신뢰의 정도는 엘리트 통합의 정도를 말해준다. 엘리트가 통합되어 있다는 것은 이견이 없다는 것이 아니라 엘리트 상호간에 충분한 신뢰가 있다는 것을 의미한다. 충분한 신뢰가 있을 때 안정적인 통치를 위해 엘리트들은 필요한 경우에 개인적인 이익이나 분파적인 이익을 희생할 수 있는 것이다.

여섯째, 엘리트 통합의 정도는 제도적 맥락에서도 살펴볼 수 있다. 엘리트가 점유하고 있는 조직 간에 중첩적 이익이 존재할 때 엘리트의 통합 수준이 높아진다. Mills가 말하는 군산복합체의 경우도 무기를 생산하는 대기업, 무기를 구매하는 정부 그리고 무기가 필요한 군부간의 이해가 일치함에 근거하여 형성된 것이다.

### 엘리트 통합의 정치적 결과

정치 엘리트 통합이 가져올 수 있는 결과는 두 가지 측면에서 생각해 볼 수 있다(Putnam 1976: 124-132). 우선 한 사회 내의 정치 엘리트가 통합되어 있을 경우 나타날 수 있는 정치적 결과는 엘리트가 통합되어 있을 경우 통합되어 있지 않은 경우보다 국가의 통치가 훨씬 더 안정적이고 효율적으로 이루어진다는 것이다. 제 3 세계 연구자들은 이 사회의 엘리트들이 거의 인종적, 종교적 그리고 문화적 균열에 따라 분리되어 있을 뿐만 아니라 근대화 과정에 따라 발생하는 사회, 경제적 발전에 영향을 받아 엘리트의 분화가 더욱 가속화되기 때문에 정치적 불안정과 정치적 쇠퇴가 나타난다는 점을 지적하면서 정치 안정과 효율적인 통치를 위해서는 통합된 엘리트의 출현이 필수적이라고 주장한다.

엘리트가 통합되어 있을 때 나타날 수 있는 또 다른 정치적 결과는 과두통치(oligarchy)의 위험성이다. 많은 이론가들은 통합된 엘리트는 과두 통치체제를 가져올 가능성이 높으며, 민주주의는 정치 지도자들이 사회경제적으로 서로 이질적이고, 또 정치적으로 분리되어 있을 때에만 가능하다고 주장한다.

엘리트 이론가들은 정치 엘리트가 특정의 사회 집단으로부터 배타적으로 충원되고, 여러 조직에 중첩되어 충원될 뿐 아니라 엘리트들끼리 긴밀한 상호작용을 하기 때문에 엘리트는 통합되어 있다는 것이다. 이 통일되고 단일화 된 엘리트 집단이 지배 엘리트를 형성하고 이들이 모든 영역에 걸쳐 국가의 정책결정을 통제한다고 주장한다. 대표적으로 Mills는 미국 사회의 경우 관료, 경제인 그리고 군 간부로 이루어지는 파워 엘리트에 의해 권력이 과점되어 있으며, 주요 국가 정책이 이들에 의해 이루어진다고 주장한다(Mills, 진덕규 역 1979).

엘리트 이론가들의 이러한 주장에 대해서는 여러 각도에서 비판이 이루어지고 있다. 첫째, 엘리트 이론가들이 주장하는 것처럼 엘리트의 중첩적 충원이 그다지 광범위하게 이루어지는 것도 아니고, 또 엘리트들 간의 상호 작용도 그리 긴밀하게 이루어지지는 않는다는 것이다. 뿐만 아니라 엘리트의 정치적 행동도 사회경제적 배경과 연계되어 그것에 상응하여 이루어지는 것은 아니라는 것이다.

둘째, 정책 결정에 있어 영향력을 행사하는 엘리트는 정책 영역의 이슈에 따라 서로 다르다는 것이다(Dahl 1961). 즉 단일의 지배 엘리트가 모든 정책을 결정하는 것이 아니라 정책 이슈에 따라 분명히 구별되는 다른 엘리트 집단들이 영향력을 행사한다는 것이다. Mills가 말하는 관료, 경제인, 군 간부로 이루어지는 군산복합체가 군사무기 구입에 막강한 영향력을 행사하는지는 몰라도 농업 정책이나 복지 정책 등과 같은 다른 정책 영역의 정책결정에는 전적으로 다른 엘리트 집단이 영향력을 행사한다는 것이다. 다시 말하면 민주주의 사회에는 독립적인 권력의 원천들이 다양하게 존재하며, 그 속의 집단들은 누가 핵심적인 정치 엘리트의 지위를 차지하며, 또 어떤 정책을 수행할 것인가를 둘러싸고 서로 경쟁한다는 것이다. 단일의 지배 엘리트가 존재하는 것이 아니라 다원화된 엘리트간의 경쟁이 이루어진다는 것이다.

## II. 경험과 사례

### 1. 한국 엘리트의 구조와 연결망

장덕진 교수와 김기훈은 인물 데이터베이스인 중앙일보 조인스 인물정보에 수록된 인사 27만여 명 가운데 파워 엘리트로 분류될 수 있는 인사를 일정한 기준에 의해 뽑아내어 사회 네트워크 분석을 동원하여 한국 엘리트의 구조와 연결망을 분석하였다(장덕진, 김기훈 2006). 그들의 분석을 요약하면 다음과 같다.

우선 그들이 한국 사회의 파워 엘리트를 분석하기 위하여 분석 대상에 포함시킨 인사들은 다음과 같다. 경제 기업인의 경우 매출액을 기준으로 100대 기업의 현직 부장급 이상의 인사와 100대 기업 이외에도 건실한 중소기업과 벤처기업의 이사급 이상 인사를 포함시켰다.

정치인의 경우 전, 현직 국회의원과 현직 지구당 위원장을 포함시켰다. 공무원의 경우 정무, 행정, 입법, 사법, 외무, 광역 단체로 나누어 기준을 정했다. 정무직의 경우 전, 현직 차관급 이상을 모두 포함시켰다. 행정, 입법, 사법, 외무, 광역단체 등의 일반 공무원은 3급 이상을 포함시켰다. 경찰직은 경무관급 이상을, 선출직인 지역 단체장은 광역 시, 도지사 및 시장 이상을 포함시켰다. 법조인은 판사, 검사, 변호사를 모두 포함시켰다. 의료인은 종합병원의 과장급이상, 언론인은 전국 일간지와 방송의 부장급 이상만 포함시켰다. 교육인의 경우 중앙일보가 매년 실시하는 대학 평가 순위에서 30위 이상에 뽑힌 대학의 부교수 이상과 2년제 대학 학장을 포함시켰다. 사회기관단체인은 단체의 장만, 스포츠인은 협회의 간부 이상만을 파워 엘리트로 분류하였다. 군인의 경우 보안상의 이유로 개인 정보가 차단되어 있음으로 분석에서 제외 되었다. 이런 과정을 거쳐 분석의 대상이 된 한국 사회의 엘리트는 31,800명이었다.

그들의 학력별, 출신 지역별 및 성별 분석 결과를 요약하면 다음과 같다. 우선 출신학교와 학연의 측면을 살펴보자. 첫째, 최근에 와서 한국 사회의 엘리트를 배출하는 학교가 다양해지고 있다. 한국 사회는 소수의 명문 학교 출신들이 한국 사회를 지배해왔다고 해도 과언이 아니었다. 특히 경기고를 거쳐 서울대를 졸업한 이른바 KS로 대표되는 집단들의 엘리트 집중 현상은 대단했다. 그러나 1974년부터 고교 평준화가 시작된 이래 특정의 소수 명문 고교 출신이 엘리트 계층을 독점하던 경향이 급속히 쇠퇴하고 있다. 40여년 전만해도 이른바 전통적 명문고라 불리던 상위 30개 고교 출신자들의 엘리트 점유 비율이 60%였던 것이 최근에는 20%대로 떨어진 것이 그러한 사실을 말해준다.

한국 엘리트의 출신대학을 살펴볼 경우 SKY 즉 서울대, 고대, 연대 출신의 엘리트 집중 현상은 여전하다. 이러한 경향 속에서도 엘리트 배출의 통로가 점차 다양해지고 있다. 엘리트 배출에 있어서 SKY 대학들과 여타 대학들과의 간격이 좁아지고 있을 뿐 아니라, 한양대, 카이스트, 이화여대 출신들이 엘리트 계층으로 새롭게 많이 진출하고 있으며, 여타 대학들의 노력에 힘입어 엘리트를 배출하는 통로가 다양해지고 있다.

둘째, 고교와 대학의 연줄 즉 학연으로 얽힌 엘리트 구조가 빠른 속도로 분화되고 있다는 점이다. 엘리트를 배출하는 학교가 다양해지면서 같은 명문고교와 대학 출신이 함께 얽혀 강력한 연줄 집단을 만들어 서로 끌어주고 밀어주던 구조가 약해지고 있다는 것이다. 즉 엘리트 집단간의 학연의 강도를 나타내는 학연 엘리트 구조를 출생연도별로 보면 1950년대 이전 엘리트들 간에는 집중형의 모습을 보이던 것이 1960년대 생 사이에서는 강력한 집중형으로 강화되었으나 1960년대 출생부터는 분화형으로 변모되었고 1970년대 생이 이후로는 해체형으로 변하고 있는 것이 그러한 사실을 말해준다. 따라서 한국 사회가 연줄을 중심으로 한 "학연" 사회로부터 능력 중심의 "학력"사회로 이동하고 있음을 보여주는 것이다.

엘리트의 출신 지역을 보면 한국 엘리트의 출생지별 순위는 서울-경북-경남-전남-충남-전북 순으로 영남 출신이 우세하나 최근에는 출신 지역별 격차가 점차 줄어드는 경향을 보인다. 첫째, 제 3 공화국 이래 한국 사회는 영남 출신 특히 유신정권, 전두환 정권 그리고 노태우 정권 기간에는 대구 경북 출신이 대거 엘리트로 충원된 반면 여타 지역 출신 특히 호남 지역 출신이 소외된 바 있으나 최근에 와서는 그 격차가 줄어드는 양상을 보인다. 지난 40년간 엘리트의 출신 지역별 변화를 보면 경북 출신의 비율은 큰 변화를 보이지 않으나 전남 출신의 비율은 늘어났으며, 또 호남의 인구가 상대적으로 더 감소한 점을 감안한다면 영호남 간의 엘리트 격차는 크게 해소되고 있다.

둘째, 정치엘리트만 집중적으로 살펴 볼 경우 영호남간의 격차는 최근에 크게 좁혀지고 있다. 박정희 정권에서 김영삼 정권에 이르기까지 차관 이상의 정무직의 28-43%는 영남출신이고 호남출신은 10-14% 정도였다. 하지만 김대중 정권과 노무현 정권에서는 호남출신이 각각 28.2%와 26.1%, 영남 비율은 25.8%와 36.6%여서 영남과 호남의 격차는 거의 사라진 셈이다. 충청출신의 정치엘리트는 15-16%로 일정한 비율을 유지하고 있다.

한국 엘리트의 성별을 살펴보면 여성 엘리트의 규모는 작지만 그 증가 속도는 매우 빠른 것으로 나타났다. 전체 엘리트 중 여성의 비율은 1950년 이전 출생세대에서는 4.9%에 불과했지만 1960년대 생은 6%로 그리고 1970년대 생은 20%대로 늘어났다. 이는 대학을 졸업한 고학력 여성이 늘어나고, 공직분야에서 여성할당제등의 도입에 힘입은 바 크다. 여성 엘리트의 경우 차관급 이상 정무직 엘리트에서 차지하는 비중이 급격히 늘어나 박정희 정권 하에서 1.5%였던 것이 노무현 정권에 이르러서는 10%대로 대폭 늘어났다. 그럼에도 불구하고 일반적인 엘리트 사회에 비해 정치 엘리트의 진입장벽이 여성에게 더 높은 것은 부인할 수 없다.

이상의 한국 엘리트 분석 결과는 학연, 지연 그리고 성별간의 격차가 많이 줄어들고 있다는 사실에서 한국의 엘리트 사회가 다원화되고 있음을 보여주는 것이라 하겠다.

## 2. 한국 정치 엘리트의 충원 특징

신명순 교수는 1948년의 정부수립 이후 1993년 초까지 정치엘리트의 충원에 나타나는 특징을 분석하였다(신명순 1993: 218-263). 그는 국무총리를 비롯한 행정부처의 장관, 대통령비서실장, 중앙정보부장, 국가안전기획부장, 검찰총장 그리고 6공화국에 들어와 장관으로 승격된 법제처와 보훈처장관 등 696명의 정치엘리트를 분석하였다.

우선 정치엘리트의 연령에서 나타나는 특징을 살펴보도록 하자. 충원 당시 정치엘리트는 40대와 50대가 전체의 82.47% 정도로 이들이 한국 정치를 주도하였다. 그러나 각 정권별로 보면 큰 차이를 보인다. 제 1공화국에서는 50대, 허정과도정부에서는 60대, 제 2공화국에서는 40대, 군사정부에서는 30대, 제 3공화국에서는 40대, 제 4, 5, 6공화국에서는 50대가 가장 많이 충원되었다. 각 정권 별 엘리트의 충원 나이가 차이를 보일지라도 분명한 것은 정치엘리트의 충원이 정권을 장악한 최고 권력자나 핵심세력들의 나이와 비슷한 층에서 이루어진다는 점이다.

정치엘리트의 학력배경에서 나타나는 특징은 다음과 같다. 첫째, 대학 졸업자가 다수를 차지하여 전체의 82.18%를 차지하고 있다.

둘째, 외국에서 공부한 사람들의 비율이 매우 높다는 것이다. 전체적으로는 43.39%의 정치엘리트가 외국에서 공부한 사람들이었고, 3공화국까지는 정치엘리트 중에서 외국에서 공부한 사람들의 비율이 국내에서 공부한 사람들의 비율보다 높았다. 외국에서 수학한 정치엘리트 중에서 가장 많은 수는 일본에서 수학한 사람들로서 전체 정치엘리트의 22.27%였고, 다음으로 미국에서 수학한 사람들로서 전체의 14.94%였다.

셋째, 국내 대학을 졸업한 정치 엘리트 중 서울대학교를 졸업한 사람은 43.97%이고, 경성제대를 나온 사람이 8.79%, 그리고 육군사관 등 사관학교 졸업생이 23.78%였다. 그 이외의 대학을 나온 사람은 23.45%에 불과하였다. 이는 건국 이후 한국 정치가 서울대학교 졸업생에 의해 이끌어져 왔음을 나타낸다. 이는 서울대학교 출신의 정, 재계에 많이 포진되어 있어 그 연줄이 정치 엘리트의 충원과정에 강하게 반영된 측면이 있으며, 또한 쿠테타를 통해 집권한 군 출신들은 그들이 결여하였던 정통성을 보완하기 위해 최고 학부 출신의 뛰어난 인재를 정치 엘리트로 충원한다는 상징성의 측면이 있다. 이와 관련하여 한국 정치 엘리트에 육군사관학교 출신들이 과도하게 충원되었다는 점을 들 수 있는데, 이 역시 두 번의 쿠테타를 통해 32년간 군 출신이 집권하면서 통치한 한국 정치의 비정상성에서 유래된 것이다.

정치 엘리트의 출신 배경에서 나타나는 특징은 다음과 같다. 전체적으로 볼 때 제 1공화국 이후 제 6공화국까지의 정치 엘리트 중 경북 출신이 17.10%, 서울 출신이 13.94%, 경남출신이 12.93%, 경기 출신이 9.48%, 충남 출신이 8.33%, 전남출신이 6.03%의 비중으로 충원되었다.

이를 제 1 공화국부터 군사정부까지와 제 3공화부터 제 6공화국까지의 2 개의 기간으로 나누어 보면 출신 배경상의 특징은 사뭇 달라진다. 우선 제 1 공화국부터 군사정부까지 4개 정권에서 충원된 엘리트의 출신 배경을 보면 서울이 18.26%, 충남이 12.86%, 경남이

11.20%, 경북이 10.79%, 경기가 9.96%, 전북이 4.15%, 강원이 3.73%, 전남이 2.91%, 충북이 2.49% 순이었다. 그런데 이러한 경향은 1963년 제 3공화국부터 제 6공화국에 이르는 경상도 출신 대통령이 통치하던 시기에는 완전히 바뀌었다. 이 시기의 충원 경향을 보면 경북 출신이 20.44%, 경남 출신이 13.85%, 서울 출신이 11.65% 경기 출신이 9,23%, 전남 출신이 7.69%, 충남 출신이 5.93%, 충북 출신이 5.71%, 전북 출신이 5.49%였다. 이 두시기를 비교해보면 결국 경상도 출신 대통령이 통치한 30년간 정치 엘리트의 충원에서 그 이전의 시기와 비교하여 가장 혜택을 본 것은 경북 출신과 전남 출신이며, 반대로 가장 피해를 본 것은 이북 출신, 충남 출신 그리고 서울 출신이다. 이렇게 본다면 경상도 정권 하에서 경북 출신이 우대받은 것은 분명하나 전체 인구에서 전라도 출신이 차지하는 비율만큼 전라도 출신이 충원되지 못했는지는 몰라도 경상도 정권에서 푸대접 받았다는 주장은 성립되지 않는다.

## III. 인용 및 읽을거리


신명순, "정치엘리트의 충원," 한국정치론. 서울: 법문사, 1993.

장덕진, 김기훈, 대한민국 파워엘리트. 서울: 황금나침판, 2006.

Bill, A. James and Robert Hardgrave, Jr. *Comparative Politics: The Quest for Theory.* 김기우 역, 비교정치이론. 서울: 박영사,1990.

Dahl, Robert. *Who Governs? Democracy and Power in an American City.* New Haven and London: Yale University Press, 1961.

Mills, C. W. *Power Elite.* 진덕규 역, 파워엘리트. 서울: 한길사, 1979.

Prewitt, Kenneth and Alan Stone, *The Ruling Elites: Elite Theory, Power and American Democracy.* New York, Evanstone, San Francisco, London: Haper & Row Publishers, 1973.

Putnam, Robert D. *The Comparative Study of Political Elites.* Englewood Cliffs, N.J.: Prentice-Hall, 1976.

제12장

# 군부와 정치

## I. 주요 내용

현대 사회에서 중요 정치적 지위로의 충원 통로로 일반적으로 인정되는 것은 선거와 시험이다. 그러나 제 3세계 국가에서는 군사 쿠데타를 통하여 충원되는 경우가 많았다. 따라서 군부와 정치와의 관계를 살펴보는 것은 현대 정치를 이해하는데 있어 중요하다. 여기서는 군부의 정치 행동 범위, 군부의 정치 개입의 이유와 시기, 그리고 군부 통치의 정치적 성과를 중심으로 살펴보도록 한다.

### 1. 군부의 정치 행동 범위

군부의 정치 행동 범위는 군부가 갖는 정치과정에서의 영향력 수준에 따라 문민지배, 집정관주의(praetorianism), 그리고 군부지배로 구분할 수 있다(Wilson, 196-202).

#### 문민지배

군부가 문민지배(civilian control)의 전통을 당연한 것으로 받아드리고 자신들의 행동 범위를 주로 이익집단으로서의 역할에 한정시키는 지배체제를 지칭한다. 군대는 주권국가의 핵심 원리로 간주되기 때문에 대부분의 국가에 존재한다. 군부가 존재하는 최우선적 이유는 외부의 침략으로부터 자국을 방위하는데 있다. 그러나 그 외에도 대부분의 국가에서는 군부가 국가 내부의 질서를 유지하는데도 필요하다고 인정되기 때문에 군사력의 존재는 절대적으로 필요하다.

문민지배 전통이 확립되어 있는 국가에서의 군부는 제도적 이익집단으로서 봉급 인상 등과 같은 군인들의 개인적인 물질적 혜택이나 새로운 무기체제의 도입과 군사 장비의 향상을 위한 로비 활동에 자신들의 정치적 행동을 국한시킨다. 물론 군부는 일반적으로 국방 문제의 전문가로 인정되고 있기 때문에 국방과 안보정책의 결정에 중요한 역할을 수행한다. 문민지배의 전통이 확립되어 있다고 할지라도 대부분의 나라에서는 국방비의 규모가 거대하고 군수산업이 막강하기 때문에 국방과 안보 정책에 중요한 역할을 수행하는 군부는 사회와 경제에 엄청난 영향력을 발휘한다. 국가경제에서 국방비가 차지하는 비율이 증대됨에 따라 국방산업과 군부를 연계하는 거대한 블록이 군산복합체(military-industrial complex)로 발전하여 국방비 증액을 위하여 로비 활동을 활발히 전개하는 현상도 나타나기도 한다.

### ● 집정관주의(praetorianism)

민간정부가 허약하기 때문에 군부가 거부권(veto power)을 갖고 모든 종류의 정치적 결정을 통제할 정도로 군부가 민간 정권에 강력한 영향력을 행사하는 지배체제를 지칭한다. 오늘날 상당수의 개발도상국가에서는 민간정권이 너무 취약하기 때문에 물리적 폭력 수단을 독점하고 있는 군부에 의존하여 정권을 유지하는 경우가 많다. 처음에는 군부가 국내외의 위협으로부터 민간 정권을 지켜주는 역할을 담당하게 되지만 마침내는 자신들이 독점하고 있는 물리적 폭력 수단을 악용하여 민간 정권을 보호하는 자신들의 역할을 철회하겠다고 위협하거나, 심지어는 민간 정권에 직접적으로 도전을 하게 되는 양상까지 나타나게 된다. 따라서 정치적 불안정을 극복하기 위해 군부에 종속되어 있는 민간 정권은 군부로부터 다양한 위협에 직면하게 된다. 즉 공식적으로 정부 밖에 있으면서도 모든 종류의 정치적 결정을 통제하려는 강력한 군부에 의해 민간 정권이 항상 위협을 받게 되는 친위대 독재(Perlmutter, 1969)로 전락하여 군부가 민간 정권에 광범위하게 개입하게 된다.

허약한 민간정권에 영향을 미치는 집정관 체제 하에서의 군부의 행동 범위는 다양하다(Wilson, 201). 우선 군부가 법률 집행, 교육, 인종관계 같은 특정 정책결정에 대해 거부권을 갖는 형태로서 가장 일반적인 정치 개입 형태이다. 둘째, 보다 높은 수준의 정치 행동으로 군부가 국내외의 적으로부터 민간정권을 보호해주지 않겠다고 위협하면서 광범위한 영역에 걸쳐 자신들의 이익을 강제하는 경우가 있다. 셋째, 가장 높은 수준의 정치 개입으로서 군부가 최고의 민간 지도자를 결정할 수 있을 정도로 군부가 자신의 행동 범위를 넓히는 경우가 있다.

### 군부지배

군부가 민간정권에 깊숙이 개입하여 실제로 정권을 담당하는 지배체제를 지칭한다. 군부의 통치체제는 군사 쿠데타를 통하여 확립되는 것이 일반적이다. 군부는 정권을 장악하는 초기에는 대개 그 사회가 당면한 경제위기나 공공질서의 위협을 극복하기 위한 최소한의 기간 동안만 정권을 담당하고 이것이 극복되면 즉시 민간 정권에 권력을 이양할 것을 약속한다. 그러나 대개의 경우 이러한 약속은 지켜지지 않으며 군부의 지배가 장기간 지속되는 것이 일반적이다.

군부의 통치체제가 확립되면 정당, 입법부, 중앙 및 지방의 선출직 관리들이 축출되고, 민간인의 공개적인 정치 활동이 금지된다. 군부는 군사평의회(military junta)를 구성하여 집단적으로 통치하거나, 군 고위층 인사를 정부의 고위직에 포진시킴으로써 장기적으로 정권을 담당하게 된다. 일반적으로 군부는 자신의 영향력 범위를 정치 영역에 국한하기 때문에 경제, 사회 영역까지 확산되는 경우는 드물다. 그러나 경우에 따라서 군부는 사회의 전 영역에 개입하는 경우가 있다. 첫째, 사회 개조라는 급진적 목표를 갖고 정권을 장악한 경우 군부는 자신들의 목표를 추구하기 위하여 국가의 사회적 및 경제적 생활에 깊숙이 개입하는 경우가 있다. 이를테면 1930년대 터키의 근대화라는 민족주의적 목표를 갖고 집권한 케말주의자(Kemalists)는 그들의 이상에 맞게 사회를 개조시키기 위하여 정치, 경제, 사회 모든 영역에 개입한 바 있다. 둘째, 군부가 정치, 경제적 집단들을 통제, 제거할 뿐만 아니라 사실상의 모든 사회 기관을 대신하는 경우가 있다. 이른바 병영국가(nation in arms)라고 지칭될 정도로 군부가 사회의 모든 영역을 통제하거나 그 역할을 대신하는 경우가 있다. 이것의 전형적인 형태가 고대 스파르타이며, 선군정치를 앞세우고 있는 오늘날의 북한체제는 이에 가깝다 할 수 있다.

군부지배의 하나의 형태이나 군부가 직접적으로 통치를 담당하는 것이 아니고, 군부 지도자가 민간인으로 신분을 바꾸어 정권을 담당하는 경우가 있는데 이것이 제 3세계에서 흔히 볼 수 있는 군사정권이다. 일반적으로 군사정권은 첫째, 최초의 정권 장악이 군사 쿠데타를 통하여 이루어졌으며, 둘째, 정권의 최고 지도자가 군 출신일 뿐만 아니라 장관 등과 같은 정부의 고위직도 군 출신 인사가 대부분 장악하고 있으며, 셋째, 군부의 강력한 지지에 의해서만 정권의 유지가 가능한 정권을 말한다.

## 2. 군부의 정치 개입의 동기와 시기

군부가 정치에 개입하게 되는 구조적인 이유는 그들이 물리적 폭력 수단을 독점하고 있다는데 있다. 국내외적 위기가 발생하여 그 위협으로부터 보호하기 위하여 무력이 필요한 경우, 대부분의 제 3 세계 국가에서는 그것을 충족시킬 수 있는 집단이 오로지 군부만 존재할 뿐만 아니라 통치 권력을 행사할 수 있는 조직적이고 기율이 있는 세력도 그들뿐이고 다른 집단이 없는 경우가 대부분이기 때문에 군부가 정치에 자주 개입하게 되는 것이다.

### 군부 개입의 동기

군부가 정치에 개입하게 되는 동기는 다양하다. 첫째, 군부는 개인적 이익 때문에 정치에 개입하는 경우가 있다. 승진 누락과 같은 군부 내부에서 개인적 불만을 가진 군부 지도자가 자신의 개인적 이익의 옹호를 위해 쿠데타를 감행하여 정권을 담당하는 경우가 있다. 흔히 볼 수 있는 개입 동기 중의 하나이며, 한국에서 발생한 1961년의 군사 쿠데타는 한국전쟁이 종결됨으로서 오는 육사 8기생의 승진 기회의 어려움으로 설명될 수 있는 측면이 있다.

둘째, 군부 쿠데타는 특정 인종, 종교, 이데올로기를 수호하기 위한 부분적 이익에 의해 동기가 부여되는 경우가 있다. 인종적, 종교적, 지역적 균열이 심각한 사회에서 어느 특정 집단의 이익이 다른 집단에 의해 심각히 위협받는다고 느낄 때 소외당하는 특정 집단에 속한 군부 지도자가 집단의 부분 이익을 수호하기 위해 쿠데타를 감행하는 경우가 있다. 대표적인 예로 나이지리아를 들 수 있는데, 이 국가에서는 지역적, 종교적으로 소외 받는 집단의 군부 지도자가 자신이 소속된 집단의 이익을 수호하기 위해 쿠데타를 감행하고, 정치에 개입하는 경우가 빈번하게 발생하고 있다.

셋째, 군부는 국가이익의 수호라는 명분으로 쿠데타를 감행한다. 군부는 설사 자신들의 숨은 이익이 있다고 할지라도 종종 민간정권이 보여주는 심각한 결함으로부터 국민을 수호한다는 의무감에서 정치에 개입하게 된다. 군부는 민간정권이 부패, 경제위기, 사회적 불안정 등과 같은 대내외적 위협으로부터 벗어나기에는 너무나 무능하기 때문에 이러한 국가적 위협에 대처하기 위해 개입하지 않을 수 없다고 느끼게 된다. 즉 자신들은 국가이익을 보다 분명하게 이해하고 있으며, 자기들만이 그것을 수호하려는 투철한 의무감을 갖고 있다는 의식 때문에 민간정권을 전복시키게 된다.

넷째, 군부는 군부가 갖고 있는 집단적 이익(corporate interest)을 수호하기 위하여 쿠데타를 감행하기도 한다. 군부는 자신들만이 국방문제의 전문가라고 생각하는 경향이 있는데, 자신들의 특권적 영역에 속한다고 간주하는 병력이나 국방비의 감축과 같은 예민한 문제에 민간정권이 선불리 간섭하는 것을 꺼리기 때문에 몸소 정치에 개입한다.

개념적으로는 군부가 정치에 개입하는 동기를 위와 같이 4 가지로 나누어 살펴보았지만 대부분의 쿠데타는 하나의 동기에 근거하여 발생하는 것이 아니고 여러 가지 동기들이 동시에 부여될 때 발생한다.

즉 군부는 자신의 개인적 이익과 집단적 이익 또는 국가이익이 동시에 위협받고 있다고 생각하면 할수록 정치에 개입할 가능성이 높아지는 것이다.

### 군부 쿠데타의 촉발 조건과 성공 요인

군부의 정치 개입을 불러오는 조건으로서 우선 외부로부터의 위협을 들 수 있다. 군사적 패배나 외부의 침략은 군부의 정치 개입을 가져오는 특수 조건 중의 하나이다. 특히 이러한 패배나 침략이 민간지도자의 정책 실패나 무능에 의해 초래되었다고 인식될 때 쿠데타가 촉발될 가능성은 높아진다. 둘째, 정치, 경제, 사회적 불안정은 쿠데타를 촉발시키는 중요한 조건이다. 국내적 봉기나 폭동은 즉각적으로 군부 개입의 빌미를 제공한다. 선거부정이나 급작스러운 경제위기, 군부가 수용할 수 없는 민간 지도자의 견해나 정책 등은 쿠데타의 유발 요인이 된다.

파이너(Samuel Finer)에 의하면 성공적인 쿠데타 여부는 군부가 정치 개입의 동기와 기회를 충분히 갖고 있는가에 따라 결정된다(Samuel Finer, 1988). 첫째, 내우외환 같은 쿠데타를 촉발할 수 있는 조건들이 충분히 성숙되어 있고, 군부 지도자에게 쿠데타를 감행할 동기 또한 충분히 부여되었을 경우 쿠데타는 대체적으로 성공하게 된다. 둘째, 정치 개입의 동기가 충분히 부여되어 있다고 할지라도 군부가 적절한 기회를 갖지 못한다면 군부는 병영에 머물러 있거나, 설사 쿠데타를 감행한다고 하더라도 대체적으로 실패로 끝나게 된다. 셋째, 사회적 혼란으로 군부가 쿠데타를 감행할 적절한 분위기가 형성되어 있음에도 불구하고 군부 지도자 사이에 쿠데타 의사가 결여되어 있는 경우에도 때로는 군부가 정치에 개입하는 경우가 있다. 이 경우 군부의 정치 개입은 대체로 민간 지도자의 요청에 의해 이루어지는데, 이 때 군부는 사회적 혼란을 수습하고 정권을 민간 지도자에게 이양하고 병영으로 되돌아간다. 이 경우 군부는 민간정권에 대해 거부권을 갖게 되고, 강력한 영향력을 행사하게 된다.

## 3. 군부 지배와 근대화

개발도상국가에서의 군부의 근대화 역할에 대해서는 두 가지의 상반된 견해가 있다(Bienen 1971). 하나는 군부가 개혁 쿠테타로 집권한 뒤 근대화 추진세력으로 기능할 수 있다고 보는 견해이다. Lucian Pye는 이러한 견해를 갖고 있는 대표적인 학자이다. 군부가 근대화 세력으로 기능할 수 있다고 보는 이유로 다음과 같은 점이 거론된다(Wilson, 209). 첫째, 모든 군대는 최신 무기에 대하여 관심을 보이는데, 이러한 관심 때문에 군부는 그런 장비를 구입하거나 국내에서 그것을 생산할 수 있는 경제적 수단을 발전시키려는데 관심을 갖게 된다. 이러한 관심은 군부로 하여금 근대화의 추진세력으로 기능하게 만든다. 둘째, 군부는 군의 조직과 규율을 사회에 보급시키는데, 이는 발전도상국의 경제와 사회를 근대화하는 유용한 자산으로 작용한다. 셋째, 군 장교들은 전통적인 재산 소유자보다 경제적 성장과 상업에 관심을 갖는 중산층 시민들과 더욱 긴밀한 유대를 갖는데, 이러한 유대가 근대화의 추진세력으로 작동하게 만든다. 넷째, 군부는 강력한 기율과 스파르타식 윤리를 갖고 있기 때문에 민간인들보다 부패의 가능성이 적어 근대화의 추진세력으로 기능할 수 있다.

다른 견해는 군부가 결코 근대화의 주체가 될 수 없다고 주장한다. Edward Shils, Samuel Finer 그리고 Edward Santos는 이러한 견해에 동감한다. 그 이유로 다음과 같은 점이 거론된다(Wilson, 209). 첫째, 군부가 지배하면 국가의 자원이 군대의 봉급인상, 혜택증대, 신무기 구입, 병력증강 등으로 자원이 편중되기 때문에 근대화가 가능하지 않다. 둘째, 군부가 지배할 경우 대부분의 개발도상국가의 경제, 사회 발전에 있어 중요한 부문인 교육과 농업 부문에의 투자가 줄어들어 근대화가 순조로이 이루어질 수 없다. 셋째, 군부가 자랑하는 조직적 능률과 스타일이 경제부문에도 그대로 적용되기 어렵기 때문에 근대화가 수월히 이루어지지 않는다. 넷째, 군 장교 역시 민간인과 마찬가지로 부패로부터 자유로울 수 없기 때문에 근대화의 주체가 될 수 없다.

두 가지의 상반된 견해가 있으나 근대화나 경제발전에 있어서의 군부정권의 역할에 대한 경험적 연구는 군부가 경제발전이나 근대화에 긍정적 역할을 한 사례는 많지 않으며, 있다고 하더라도 그 역할은 제한적이었음을 보여준다. 군부가 경제성장에 긍정적인 역할을 한 경우는 근대화의 초기 단계에 있는 가장 후진적인 사회에서만 보이고, 그 이외의 사회에서는 별 영향을 못 미쳤거나 부정적인 영향을 미쳤음을 보여준다(Mckinlay and Cohar 1975).

## II. 경험과 사례

### 1. 한국 군부의 형성과 발전

해방 후 한국 사회에는 독립 국가의 국방을 담당할 군대 창설을 위한 적지 않은 인적 자원과 이들이 만든 사설군사단체가 많이 존재하고 있었다. 군대 창설을 위해 활용할 수 있었던 군사 경력자나 사설 군사단체들을 살펴보면 다음과 같다.

군대 창설의 첫 번째 인적 자원은 광복군과 중국군 출신자들이다. 조국 광복 완수를 위해 임시정부가 1940년 결성한 광복군에서 복무했던 광복군 출신과 중국군대에 편입되어 대일 항전에 참여했던 군 경력자 다수가 해방 후 한국 사회로 귀환해 있었기 때문에 군대 창설을 위한 인적 자원으로 활용될 수 있었다.

두 번째 인적 자원은 일본군이나 만주군 출신 장교들이다. 우선 일제 시대 일본 사관학교를 졸업하고 군 간부로 활동했던 한국인들이 대략 141명이 있었다(이기동 1982: 2). 이들은 출신 성분상 친일적인 색채가 있었으나 최고의 군사훈련을 받았을 뿐만 아니라, 대부분 실전을 통한 전투 경험을 가지고 있는 군사 기술이 뛰어난 자들이었기 때문에 국 창설의 중요 자원으로 활용될 수 있었다.

또 다른 장교 출신 군 경력자로는 만주군 출신 장교들이 있었다. 이들은 만주사변 후 일제에 의해 성립된 만주국 군대에서 복무한 장교로서 1932년에 설립된 2년제 군관학교인 봉천군관학교 출신이거나 1938년에 설립된 4년제 군관학교인 신경군관학교 출신이었다. 이들 역시 일본 사관학교 출신자들과 마찬가지로 친일적인 성격을 띠고 있었으나, 해방 후 만주군 소속 다수의 한인들은 광복군 지대에 편입되어 임시정부를 지지하며 한국군 창설에 가담하고자 하였다(안진 1996: 153).

세 번째 인적 자원은 일본군에 복무했던 학병이나 지원병 출신자들이다. 지원병은 일제가 한인들을 군대에 동원시키기 위해 1938년에 공포한 육군 특별 지원 법령에 따라 일본군에 입대하여 복무한 사람들이며, 후에 지원병제도가 확대된 해군에 복무한 사람들까지 포함하여 총 17,664명이 지원병의 형태로 일본군에서 복무를 하였다. 형식상 지원의 형태를 띠었지만 동원된 경우가 많았으며, 주로 사병으로 복무하였고 그 중 소수는 간부 후보생 과정을 거쳐 초급 간부나 하사관으로 복무한 사람들도 있었다.

학병은 전문학교 이상의 재학생과 졸업생에게 면제되었던 지원병제도를 폐지함에 따라 일본군 입대를 강요받아 군에 입대하여 군사경력을 갖게 된 사람들이다. 이들은 학력수준이 높기 때문에 간부 후보 훈련을 받고 초급장교에 임명되어 복무한 사람들이 많았으며 간부 후보 훈련을 받지 않은 경우에는 사병으로 복무하였다. 총 4,385명이 일본군에 복무하였으며, 해방 당시에는 약 3,000명 정도가 귀환해 있었다(장창국 1974: 38-40). 또 이들은 강제 징집 당한 경우가 많았기 때문에 일본군을 탈출하여 연합군이나 중국군에 귀환한 경우가 상당수 있었다.

이러한 다양한 군 경력자들은 해방 후 과거에 서로 같은 군 출신 배경을 가진 인사들을 중심으로 사설 군사단체를 구성하여 해방 공간에 존재했던 좌우파 여러 정치 세력과 관련을 맺으면서 국내 치안이나 국군 창설을 위한 활발한 움직임을 보였다. 당시 미군정청에 등록된 군사단체 수는 약 30여개에 달했으며(육군사관학교 1977: 60), 그 중 대표적인 군사 단체로서 좌익 계열의 조선국군준비대, 조선학병동맹이 있었고, 우파 계열로는 조선임시군사위원회, 학병단 등이 있었다(한용원 1993:97-98).

그러나 미군정청은 임정 세력 및 건준 세력 모두를 한국인을 대표하는 정치세력으로 인정하지 않고 미군정청이 직접 통치했을 뿐만 아니라 한국 사회 내에 좌우 정치 세력간의 대립이 더욱 격화됨에 따라 사설 군사단체 간의 갈등 또한 심화되어 한국인에 의한 군대의 창설은 어려울 수밖에 없었다.

이런 가운데 미군정청은 1945년 11월 18일 군정법령 28호에 따라 조선군정청 국방사령부를 설치하였는데, 이것을 계기로 대한민국 군대가 창설되는 과정을 밟게 된다. 우선 미군정청은 군정 경찰과 남한 주둔 미군 전술부대 만으로는 한국 사회의 치안 유지 특히 좌파에 의한 혁명적 도전을 막아낼 수 없다는 판단 하에 경찰을 지원하는 보조부대로서 대규모의 국방경비대를 창설할 계획을 세웠다. 이 계획 하에 미군정청은 쉬크(L. E. Shick) 준장을 사령관으로 한 국방사령부가 설치하였고, 그 산하에 50,000명 규모의 국방경비대를 창설하려 하였다(Sawyer 1962: 10-11).

그러나 이러한 미군정청의 계획은 한국의 정규 군대는 한국이 독립할 때 창설할 문제이며, 치안 유지는 현재의 경찰 병력의 무장력을 강화시킴으로써 해결할 수 있고, 또 미소공동위원회가 개최되고 있는 시점에서 군대의 창설은 미소 관계를 악화시킬 우려가 있다는 미 정부의 반대(Sawyer 1962: 11)로 무산되었다. 그러나 미군정청은 본국 정부로부터 대규모의 국방경비대를 창설하는 대신 소규모의 경찰 보조 기구를 창설할 수 있다는 허락을 얻어 낼 수 있었다. 이에 따라 미군정청은 참페니(Champeny) 대령을 새로운 국방사령관으로 임명하고, 이른바 "뱀부(bamboo) 계획"을 수립하여 경찰 예비대(police constabulary) 성격을 갖는 경비대를 창설하였다(Sawyer 1962: 13). 이 계획에 따라 창설될 경비대의 규모는 약 25,000 명 정도로서 남한의 각 도에 1개 연대씩 창설하는 것이었다.

미군정청은 경비대 창설을 위하여 두 가지의 조치를 취하였다. 하나는 모든 사설 군사단체를 1946년 1월 15일부로 해산한 것이다. 이 조치를 통하여 미군정청은 국방사령부가 주도하는 단일의 군사 조직을 만들 수 있는 기반을 조성하였다. 다른 하나는 경비대를 이끌 장교 육성에 힘을 기울인 것이었다. 먼저 국방사령부는 한미간의 언어 장벽을 해소하기 위해 1945년 12월 5일 군사영어학교를 창설하여 110명의 장교를 배출시켰다. 이어서 1946년 5월 1일 조선경비대훈련소(Korean Constabulary Training Center,조선경비사관학교로도 불리움)를 설치하여 다수의 장교를 배출하여 경비대를 이끌도록 하였다. 조선경비대훈련소에서 배출한 장교의 대부분은 해방 이전에 군 경력을 갖고 있었던 인사들이었으나 그 중 일부(주로 경비대 5기)는 단신으로 월남한 이북출신 청년들이었다.

뱀부계획에 따라 국방사령부는 1946년 1월 15일 경기도 태릉의 1연대 창설을 시작으로 1946년 11월 16일 제주의 제 9연대에 이르기까지 전국적으로 경비대 조직을 완료하였다. 이러던 중 1947년 7월 제 2차 미소공동위원회가 실패로 끝나자 미군정청은 미군 철수를 대비하여 조선경비대를 50,000명 규모로 증강할 계획을 세우고, 미국정부로부터 승인을 받아 조선경비대의 규모를 확장시켰다. 이에 따라 조선경비대는 정부 수립 전까지 모두 5개 여단 15개 연대 규모의 정규군 모습을 띤 경비대로 성장하였다.

1948년 8월 15일 대한민국 정부가 수립되고 11월 13일 국군조직법이 발효됨에 따라 조선경비대 병력은 모두 대한민국 국군으로 편입되었으며, 이어서 국군의 직제 및 부속 병과 등을 정비함과 동시에 군 병력을 증강하여 7개 사단 규모의 국군으로 발전하였다. 이후 군 병력은 계속 증강하여 한국전쟁 발발 당시인 1953년 6월에는 약 100,000명 규모의 군으로 성장하였다. 특히 한국전쟁을 통하여 군 병력은 급격히 증강되었으며, 1954년에는 20개의 전투 사단과 10개의 예비 사단으로 구성된 650,000 명 규모의 군으로 성장하였다(Se-Jin Kim 1971).

대한민국 정부가 수립됨에 따라 군 지도부 역시 새롭게 보강되었다. 우선 새로 탄생한 국군을 이끌 고위 장교로 군사 경험도 풍부하나 그 동안 군사영어학교나 조선경비대 입교를 주저했던 일본 육사 출신 중진들이나 광복군 출신들을 영입하여 새로운 리더십을 구축하였다. 또한 전문적 지식을 갖고 있는 민간인들을 군 장교로 특별 임관시킴으로써 군의 전문화를 강화하려 하였다. 아울러 다수의 이북 출신 청년과 청년단 단원들을 사관학교 교육을 거쳐 장교로 임관시킴으로써 주로 군사영어학교나 조선경비대 출신 장교들이 중심이 되었던 미군정하의 군 리더십을 변화시켰다(한용원 1984: 126-130). 이러한 과정을 거쳐 미군정청하의 경찰예비대로 출범한 군이 대한민국 군대로 거듭날 수 있었다.

## 2. 5.16 군사 쿠테타: 배경 요인과 군부의 행동 동기

5.16 군사 쿠테타는 당시 한국사회가 당면하고 있던 민군관계의 구조적 변화와 정치, 사회적 불안정이라는 배경적 요인과 군 내부의 부패와 진급 불만이라는 쿠테타 주동자들의 행동 동기가 결합되어 발생한 것이었다.

먼저 쿠테타의 배경적 요인으로 작용한 민군관계의 변화를 살펴보도록 하자. 우선 군부는 짧은 기간에 급속히 양적으로 팽창하였다. 한국 전쟁의 발발은 한국 군부가 급속히 양적 팽창을 하게 되는 계기로 작용하였다. 한국군의 규모는 한국전쟁 직전 약 5만 명 수준이었던 것이 한국 전쟁 기간 중 급속히 팽창하여 1954년에는 약 65만 명으로 증강되었으며, 쿠테타 당시에는 약 60만 명 정도 수준의 병력을 유지하였다. 군이 조직화된 60만 병력을 가진 거대한 집단으로 성장하였다는 것은 당시 군이 한국 사회에서 어느 집단과도 비교할 수 없는 조직화된 단일집단으로 부상하였음을 의미하는 것이다.

군부는 양적으로만 팽창한 것이 아니라 질적으로도 성장하였다. 미국의 막대한 군사원조와 교육을 통하여 군부 지도자들은 군사기술의 습득뿐만 아니라 조직의 운영 및 기획 능력, 정치나 경제에 대한 지식과 안목 등을 습득하였다. 또한 약 6000여 명에 달하는 장교들이 미국에 파견되어 리더십 교육을 받았기 때문에 군은 당시의 어느 집단보다도 국제적 식견과 안목을 가진 집단으로 성장하였다. 따라서 쿠테타 당시 군부는 한국 사회에서 가장 근대화되고 서구화된 집단의 하나였으며(Hahn Been Lee 1968: 150), 다른 어느 기구보다도 효율적인 집단이었다(Se-Jin Kim 1971).

이렇게 양적 팽창과 질적 성장을 해온 군부가 민간 정치인들에 의해 정치화되면서 쿠테타 발생의 주요 배경으로 작용하였다. 군부의 정치화는 군부 스스로가 아니라 이승만에 의해 주도되었다(Se-Jin Kim 1971). 이승만은 1952년 발췌 개헌안을 통과시키기 위해 군을 동원하여 계엄령을 선포하고 국회의원을 감금, 협박함으로써 군이 정치에 관여하게 되는 계기를 만들었다. 군에 대한 정치적 간섭은 1956년 대통령 선거에서 군을 자유당 지지표로 동원시킴으로써 본격적으로 이루어졌으며, 군을 정치적으로 이용하려는 노력은 1960년도 대통령 선거에서 더욱 노골적이고 체계적으로 이루어졌다. 또한 군 내부의 파벌 대립 구도를 이용하여 군을 장악하고 정부에 대한 비판 세력을 제거하려는 이승만의 전략은 군을 정치화하는 또 다른 계기를 만들었다(김세중 2005:49-50). 파벌 대립 구도를 통하여 군을 통제하려는 이승만의 전략은 어느 정도 성과를 이룬 것으로 판단되지만 이 과정에서 군 내부 질서를 문란케 했을 뿐만 아니라 소외 세력들을 만들어 냄으로써 군부 내 정권 비판 세력을 만들어 낼 수밖에 없었다.

군부 쿠테타의 두 번째 배경 요인으로 작용한 것은 4. 19 이후 한국 사회의 정치, 사회적 불안정이었다. 첫째, 민주당 정부의 집권능력 결여와 지도력의 부재는 쿠테타 발생의 배경 요인으로 작용하였다. 의원내각제 정부형태를 채택한 제 2공화국의 정부를 구성하는 7. 29 선거에서 민주당은 압도적 지지를 받아 집권하였으나, 집권 내내 파벌 대립으로 국가를 효율적으로 운영할 수 없었다(한승주 1983). 대통령과 총리 선출을 둘러싸고 민주당 내 신, 구파간의 첨예하게 표출된 대립, 갈등 구도는 장면 총리가 초대 내각 구성에서 상대 파벌인 구파 인사들을 배제함으로써 더욱 심화되어 곧바로 새 내각을 구성하지 않을 수 없을 정도로 심각하게 전개되었다. 새 내각에서도 장면은 소수의 구파 인사들만 참여 시킴으로써 구파의 불만을 해소하지 못했다. 이러한 갈등은 결국 구파가 1960년 11월 신민당이라는 정당을 독자적으로 결성함으로써 장면 내각은 원내의 안정적 다수의 지지를 확보하는데 실패하였다.

장면 내각의 혼란은 내각 구성에서 소외되었던 민주당내 소장파 의원들이 내각에의 참여를 요구하면서 더욱 가중되었다(한승주 1983). 내각에서 소외된 소장파 의원들은 당의 지배권을 재편성할 목적으로 정당대회 개최를 요구할 정도로 강력하게 반발하였다. 이러한 압력에 직면하여 장면은 또 다시 제 3차 개각을 단행하였다. 그러나 장면은 이 개각에서도 소장파의 요구를 거의 충족시켜주지 못함으로써 소장파의 지지를 획득하는데 실패하였다.

결국 장면은 집권 내내 신구파 간의 갈등 및 소장파의 도전 때문에 의원내각제 체제하에서 국정운영에 필수적인 원내 안정적 다수의 지지를 확보하지 못함으로써 효율적인 통치를 할 수 없었다. 장면 정부는 4. 19 과정에서 분출된 국민적인 요구인 부정선거 관련자 처벌 문제, 부정, 부패 처리문제, 그리고 부정축재자 처리문제 등을 효과적으로 처리하지 못했을 뿐만 아니라 4. 19 이후 광범위하게 표출된 사회적 요구에 부응하지 못했다. 즉 장면 정부는 사회적 요구를 정책으로 전환시키지 못하는데서 오는 이른바 산출위기(output crisis)에서 헤어나지 못했다.

이러한 산출위기 속에서 장면 정부가 계획한 10만 감군 계획은 군사 전문가로 자처하는 군부의 집단적 이익(corporate interest)을 건드리는 것이었고, 이 또한 군부 쿠테타발생의 배경으로 작용하였다.

4. 19 이후 한국 사회의 정치, 사회적 불안정 역시 쿠테타 발생의 배경 요인으로 작용하였다. 우선 시민들의 무제한적인 참여 폭발과 무절제한 요구는 사회적 불안을 야기시켰다(김왕식 2001: 116). 4. 19가 가져온 분위기에 편승해 정치권은 그 동안 정치 참여를 억눌렀던 법률적 규제를 비롯한 제반 제약 요인들을 제거함으로써 시민사회를 과잉 활성화시켰다. 허정 과도 정부는 비민주적으로 인식되어 왔던 국가보안법과 언론, 출판, 집회, 결사 및 시위의 자유에 대한 헌법상의 법률 유보조항을 삭제함으로써 그 동안 억압되었던 시민의 자유를 복원했다. 그러나 이러한 개혁 조치는 의도하지 않은 결과도 동시에 가져왔다. 즉 국민들은 자신이 직면한 문제를 제도나 정치에 의한

해결보다는 집단행동을 통해 해결하려는 사회 풍조가 조성되어 "데모로 날이 밝고 데모로 날이 지는" 상황이 벌어지게 되었다. 이와 같은 사회적 혼란은 군부 쿠테타의 배경 요인으로 작용하기에 충분했다.

비록 한국 사회가 이데올로기적으로 양극화(한승주 1983)되지는 않았었더라도 남북통일 운동과 교원노조 운동을 주도한 진보주의자들의 도전 역시 군부가 정치에 개입하게 되는 배경으로 작용하였다. 제 2 공화국을 출범시킨 7. 29 총선거에 적극적으로 참여했음에도 불구하고 의회 의석을 거의 확보하지 못한 진보세력은 통일 운동을 통해 자신들의 정치적 이념을 실현하고자 하였다. 통일 운동은 진보정당이 결성한 민족자주통일중앙협의회와 중립화조국통일운동총연맹, 그리고 진보적 학생 세력이 결성한 남북통일연맹과 같은 조직을 중심으로 이루어졌다. 이들의 주장은 단체에 따라 약간의 차이는 있지만 기본적으로 북한과의 무조건 협상과 중립화 통일을 주된 내용으로 하고 있었다. 그러나 진보세력의 이러한 주장은 당시 한국 사회에서는 널리 받아들여질 수 없는 것이었다. 유엔감시하의 자유선거를 통한 통일이 정부의 공식적인 통일 방안이었고, 한국전쟁을 거치면서 한국 사회는 더욱 보수화되었기 때문에 진보세력의 중립화 통일방안은 곧 용공통일로 인식될 수밖에 없었다. 이 때문에 보수 세력은 진보 세력에 의한 통일 운동에 강한 거부감을 나타내었고, 또 체제의 수호자로 자처하는 군부를 자극할 수밖에 없었다.

4. 19 이후 중·고등학교 교사를 중심으로 전개된 교원노조 운동은 자유당 정권 아래서 어용화됐던 대한교련을 거부하고 교원의 지위 향상을 위한 노조를 건설하고자 한 운동이었다. 주장의 핵심은 교원의 지위 향상과 복지 증진을 위해 단체교섭기구로서의 노조로 정부가 인정해줄 것을 요구한 것이었다. 그러나 이 교원노조 운동은 이념적으로 진보정당에 가까운 것으로 인식되었으며, 이 점에서 정부는 교원노조가 일본의 교원노조총연맹처럼 진보정당의 전위기관으로 활동할 것으로 우려하고(한승주 1983: 183) 이를 안정하지 않으려 했다. 정부는 공무원의 정치활동이나 집단적 행동은 법적으로 금지되어 교원노조는 불법이라는 입장을 밝히고, 대신 교섭단체가 아닌 교원들의

사회적 조직으로서만 인정하려 했다. 더 나아가 보수적인 의원들은 법 개정을 통하여 교원노조를 불법화하려 했다. 이에 대해 교원노조 세력은 교원 노조의 승인 거부는 헌법이 보장하는 결사의 권리를 부정하는 것이라고 반발하는 한편 교육의 자주화를 위한 투쟁을 전개하였다. 이러한 교원들의 노조 결성운동은 당시에는 교원들의 지위와 복지 향상을 위한 건전한 교원 활동이라기보다는 진보적 정치운동으로 비쳐졌기 때문에 보수 세력의 거부감을 자아냈고, 이 역시 쿠테타의 배경 요인으로 작용하였다.

이와 같은 사회적 상황을 배경으로 하여 군부 지도자의 일부가 쿠테타를 감행하게 되는 직접적인 동기를 부여한 것은 정치 세력과 결탁된 고위 장성들의 부패에 대한 불만과 쿠테타 주동 세력의 진급 지체에 대한 불만이었다.

자유당 정권 시절 파벌 대립 구도를 통하여 군을 통제하려는 이승만의 전략은 정치세력과 고위 장성들 사이에 후원-피후원 관계를 만들어내었으며, 이는 군 내부 질서를 문란케 했을 뿐만 아니라 부패를 만연하게 만들었다. 4. 19 이후의 사회, 정치적인 상황은 군부 지도자로 하여금 군 내부 문제를 민감하게 성찰하게 만들었으며, 이는 소장파 장교들에 의한 정군 운동으로 표출되었다. 소장파 장교들은 부패한 고위 장교들을 군에서 추방하고 군을 정화할 것을 강력히 요구하였다. "정치, 경제적으로 부패한 고급 장교와 정의감에 불타는 소장 장교 간의 갈등"(Se-Jin Kim 1971)은 점점 더 심화되어 갔으나 장면 정부는 군의 정화 요구에 대해 보수적인 입장을 견지하고 적극적인 조치를 취하지 않았기 때문에 소장파 장교뿐만 아니라 군 내부에 전면적인 불만을 증폭시켰고, 소장파 장교들이 쿠테타를 감행하게 되는 직접적인 동기로 작용하였다.

군의 정화를 둘러싼 고위 장교와 소장파 장교 간의 대립 갈등에 더하여 쿠테타의 주동 세력이 쿠테타를 감행한 또 다른 동기는 진급 지체에 대한 불만이었다. 한국전쟁을 통해 군이 급속히 팽창하는 과정에서 초기에 군에 가담한 장교들은 군의 팽창과 더불어 고속으로 고위 장교로 진급을 할 수 있었다. 또한 그들은 전쟁이 끝난 후에도 정치세력과 관계를 맺으면서 그 지위를 계속 유지할 수 있었다. 반면 그보다 약간 늦게 임관된 육사 5기생이나 8기생의 경우 전쟁 기간동안에 많은 희생과 기여를 했음에도 불구하고 전쟁 종료와 더불어 군의 팽창이 정지됨으로써 진급이 지체되거나 진급 기회가 소멸되는 입장에 처하였다. 이러한 상황은 이들로 하여금 쿠테타를 행동으로 옮기게 되는 동기를 부여하였다. 즉 그들은 "무능하고 정치적으로 결백하지 못한 고위 장성들을 추방함으로써 군의 자질을 향상시킬 뿐만 아니라 군 위계질서의 정상에 소장파 장교들이 진출할 수 있는 여지를 만들기 위해"(Se-Jin Kim 1971) 쿠테타를 감행한 것이었다.

## III. 인용 및 읽을거리


고정훈, 비록: 군. 서울: 동방서원, 1967.

국방부, 한국전쟁사, 제 1권. 서울: 국방부, 1967

김세중. "5. 16-산업화 민주주의 혁명." 정성화 편, 박정희 시대 연구의 쟁점과 과제. 서울: 선인, 2005.

김영명. 한국현대정치사. 서울: 을유문화사, 1992.

김왕식. "장면: 우유부단한 자유주의자," 이택휘 외. 남북한의 최고지도자. 서울: 백산서당, 2001.

안진. 미군정기 억압기구 연구. 서울: 새길, 1996.

육군본부, 창군 전사. 서울: 육본 군사편찬과, 1980.

육군사관학교. 대한민국육군사관학교30년사. 서울: 육군사관학교, 1977.

이기동, 비극의 군인들: 일본육사출신의 역사. 서울: 일조각, 1982.

장창국, 육사졸업생. 서울: 중앙일보사, 1984.

한승주. 제 2공화국과 한국의 민주주의. 서울: 종로서적, 1983.

한용원, 창군. 서울: 박영사, 1984.

한용원, 한국의 군부정치. 서울: 대왕사, 1993.,

Bienen, Henry ed., *The Military and Modernization.* Chicago: Aldime-Atherton, 1971.

Finer, S. E. *The Man on Horseback.* 2nd ed. Boulder, CO: Westview, 1988.

Han, Been Lee. *KOREA: Time, Change, and Administration.* Honolulu, Hawaii: East West Center Press, 1968.

Huntington, Samuel. *Political Order in Changing Societies.* New Haven, CT: Yale University Press, 1968.

Kim, Se-Jin. *The Politics of Military Revolution in Korea.* Chapel Hill: The University of North Carolina Press, 1971.

Lee, Young-Woo. "Birth of Korean Army, 1945-1950," Korea and World Affairs, Vol. 4, No. 4, 1980

Mckinlay, R. D. and A. s. Cohar, " A Comparative Analysis of the Political and Economic Performance of Military and Civilian Regimes: A Cross-National Aggregate Study," Comparative Politics 8(October 1975).

Nordlinger, Eric *A. Soldiers in Politics: Military Coup and Governments.* Englewood Cliffs,NJ: Prentice-Hall, 1976.

Perlmutter, Amos, "The Preatorian State and the Preatorian Army: Toward a Taxanomy of Civil-Military Relations in Developing Politics," Comparative Politics 1(April 1969).

Sawyer, R. Robert. *Military Advisors in Korea: KMAG in Peace and War.* Washington, DC: Office of the Chief of Military History, 1962.

Wilson, Frank, 이명남, 김왕식 옮김, 비교정치학. 서울 동명사, 1999.

제13장

# 국가

## I. 주요 내용

### 1. 정치 행위자로서의 국가

국가 역시 정치과정에서 중요한 역할을 수행하는 행위자이다. 그러나 국가가 중요한 정치행위자의 하나라는 인식은 최근에 와서 새롭게 대두된 현상이다. 1950년대나 1960년대까지만 하더라도 국가는 정치과정에서 독자적인 역할을 수행한다기보다는 단순히 사회의 이익을 반영하는 도구에 지나지 않는다고 생각되었기 때문에 국가에 대해 별로 관심을 기울이지 않았었다. 그러나 1970년대부터 국가가 경제발전이나 자본축적 그리고 국가정책 형성에 있어 독자적인 역할을 수행하고 있음을 새로이 인식하게 되면서부터 국가에 대한 관심을 새롭게 기울이게 되었다.

국가가 정치과정에서 독자적인 역할을 수행하는 행위자로 재인식하게 된 배경은 마르크스주의자나 비 마르크스주의자 모두 정치현상에 대한 이론적 반성과 새로운 성찰을 하게 된 사실에서 찾아 볼 수 있다. 첫째, 국가를 독자적인 행위자로 재인식하게 된 것은 국가를 단순히 지배계급의 도구일 뿐이라고 생각했던 마르크스주의자들이 국가가 때로는 지배계급의 이익에 반하는 정책을 결정, 시행하는 경우 있다는 점을 인식하게 된 것과 관련이 있다. 고전적 마르크스주의자들은 국가란 경제적 토대를 반영하는 상부구조로서 지배계급의 이익을 옹호하는 도구에 지나지 않으며, 경제적 하부구조의 변화와 더불어 사회주의로 이행함에 따라 소멸될 것이기 때문에 국가에 대해 그리 큰 관심을 기울이지 않았다. 그러나 자본주의 사회에서 복지국가의 등장은 이러한 마르크스주의자들의 국가에 대한 인식을 근본적으로 바꾸어 놓았다. 즉 마르크스주의자들은 복지국가를 표방하는 자본주의 사회에서 국가가 때로는 지배계급인 자본가의 이익에 반하는 정책을 실시하는 경우를 목도하면서 국가에 대해 새롭게 관심을 기울이게 되었다.

신 마르크스주의자들은 지배계급의 이익과 지배계급 내부에 존재하는 특정한 권력 소유 집단들의 이익이 반드시 일치하지 않을 수 있으나 국가는 궁극적으로 자본가 계급 내의 상이한 제 분파에 대해 자율성을 갖고 지배계급에 봉사하고 있다(Poulantzas 1978)는 점에서 국가가 독자적인 기능을 수행하는 행위자임을 인정하게 되었다. 따라서 신 마르크스주의자들은 국가의 활동이 주로 경제적 토대에 의해 제약을 받지만 동시에 국가는 제 사회세력으로부터 자율성을 갖고 움직이는 행위자라는 측면에서 국가를 바라본다.

둘째, 베버주의자라 통칭되는 비 마르크스주의자 역시 사회중심적인 시각으로는 현대 사회에서 국가가 수행하고 있는 역할을 정당하게 파악할 수 없다는 반성에서 국가를 독자적인 정치 행위자로 인식하게 되었다. 기본적으로 비 마르크스주의자들은 사회 내에서 개인이나 집단이 어떻게 이익을 표출하고, 표출된 이익이 어떻게 국가 정책으로 전환되는가에 주로 관심을 기울여왔다. 따라서 이들은 국가를 단순히 사회집단의 이해관계를 조정하는 것으로만 이해하였기 때문에 국가의 활동에 대해 그리 관심을 보이지 않았다. 그렇기 때문에 실제 현실 사회에서 경제발전에서의 국가의 역할을 포함하여 국가정책 형성에 있어서의 국가가 독자적인 역할을 수행하면서 정치과정에 깊숙이 관여하고 있다는 사실을 간과할 수밖에 없었다. 비 마르크스주의자들도 역시 이에 대한 반성에서 국가에 대해 관심을 기울이게 되었고, 이들의 관심은 주로 경제발전이나 국가정책 형성에 영향을 주는 국가의 능력을 중심으로 이루어졌다.

## 2. 국가의 개념

국가에 대한 관심이 새롭게 대두되었음에도 불구하고 국가란 무엇인가 하는 개념 문제에 대해서는 많은 논란이 있다. Benjamin과 Duvall은 국가 개념을 정부로서의 국가, 규범체계로서의 국가, 조직원리로서의 국가, 규범체계로서의 국가 그리고 조직원리로서의 국가로 분류하여 정의하고 있으며(Benjamin and Duvall 1985), Krasner는 정부로서의 국가, 관료기구로서의 국가, 지배계급으로서의 국가 그리고 규범적 질서로서의 국가로 분류하여 정의하고 있다(Krasner 1984). 이들이 국가 개념은 주로 베버주의적 관점에서 분류, 정의한 것이어서 마르크스주의적 관점을 간과하고 있는 측면이 있다. 한편 손호철 교수는 국가 개념을 추상성의 수준에 따라 분류 정리한 바 있는데, 그가 정리한 국가 개념은 다소 마르크스적 관점에 치우친 감이 있으나 국가 개념을 보다 포괄적으로 다루고 있기 때문에 여기서는 손 교수의 논의를 중심으로 국가 개념을 정리하도록 하겠다(이하 손호철 1989 참조).

첫째, 국가는 영토에 기초한 정치적 커뮤니티를 의미한다. 우리가 일반적으로 한국, 일본 등을 지칭할 때 사용되는 국가를 의미한다. 하나의 정치 공동체 내에서의 국가의 역할을 논의할 때는 거의 사용되지 않는 개념이다.

둘째, 국가는 사회적 총체를 구성하는 '구조,' '층위(level),' 또는 '심급(instance)' 중의 하나로서 지배적 사회질서 내지 사회적 재생산등과 같은 특수한 기능을 수행하는 객관화된 구조를 의미한다. 마르크스주의자들이 '상부구조로서의 국가'를 말할 때 해당되는 개념이다.

셋째, 국가는 하나의 '지배연합' 내지 '지배블럭'을 의미한다. 국가권력을 국가의 핵심으로 보고 국가권력을 장악하고 있는 계급이나 집단의 성격 차원에서 국가를 정의하는 것이다. 흔히 마르크스주의자들이 자본주의 국가를 '부르조아지의 집행위원회'라고 표현할 때 사용되는 국가 개념이 바로 이 개념에 속하는 국가이다.

넷째, 국가는 사회 제 세력간의 힘의 역학관계 내지 균형상태를 반영한 사회관계의 응집을 의미한다. 국가를 사회 제 세력간의 양보나 절충의 '불안정한 형평상태(unstsble equilibria)'로 이해하는 마르크스주의자나 국가정책을 사회 제 세력간의 '힘의 벡터(vector)'로 이해하는 다원주의자의 국가 개념이 바로 이 범주에 속하는 국가 개념이다.

다섯째, 국가는 국가장치를 구성하는 제도 내지 조직의 총체를 의미한다. 국가 중심적 국가론을 주장하는 국가론자들이 사용하는 국가 개념이다.

여섯째, 국가는 국가장치를 장악하고 직접 운영하는 국가운영자들을 의미한다.

이와 같은 여섯 가지의 국가 개념은 서로 다른 추상성의 수준에서 정의된 것이므로 서로 모순되는 것이 아니고, 국가를 논의할 때는 그 논의의 추상성 수준에 합당한 국가 개념을 사용하여 정치 행위자로서의 국가를 이해하면 된다.

## 3. 국가 자율성과 국가능력

국가가 자율성을 갖고 있다는 것은 무엇을 의미하는가? 단순하게 말한다면 국가의 자율성은 국가가 단순히 지배계급의 도구나 이익집단의 자기이익 실현을 위한 수단 내지 대상이 아니라 이러한 사회세력으로부터 상대적으로 독립적으로 행동할 가능성을 의미한다.

이러한 국가 자율성은 두 가지 차원에서 이해된다. 우선 국가의 자율성은 도구적 자율성과 구조적 자율성으로 구분될 수 있다는 것이다(Hamilton 1982). 도구적 자율성은 국가가 지배계급의 직접통치 내지는 직접적인 개입으로부터 자유로울 수 있다는 것을 의미한다. 구조적 자율성은 국가가 지배계급의 반대에도 불구하고 이들의 이익에 반하는 정책을 수행할 수 있는 자율성을 의미한다.

다른 차원에서 국가 자율성은 대내적 자율성과 대외적 자율성으로 구분될 수 있다는 것이다(손호철 1989). 대내적 자율성은 한 국가 내에서 국내 사회의 제 세력 특히 지배계급에 대한 자율성을 말한다. 한편 대외적 자율성은 세계자본주의체제 속에서 다른 국가에 대하여 갖는 국가 자율성을 의미한다.

한편 국가능력을 간단히 정의한다면 국가가 국내외 사회세력으로부터 영향을 받지 않고 효과적으로 국가정책을 수립, 집행해 나갈 수 있는 능력을 말한다. 국가가 국가목표나 국가이익을 얼마나 효과적으로 시행해 나갈 수 있는가 하는 것은 대체적으로 다음 3가지 요인에 의해 영향을 받는다. 첫째, 국가능력은 국가가 주어진 과업을 수행하기 위해 필요한 국가기구나 국가 조직을 갖고 있는가 하는 것에 영향을 받는다(Evans, Rueschmeyer and Skocpol 1985). 특히 국가 관료제의 발달은 국가능력을 좌우하는 주요 변수로 작용한다. 둘째, 국가가 사회세력들과 맺고 있는 정책망(policy network)이나 정책 수단에 의해 영향을 받는다(Ikenberry 1985). 즉 국가가 추구하는 정책을 수립, 시행할 때 필요한 사회세력을 동원하거나 규제할 수 있는 정책수단이 얼마나 존재하는가가 국가능력에 영향을 미친다. 셋째, 국가능력은 국제기구나 국제경제행위자와 어떠한 정책망을 형성하고 있으며, 또 어느 정도의 협상능력을 갖고 있느냐에 의해서도 영향을 받는다(김석준 1991: 76). 특히 제 3세계 국가의 경우 다국적 기업과 어떤 관계를 맺고 있으며, 그들의 활동을 어느 정도 통제할 수 있는가 하는 것이 국가의 정책을 수립, 시행해나가는데 결정적 영향을 미친다.

## 4. 자원 배분의 효율성: 국가 vs. 시장

정치 행위자로서의 국가를 논의할 때 떠오르는 문제 중의 하나는 과연 국가를 자원 배분의 효율적인 행위자로 간주할 수 있는가 하는 것이다. 이에 대한 논의를 살펴보면 다음과 같다.

첫째, 국가는 자원을 효율적으로 배분할 수 없다는 것이다. 신고전주의 이론가들은 시장이 자원을 가장 효율적으로 배분한다고 믿기 때문에 국가의 개입은 필요하지 않으며, 국가가 개입할 경우 오히려 자원 배분은 비효율적이 된다고 비판한다.

신고전주의 이론가들은 우선 시장은 “자기 규제적이고, 자기 수정적이며, 자기 충족적 메커니즘에 의해 그 자체로 균형을 이룰 수 있는 기제"(박효종 1991, 임혁백 1994: 55에서 재인용)이기 때문에 시장이 완전 경쟁 하에 있을 때 "보이지 않는 손"의 작용에 의해 자원이 가장 효율적으로 배분이 된다는 것이다. 따라서 자원 배분은 전적으로 시장에 맡겨야 한다고 주장한다.

또한 신고전주의 이론가들은 국가가 개입할 경우 자원 배분이 오히려 비효율적으로 이루어진다고 주장하는데, 그 논리는 다음과 같이 정리할 수 있다(임혁백 1994). 첫째, 국가경영자들도 다른 국민과 마찬가지로 자신의 효용을 극대화하려는 이기적 행위자이기 때문에 그들에 의한 국가정책의 수립은 효율적일 수가 없다는 것이다. 즉 정치인들은 자신에 대한 정치적 지지를 극대화시키는 선에서 국가 정책을 수립하며, 또 국가의 예산 규모가 클수록 자신들의 권력과 소득이 늘어난다고 믿는 관료들은 예산을 극대화하려 하면서 정책을 수립하기 때문에 자원이 효율적으로 배분될 수 없다는 것이다. 둘째, 국가의 규제는 자원의 효율적 배분을 저해한다는 것이다. 이익집단의 압력에 의한 국가 규제의 결과는 해당 이익집단으로 소득을 이전시키는 효과를 가져와 결과적으로 자원이 효율적으로 배분되지 않는다는 것이다. 셋째, 국가가 가지고 있는 그 자체의 능력 때문에 시민들은 직접적으로 비생산적인 이윤 추구 행위인 "지대 추구(rent seeking)" 행위를 하게 되고, 이러한 지대 추구 행위 때문에 자원이 비효율적으로 배분된다는 것이다. 사회 구성원들은 로비나 뇌물을 통해 국가의 규제를 통한 지대를 추구하게 되는데, 이러한 지대를 추구하는데 들어가는 비용은 전혀 생산적으로 쓰이지 않기 때문에 자원은 낭비되고 효율적으로 배분되지 않는다는 것이다.

둘째, 국가는 시장이 자원을 효율적으로 배분하는데 실패하는 부문에서 효율적 배분을 담당한다는 것이다. 시장의 실패가 발생하는 경우로 세 가지를 상정할 수 있다(임혁백 1994). 우선 규모의 경제가 엄청나게 크거나 기술 혁신이 일어나는 경우에는 한계비용이 체감함으로써 자연적 독점화가 이루어져 경쟁이 불안정하게 되고 시장에 의한 자연 배분이 효율적으로 이루어 지지 않는다. 시장 기구 내에서 비용이나 수익이 거래 당사자에게 돌아가는 것이 아니라 관계없는 제 3 자에게도 의도하지 않은 비용이나 수익이 돌아가는 외부 효과가 발생할 경우에도 자원은 효율적으로 배분되지 않는다. 또한 공공재의 경우 소비가 비경합적으로 이루어지고 배제가 불가능하여 무임승차가 발생하기 때문에 시장 기구에 의해 공공재 생산이 이루어질 때 적절한 수준의 생산이 이루어지지 않으며, 따라서 자원이 효율적으로 배분되지 않는다. 이렇게 시장이 실패한 부문에서 국가는 시장을 대신하여 자원을 효율적으로 배분할 수 있다는 것이다.

## II. 경험과 사례

### 1. 과대성장국가

Alavi는 식민 시대를 경험한 주변부 제 3세계의 국가들의 국가기구는 과대성장되었으며(overdeveloped), 따라서 사회계급에 대해 상대적 자율성이 높다고 주장한다(Alavi 1972).

Alavi는 선진 자본주의 사회에서 중심부 국가의 역사적 형성 및 구조와 대칭되는 것으로서 식민 시대를 경험한 제 3 세계 주변부 국가의 성격을 과대성장국가로 규정지었다. 제 3세계 주변부 국가가 과대성장된 것은 식민지 국가가 식민지 사회의 물적 토대 위에 기초하여 성장된 것이 아니라 경제적으로 발달한 식민지 본국의 물적 토대에 기초하고 있기 때문이다.

이러한 국가는 강력한 군사 및 관료 기구를 식민지 본국으로부터 물려받았고 또 이는 사회의 제 계급을 종속시키는 메커니즘으로 작용하기 때문에 탈 식민 사회의 국가는 어느 단일 계급의 도구가 아니고 사회 세력으로부터 상대적 자율성을 갖게 된다. 그런데 독립과 동시에 탈 식민 사회에서 외국 제국주의의 직접적 지배는 끝나지만, 그들의 영향력은 지속된다. 따라서 자율성을 갖는 탈 식민 사회의 국가는 메트로폴리탄 부르조아와 자생적 부르조아 그리고 지주들의 경쟁적 이해관계를 중재함과 동시에 그들 모두의 이익을 위해 봉사한다는 것이다.

최장집 교수는 한국 사회는 해방 이후 외생 국가 기구로서 미군정의 성립과 전개, 단독 정부의 수립과 한국 전쟁을 거치는 동안 어느 탈 식민 사회보다 극단적인 형태로 과대성장국가가 형성되었으며, 특히 한국의 국가는 Alavi의 논의에 더하여 지배적인 이데올로기로서의 반공이념에 의해 뒷받침되었다고 주장한다(최장집 1989).

## 2. 동아시아 발전국가(Developmental State)

발전국가는 단순하게 말하면 정부가 구체적인 국가목표를 설정하고 이를 수행하기 위하여 경제에 적극적으로 개입하는 국가를 의미한다. 동아시아의 비약적 성장과 발전의 원동력은 여러 측면에서 논의될 수 있으나 국가의 역할에 주목하는 발전국가론은 이를 설명하는 주요 이론 틀로 활용되어왔다.

문정인 교수는 비약적 성장과 발전을 가능하게 한 동아시아 발전국가의 특성으로서 다음과 같은 점들이 거론되고 있음을 설명하고 있다. 첫째, 동아시아의 발전국가는 다른 국가기구에 비해 행정부의 우위 현상이 두드러지게 나타난다는 것이다. 타 부문에 비대 잘 조직되고 발전된 관료 조직이 국가 정책을 효율적으로 시행할 뿐만 아니라 정책의 형성에도 적극적인 역할을 한다.

둘째, 동아시아의 발전국가는 사회 제 세력으로부터 상당한 정도의 자율성을 누리고 있다.

셋째, 동아시아 발전국가는 정통성이 확보된 강제력을 독점하고 있다는 것이다. 즉 동아시아 발전국가는 자금공여, 세제 수단, 임금 통제 그리고 산업 조직 수단과 같은 방대한 정책 수단을 통하여 민간 부문을 규제할 수 있을 뿐만 아니라 자원을 창출하거나 확장함으로써 또 그것들을 전략적으로 배분함으로써 민간 부문을 통제하거나 조정할 수 있는 능력을 보유하고 있다는 것이다.

넷째, 동아시아 발전국가는 전략적 행위를 한다는 것이다. 동아시아 발전국가는 시장의 실패를 보정할 뿐만 아니라 산업 정책에 적극적으로 개입함으로써 성장 및 발전을 가능케 한다는 것이다. 동아시아 발전국가는 성장, 산업화 그리고 수출이라는 발전 목표에 맞추어 유인책을 제공하거나 통제한다는 것이다. 즉 동아시아 발전국가는 민간 부문에 대해 보상과 처벌 수단을 적절히 활용하고, 투자 자원을 전략적으로 분배하며, 또 필요한 정보를 제공함으로써 민간 부문이 국가가 설정한 발전 목표에 순응하도록 전략적 행위를 한다는 것이다.

다섯째, 동아시아 발전 국가는 약탈이나 지대추구 행위로부터 어느 정도 벗어나 있는 국가라는 것이다. 동아시아 사회에서는 정부의 효율적이고 탄력적인 경제정책의 입안과 효과적인 시행을 통해 국가와 민간 부문 간에 신뢰가 형성되어 있을 뿐만 아니라 밀접한 관계가 형성이 되어 있어 발전이 가능하다는 것이다.

## III. 인용 및 읽을거리

강민. “한국 국가의 정책자율성,” 강민 외, 국가와 공공정책: 한국 국가이론의 재조명. 서울: 법문사, 1991.

국민호. 동아시아 신흥공업국의 정치제도와 경제성공. 전남대학교 출판부, 1995.

김석준. “국가론연구의 경향변천과 국가능력개념의 전개,” 강민 외, 국가와 공공정책: 한국 국가이론의 재조명. 서울: 법문사, 1991.

손호철. “국가자율성을 둘러싼 제 문제들,” 한국정치학회보 제22집 제 2호. 1989.

손호철. “국가자율성, 능력, 강도, 경도,” 강민 외, 국가와 공공정책: 한국 국가이론의 재조명. 서울: 법문사, 1991.

임혁백, 시장, 국가, 민주주의. 서울: 나남, 1994.

최명, 김용호. 비교정치학서설. 서울: 법문사, 1990.

최장집. “과대성장 국가의 형성과 정치균열의 전개.” 최장집. 한국 현대정치의 구조와 변화. 서울: 까치, 1989.

Alavi, Hamza. "The State in Post-Colonial Societies: Pakistan and Bangladesh. " New Left Review. Vol. 74. July-August 1972.

Benjamin, Roger and Raymond Duvall. "The Capitalist State in Context," Roger Benjamin and S. L. Elkin eds., *The Democratic State.* Lawrence: University Press of Kansas, 1985.

Chan, Steve. *East Asian Dynamism: Growth, Order and Security in the Pacific Regime.* Boulder: Westview Press, 1993.

Deyo, Frederic C. ed. The *Political Economy of the New Asian Industrialization.* Ithaca: Cornell University Press, 1987.

Evans, Peter, Dietrich Rueschmeyer and Theda Skocpol. "On the Road Toward a More Adequate Understanding of the State." Peter Evans et al. eds., *Bring the State Back In.* Cambridge: Cambridge University Press, 1985.

Hamilton, Nora. *The Limits of State Autonomy.* Princeton: Princeton University Press, 1982.

Johnson, Chalmers. *The MITI and Japanese Miracle.* Stanford: Stanford University Press, 1982.

Krasner, Stepan. "Approaches to the State," Comparative Politics Vol 16, No. 2. Jan. 1984.

Nordlinger, Eric. *On the Anatomy of the Democratic State.* Cambridge, Mass: Harvard University Press, 1981.

Poulantzas, Nicos. *Political Power and Social Classes.* London: Verso, 1978.

Skocpol, Theda. "Bring the State Back In," Peter Evans et al. eds., *Bring the State Back In.* Cambridge: Cambridge University Press, 1985.

Wade, Robert. *Governing the Market: Economic Theory and Role of Government on East Asian Industrialization.* Princeton: Princeton University Press, 1990.

# Part 4

# 정치구조

제14장

# 권력의 수직적 배분:

## 중앙집권국가, 국가연합, 연방국가

## 1. 주요 내용

### 1. 국가형태

국가형태는 중앙 정부(또는 공동기구)와 하위 정치 단위와의 관계에 따라 여러 가지 형태로 구성될 수 있다. 즉 중앙정부(또는 공동기구)와 지역 또는 구성 정부 간에 정치권력이 어떻게 배분되어 있는가에 따라 여러 가지 국가형태가 가능한데, 그 대표적인 것이 중앙집권국가, 국가연합, 그리고 연방국가이다.

#### 중앙집권국가

중앙집권국가 즉 단일제 국가는 모든 정치권력이 중앙정부에 부여되어 있는 정부형태이다. 중앙집권체제를 채택하고 있는 대표적인 나라는 한국을 비롯하여 영국, 프랑스를 들 수 있으며, 전 세계 국가들 중 170여개 이상의 국가가 채택하고 있다. 중앙정부에게 모든 권력이 부여되어 있기 때문에 지방정부는 법률에 의해 중앙정부가 지방정부에 위임한 사항에 한해서만 권한을 갖는다. 중앙정부만이 정책을 만들고 통제할 수 있으므로 중앙정부가 만든 정책이 전국적으로 동일하게 적용되며, 지방정부는 중앙수준에서 이루어진 결정과 정책을 단순히 집행하는 경우가 대부분이다.

중앙집권국가에서 나타날 수 있는 문제점 중의 하나는 모든 정책의 결정이 중앙정부의 수도에서 이루어지기 때문에 지역적으로 거리가 먼 지방정부가 가지고 있는 지역적 수준의 문제를 간과할 수 있다는 것이다(이명남, 김왕식 공역: 235). 즉 중앙집권화된 국가에서는 정부가 국민으로부터 멀리 떨어져 있어 지역 고유의 문제 이른바 풀뿌리 수준의 문제를 인식하지 못한다는 문제가 있다. 이 때문에 중앙집권국가에서는 일반적으로 정부와 국민간의 간극을 좁히기 위하여 보다 많은 권한을 지방정부에 위임하는 방향으로 나아가고 있다.

그러나 중앙집권체제는 풀뿌리 수준의 문제를 인식하지 못하는 문제를 갖고 있기는 하지만 여러 가지 긍정적인 기능도 수행한다(위의 책: 236). 우선 중앙집권체제는 지방정부가 그 지역에 존재하는 하나의 거대한 이익에 의해 통제될 가능성을 감소시키는 장점이 있다. 지역적 하급단위들은 지역에서 매우 중요한 하나의 이익에 의해 지배되는 경우가 흔하나, 중앙집권체제하에서는 정책결정권이 다양한 이익이 대립, 경쟁할 뿐만 아니라 전국적인 이익에 대한 관심도 고조되어 있는 전국적 수준에서 이루어지기 때문에 지역적으로 편중된 사회적 갈등을 완화하고 공공정책의 균형을 증대시키는 경향이 나타난다. 또한 중앙집권체제는 민족적으로나 종교적인 소수파에 대한 차별을 감소시키는 역할을 할 수 있다. 정치체제가 클수록 사회적 균열은 더욱 많고 이러한 균열들 사이에서 연합을 형성해야할 필요성이 커져서, 어떤 집단이 다른 집단을 억압할 위험성을 줄이는 경향이 있기 때문이다.

## 국가연합

국가연합체제하에서의 정치권력은 전적으로 국가연합을 구성하는 구성국가가 가지고 있다. 국제법상 국가연합은 "복수의 국가가 공동의 이익을 위해 국제법상 독립국가의 자격을 유지하며 상호 대등한 지위에서 결합하고, 공동의 기구를 통해 외교, 기타 일정한 사항을 협의하여 그에 관한 기능을 공동으로 행사하는 국가결합의 형태"(Glahn, 66)이다. 국가연합은 독립국가나 지역단위들로서 구성되는 연합체로서 공동기구는 연합의 구성국가로부터 권한을 위임 받아 구성국가의 공통 관심사를 조정하고 실현한다. 국가연합은 조약으로 구성되는 느슨한 국가 결합의 형태로서 공동기구는 구성국가로부터 위임받은 구성국가 공동의 이익이나 당면과제에 한정된 권한을 갖는다. 국가연합의 공동기구는 주로 외교, 국방, 공용통화의 실시를 통한 경제적 결합 등 구성국가 공동 이익에 관한 사항을 위임받아 그 권한을 행사한다. 구성 국가로부터 위임받은 사항에 대한 국가연합의 결정은 연합의 구성국가를 법적으로 구속한다. 그러나 국가 주권은 구성 국가가 보유하고 있기 때문에 국가연합 그 자체는 원칙적으로 국제법상의 주체가 되는 것은 아니다.

국가연합의 구성 국가는 공동의 이익이나 당면과제의 해결을 위해 연합체를 구성했다하더라도 여전히 국제법상의 주체로서 권한과 의무를 가지며, 대외적 독립성을 가질 뿐만 아니라 국가연합의 공동기구로부터 자율성을 누린다.

국가연합의 대표적인 예는 1781년에서 1789년 사이에 존재했던 미국의 국가연합, 소연방 붕괴 후 1991년에 형성된 독립국가연합 그리고 유럽연합을 들 수 있다.

## 연방국가

연방국가는 주권이 중앙정부(연방정부)와 지방 정부 또는 지역정부에 배분되어 있는 국가형태를 말한다. 연방국가체제하에서는 연방정부와 지방정부간의 권력배분은 헌법에 의거하여 이루어진다. 연방국가체제는 대부분의 경우 인구가 많거나 규모가 큰 나라에서 발견되는데, 이는 연방국가체제가 다양한 역사적, 문화적 배경을 가진 사람들을 연결시켜 단일한 정치적 실체를 이루는데 효과적인 방법이기 때문이다.

일라저(D. J. Elazar)는 연방국가의 운영원리로서 세 가지 필수요인을 지적하고 있다(Elazar, 157-168). 첫째, 연방헌법의 존재이다. 다양한 배경을 가진 지방정부의 자치권을 보장하고 공통의 권력을 창출하기 위한 통치권의 공유를 결합하기 위해 중앙정부와 지방정부간의 통치 영역을 명확히 구분한다. 이를 위하여 각각의 통치 영역을 성문으로 명확히 규정한 연방헌법이 존재한다. 둘째, 연방국가는 중앙정부와 지방정부 간의 실질적 권력배분을 보장하기 때문에 권력이 중앙에 집중되어 있지 아니 한(non-centralization) 정치제도이다. 연방국가 체제에서는 어떤 시기에 어떤 방식으로 중앙정부와 지방정부 간에 일정한 권력이 공유되었던 간에 그 권한은 쌍방 간에 동의가 없이는 어느 일방으로 박탈될 수 없도록 제도적으로 보장된다. 셋째, 연방국가 체제는 연방의 구성단위들의 권력이 지리적 토대를 근거하여 분배되어 있다.

연방국가체제하에서 대내문제에 관한 권한은 헌법에 의해 연방정부와 지방정부에 배분되어 있기 때문에 배분된 범위 내에서 연방정부와 지방정부 공히 주민에 대한 직접적인 통치권을 행사한다. 더 나아가 헌법에 의해 배분된 주권 범위 내에서 연방정부는 고유의 입법, 행정, 사법권을 행사하는 기관을 갖고 있을 뿐만 아니라 지방정부도 자체의 입법, 행정, 사법권을 행사하는 자체의 기관을 갖고 있다. 그러나 대외문제에 관해서는 연방정부가 국제법상의 주체로서 모든 권한을 가지며, 지방정부는 극히 제한된 특정사항에 대해서만 국제법상의 권한을 갖는다. 따라서 대외정책은 연방정부가 수립, 집행하며 지방정부는 그러한 권한을 갖고 있지 않다.

연방국가체제하에서는 연방정부와 지방정부간의 관계만 중요한 것이 아니라 연방을 구성하고 있는 지방정부간의 관계 역시 중요하다. 수평적 연방주의(horizontal federalism)이라 불리는 연방체제하의 지방정부간의 관계 역시 보통 헌법에 의해 규정된다(신명순: 58). 즉 각각의 지방정부들은 타 지방정부들의 공공행위와 법적 절차를 최대한 믿고 존중해야 하며, 타 지방정부의 주민에 대해서도 동일한 특권과 면책권을 부여해야 하며, 지방정부들 사이의 협약을 준수하고 협조해야 할 것이 요구되고 있다(Shively: 1997; 신명순: 58).

연방국가의 장점은 지리적으로 광대하고 다양한 문화적 배경을 가진 국가들을 하나로 묶어 단일한 정치적 실체로 통치할 수 있다는데 있다. 또한 연방국가하에서는 사회적 균열로 촉발된 갈등이 폭발할 때 정치체제가 지리적으로나 제도적으로 분산되어 있어 정권적 차원에는 심대한 위협을 가하지 못한다. 연방국가에서는 정치적 시위의 표적이 다양화되어 있어 국가제도에 대한 충격을 완화시키고 불안 요소를 분리하며 통제시키는 장점이 있다(이명남, 김왕식 역: 237).

그러나 연방국가는 지방정부들 간에 존재하는 지역적 차이를 인정하는 제도이기 때문에 시민들이 단지 거주지에 따라 중요한 정부의 자원 불평등하게 받을 수 있다는 단점이 있다. 또한 연방정부와 지방정부의 시민에 대한 통치가 동시에 이루어지고 있기 때문에 정부 서비스의 이중성을 초래할 수도 있는 문제가 있다.

## 2. 중앙정부와 지방정부와의 관계

국가형태별로 중앙정부와 지방정부 사이의 권력 배분관계는 공식적으로는 큰 차이가 있는 것으로 파악되지만 실제 정치 상황에서는 다르게 나타난다. 첫째, 공식적으로 볼 때 단일제 국가인 중앙집권국가는 연방국가에 비해 권력이 더욱 중앙집권화 되어 있지만 실질 정치에 있어서는 그 차이가 제대로 나타나지 않는 경우가 있다(신명순, 62). 권력의 상징이라 할 수 있는 세금 징수 권한을 중심으로 중앙정부와 지방정부의 권력 배분을 살펴보면 대부분의 경우 연방국가나 단일제 국가인 중앙집권국가나 공히 중앙정부가 지방정부보다 더 많은 세금을 징수한다. 그렇다하더라도 단일제 국가의 중앙정부가 연방국가의 중앙정부보다 더 많은 세금을 징수하는 것은 물론이다. 그러나 아래 표에서 보는 바와 같이 단일제 국가인 일본의 경우보다 연방국가인 오스트레일리아의 중앙정부가 훨씬 많은 세금을 징수하는 현상이 나타나기도 하기 때문에 중앙정부와 지방정부의 권력배분을 일률적으로 말하는 것은 때에 따라 문제가 있기도 한다.

둘째, 오늘날에 있어서는 중앙집권국가에서나 연방국가에서나 공히 중앙정부와 지방정부와의 관계가 그 권력의 행사에 있어 중앙으로 수렴하는 경향이 있다. 우선 단일제 국가인 중앙집권국가에서는 중앙정부가 좀 더 많은 권력을 지방자치단체에게 이양함으로서 지방분권(decentralization)이 광범위하게 이루어지고 있다. 반면에 연방국가 체제를 채택하고 있는 나라에서는 오히려 중앙정부의 권한이 점차 강화되는 현상을 보이고 있다. 이러한 현상이 나타나는 가장 큰 이유 중의 하나는 지방정부가 재정적 어려움을 타개하기 위해 중앙정부로부터 재정지원을 받게 되는 경우가 종종 발생하는데, 이때 중앙정부로부터 지원된 재정이 사용되는 지방정부의 영역에 연방정부가 간여함으로써 연방정부의 권한이 확장되기 때문이다. 이렇게 재정지원을 통해 확장되는 연방정부의 권한 강화 현상을 강조하여 이러한 형태의 연방주의를 재정적 연방주의(budget federalism)라고도 한다.

**연방국가와 단일제 국가의 수준별 정부가 거두어들이는 세금 비율**

| | | 중앙정부 | 지역정부 | 지방정부 |
|---|---|---|---|---|
| 연방국가 | 오스트레일리아 | 71 | 24 | 4 |
| | 미 국 | 56 | 24 | 19 |
| | 캐 나 다 | 46 | 41 | 12 |
| | 독 일 | 42 | 35 | 23 |
| | 스 위 스 | 32 | 45 | 24 |
| 단일제 국가 | 네 델 란 드 | 95 | 1 | 3 |
| | 이 스 라 엘 | 92 | 1 | 8 |
| | 영 국 | 81 | - | 19 |
| | 프 랑 스 | 78 | 10 | 12 |
| | 스 웨 덴 | 60 | - | 40 |
| | 일 본 | 44 | 28 | 28 |

출처: W. Phillips Shively, Power and Choice: An Introduction to Political Science, 5th ed. (New York: The McGraw-Hill, Co. 1997), p.171. 신명순, 비교정치(서울: 박영사, 2006), p. 62에서 재인용.

## II. 경험과 사례

### 1. 남한의 통일방안: 민족 공동체 통일방안

남한의 공식적인 통일 방안은 기본적으로 남북 연합체제 아래서 민족 공동체를 발전시켜 완전한 통일국가를 이룬다는 것이다. 남북연합을 통한 남한의 통일방안은 기본적으로 1989년 9월 11일 노태우 대통령이 발표한 "한민족공동체통일방안"을 근간으로 하여 김영삼 대통령이 발표한 민족공동체통일방안, 그리고 김대중 대통령의 3단계 통일방안을 거쳐 공식적인 통일방안으로서의 위상을 갖추었다.

우선 노태우 대통령이 제안한 한민족공동체통일방안을 살펴보도록 하겠다. 노 대통령은 다음과 같은 통일 방안을 제시하였다.

> "민족공동체를 올바로 회복 발전시키는 일이야말로 통일을 앞당기는 길입니다.
>
> 통일로 가는 중간단계로서 먼저 남과 북은 서로 다른 두 체제가 존재하고 있다는 현실을 바탕으로 서로가 서로를 인정하고 공존 공영하면서 민족 사회의 동질화와 통합을 촉진해 나가야 합니다.
>
> 남북간의 개방과 교류 협력을 넓혀 신뢰를 심어 민족 국가로 통합할 수 있는 바탕을 만들어 가야 합니다.
>
> 이와 같이 하여 사회, 문화, 경제적 공동체를 이루어 나가면서 남북간에 존재하는 각종 문제를 해결해 나간다면 정치적 여건은 성숙될 것입니다.
>
> 통일을 촉진할 이 과정을 제도화하기 위해 쌍방이 합의하는 헌장에 따라 남북이 연합하는 기구를 설치하는 것이 필요합니다.
>
> 이러한 연합체 아래서 남과 북은 민족 공동생활권을 형성하여 공동의 번영을 이룩하고, 민족동질성을 회복토록 하여 민족공동체의 발전을 보다 가속화시켜 나가야 할 것입니다.
>
> 이것은 완전한 통일국가로 가는 중간 과정의 과도적 통일체제라고 할 수 있습니다. " (대통령비서실 1990)

노 대통령이 제안한 한민족공동체 통일방안은 통일에의 접근법으로 세 가지를 강조하고 있음을 알 수 있다. 첫째는 남과 북에 서로 다른 두 개의 체제가 존재한다는 현실을 바탕으로 서로를 인정하고 공존 공영하면서 민족의 동질화와 통합을 촉진시켜야 한다는 것이다. 둘째는 개방과 교류, 협력을 넓혀 통합할 수 있는 바탕을 만들고, 사회, 문화, 경제적 공동체로 발전시켜 남북간의 각종 문제를 해결해 정치적 통합 여건을 성숙시킨다는 것이다. 셋째는 이 과정을 제도화하기 위해 완전한 통일국가로 가는 과도기적 통일체제로서 남북연합체제를 설치하여 민족 동질성을 회복시켜 민족공동체를 발전시키자는 것이다.

민족공동체를 발전시키는 남북연합체제에는 4개의 기구를 설치한다는 것이다. 첫째는 '남북정상회담'으로서 남북의 정상이 참여하는 최고 결정기구이다. 둘째는 '남북각료회의'다. 이는 남북의 총리를 공동 의장으로 하여 각각 10명 내외의 각료급 위원으로 구성하고 인도, 정치외교, 경제, 군사, 사회문화 분야 등 남북간의 모든 현안과 민족문제를 협의 조정하고 실행을 보장하는 기구이다. 셋째는 '남북평의회'이다. 이는 100명 내외로 쌍방을 대표하는 동수의 남북 국회의원으로 구성한다. 남북평의회는 통일헌법을 기초하며, 통일을 실현할 방법과 구체적 절차를 마련하고 남북각료회의를 자문하는 기구이다. 넷째는 '공동사무처'이다. 이는 각료회의와 남북평의회의 업무를 지원하고 합의 사항을 시행하는 실무 기구이다.

결국 한민족공동체통일방안은 통일과정을 국가연합 방식을 근간으로 하여 1민족 2체제를 거쳐 1민족 1체제로 가는 기능주의적 통일 접근법이라 할 수 있다.

김영삼 정부의 통일방안은 대체로 한민족공동체통일방안의 골격을 유지하면서 점진적, 단계적 통일론을 제시함으로써 남북연합에 기초한 남한의 통일방안을 좀 더 구체화하였다. 김영삼 정부의 통일방안은 단계를 거쳐 단일의 완성된 통일국가로 가는 3 단계 통일방안이다. 첫째 단계는 화해와 협력의 단계인데, 이 단계에서는 남북 사이의 화해와 불가침 및 교류, 협력에 관한 합의서를 규범으로 정치적 화해, 군사적 신뢰 구축, 사회, 문화 교류를 통한 관계 개선을 추구하는 단계이다. 둘째 단계는 남북연합의 단계로 남북간의 관계 개선이 상당 정도 이루어져 정례화 되고 체계화된 남북연합의 기구들이 창설되고 운영되는 단계이다. 셋째 단계는 단일의 통일국가 단계로서 통일헌법을 바탕으로 1민족 1국가 1체제 1정부의 형태로 통일을 완성한다.

김대중 대통령의 3단계 통일방안 역시 한민족공동체통일방안을 바탕으로 한 점진적, 단계적 통일 방안이나 단계의 수정이 이루어졌다. 김대중 대통령은 남북연합, 연방제, 완전통일 이라는 3단계 통일 방안을 제시했다. 첫째 단계는 남북연합 단계로서 남북간에는 이미 기본합의서가 마련되어 있음으로 남북의 정치적 결단에 의해 바로 남북연합을 가동시킬 수 있다는 것이다. 이 단계에서는 남북이 각각 외교, 국방, 내정의 모든 권한을 갖고, 권한이 매우 제한된 연합기구를 설치하는 단계이다.  두 번째 단계는 연방 단계로서 1연방 2 지역자치정부 체제이다. 세 번째 단계는 완전 통일 단계로서 1국가 1정부 체제로 통일을 완성한다.

결국 남한의 공식적인 통일방안은 단계 설정에 있어 약간의 차이는 있으나 기본적으로 남북연합을 거쳐 통일을 완성한다는 기능주의적 접근방식에 기초하고 있음을 알 수 있다.

## 2. 북한의 통일방안: 연방제

1960년 8월 14일 처음으로 제시된 이래 "연방제" 통일 방안은 북한의 공식적인 통일 방안이다. 북한은 1960년에는 "남북연방제"를, 1973년에는 "고려연방공화국"안을 1980년에는 "고려민주연방공화국" 창립방안을, 1991년에는 "1민족, 1국가, 2제도, 2정부"에 기초한 연방제를, 그리고 2000년 6.15 남북공동선언에서는 느슨한 형태의 "낮은 단계의 연방제"를 제시한 바 있다. 그런데 여기서 유의할 것은 우리말로는 연방제로 표기하면서도 영문으로는 국가연합을 의미하는 Confederation로 표기함으로써 우리를 혼란스럽게 하고 있다. 더욱이 북한 시대에 따라 다른 표현으로 주창하는 연방제의 내용을 살펴보면 어느 때는 개념적으로 국가연합 방식의 통일방안을 주장하다가 또 어느 때는 연방국가 개념에 가까운 통일방안을 주창하는 등 일관성을 보이지 않고 있기 때문에 더욱 혼란스럽다.

북한의 '연방제' 통일방안은 처음에는 국가연합 개념에 기초한 통일방안이었으나 점차적으로 연방국가 개념에 가까운 주장으로 이행하다가 다시 국가연합 개념에 가까운 통일방안으로 회귀하는 모습을 보여주고 있다. 따라서 북한의 통일방안을 논의 할 때는 반듯이 어떤 시기 어떤 형태의 통일방안을 논의하는 것인가를 구별할 필요가 있다.

#### 1) 1960년대 연방제: 과도기적 연방제

북한은 4월 혁명과 그 이후 전개된 진보적 통일방안의 대두로 극도로 남한 사회가 불안정 상태에 직면하고 있을 때 조국 통일을 위한 과도기적 대책으로서 남북연방제를 제시하였다. 1960년 해방 경축대회에서 밝힌 김일성의 연설 내용은 다음과 같다.

> "오늘 남조선에서는 조국의 평화적 통일과 남북협상에 대한 문제들이 논의되고 있습니다. 우리 조국의 평화적 통일은 반드시 자주적으로, 어떠한 외국의 간섭도 없이 민주주의적 기초 위에서 자유로운 남북총신거를 실시하는 방법으로 해결되어야 합니다. 만일 그래도 남조선당국이 남조선이 다 공산주의화될까 두려워서 아직은 자유로운 남북총선거를 받아들일 수 없다고 하면 ...... 과도기적인 대책이라도 세워야 할 것입니다. 우리는 이러한 대책으로서 남북조선의 련방제를 실시할 것을 제의합니다. 우리가 말하는 련방제는 당분간 남북조선의 정치제도를 그대로 두고 조선민주주의인민공화국 정부와 대한민국정부의 독자적인 활동을 보존하면서 동시에 두 정부의 대표들로 구성되는 최고민족회의를 조직하여 주로 남북조선의 경제 문화발전을 통일적으로 조절하는 방법으로 실시하는 것입니다. 만일 남조선 당국이 우리가 내놓는 련방제까지도 아직 받아들일 수 없다고 하면 남북조선의 실업계 대표들로 구성되는 순전한 경제위원회라도 조직하여 남북 사이에 물자를 교환하여 경제건설에서 서로 협조하고 원조하도록 할 것을 우리는 다시 제의합니다." (김일성 1981, 214-254)

1960년에 북한 제의한 연방제의 특징을 보면 다음과 같다. 우선 북한은 가장 합리적이고 현실적인 평화통일의 방법은 외국의 간섭이 없는 남북총선거를 실시하여 실현하는 것이지만, 그것이 가능하지 않을 경우 통일을 위한 과도기적 대책으로 남북연방제를 실시할 것을 주장하고 있다. 이 남북연방에는 남북한 정부당국 대표들로 구성되는 협의조정기구인 최고민족위원회를 설치하고, 이를 통하여 남북관계를 조절하자는 것이다, 그런데 이 최고민족위원회는 남북한의 외교, 내정, 군사권을 전혀 침해하지 않고, 다만 경제, 문화발전의 통일적 조절에만 그 기능을 국한시키고 있으며, 최고민족위원회를 설치하기 위한 조약체결에 대한 언급이 전혀 없기 때문에 북한의 통일방안은 연방제라고 주장하고 있을지라도 실제적으로는 남북협력을 지향하는 국가연합 개념에 기초한 통일방안이라 할 수 있다.

### 2) 1970년대 연방제: 고려연방공화국

북한은 국제적 데탕트 분위기, 김일성 주체사상의 확립 그리고 7·4 남북 공동성명을 배경으로 하여 1960년대 남북연방제 보다 진일보한 고려연방공화국안으로 대표되는 통일방안을 제시하였다. 1970년대 북한 통일방안의 근간이 되는 1973년 6월 23일 김일성이 군중연설을 통하여 발표한 '조국통일 5대 강령'의 내용은 다음과 같다.

> 1) 북과 남 사이의 군사적 대치상태를 해소하고 긴장상태를 완화한다. 무력증강과 군비경쟁의 중지, 모든 외국군대의 철수, 군대와 군비의 축소, 외국으로부터의 무기반입중지, 남북한 평화협정의 체결을 한다.
>
> 2) 정치, 군사, 외교, 경제, 문화 등 여러 분야에 걸쳐 다방면적 합작 교류를 한다.
>
> 3) 북과 남의 광범위한 각계각층의 인민들이 조국통일을 위한 거족적인 애국 사업에 참여할 수 있게 한다. 이를 위하여 각 정당, 사회단체 대표들로 구성되는 대민족회의를 소집하여 여기서 통일문제를 광범위하게 협의하여 해결한다.
>
> 4) 북과 남에 현존하는 두 제도는 당분간 그대로 두고 단일국호에 의한 남북연방제를 실시하는 것이 통일을 실현하기 위한 가장

합리적인 방도이다. 연방국가의 국호는 '고려연방공화국'으로 한다.

5) 두 개의 조선으로 영원히 갈라지는 것을 막아야 하며 대외 관계분야에서도 북과 남이 공동으로 나가야 한다. 통일되기 전에 유엔에 가입하려면 고려연방공화국의 국호를 가지고 하나의 국가로 가입해야 한다. (로동신문, 1973년 6월 24일)

1970년대의 북한이 제시한 통일방안은 남북의 정치제도를 그대로 두고 대민족회의를 소집하여 민족 발전의 문제를 토의하며 결정하는 남북 연방제를 실시하자는 것이다. 이와 더불어 새로 창설될 연방국가의 국호는 고려연방공화국으로 하며, 유엔에 가입하려면 이 국호를 가지고 하나의 국가로 가입해야 한다는 것이다.

1970년대 북한의 통일방안은 1960년대의 통일방안과 비교하여 볼 때 단순한 국가연합 이상의 성격을 가진 국가형태를 상정한 것이기는 하나 연방제의 성격에는 못 미치는 그 중간적인 국가형태를 상정한 것이라 평가할 수 있다. 북한이 주장하는 대민족회의는 "전 민족적 이해와 관련된 정치, 경제, 문화, 군사 문제들을 협의하여 남북의 합작과 교류를 협조하고 보장하는 기능을 수행하는 것"으로 규정함으로써 국가 연합적 국가형태를 상정하고 있다. 또한 이 통일방안은 고려연방공화국의 창설을 주장하면서도 연방국가의 헌법이나 연방국가의 구성에 대하여 언급을 전혀 하고 있지 않다는 점에서 국가연합의 성격을 강하게 보여주고 있다. 그러나 이 통일방안은 다른 한편 "정치, 군사 문제 등에 대하여 합작과 교류를 할 뿐만 아니라 단일 국호하에 대외관계를 일원화 한다"라고 함으로써 국가 연합적 성격을 벗어난 연방제적 특성도 많이 보여주고 있다는 점에서 국가연합과 연방제의 중간적 국가형태를 상정한 통일방안이라 평가된다.

### 3) 1980년대 통일방안: 고려민주연방공화국 창설방안

1980년대에 이르러 북한은 1970년대에 제시된 통일방안 보다 연방제적 성격을 더욱 강하게 띤 보다 구체적인 통일방안을 제시하였다. 북한은 1980년 새로운 냉전체제의 도래, 북한에 있어서의 김일성 유일사상체계의 강화 필요성, 그리고 남한에 있어서 전두환 권위주의체제의 등장에 따른 '남조선의 혁명적 상황'을 배경으로 하여 통일로 가는 과도기적 형태의 연방제가 아니라 완성된 통일국가로서의 연방제를 주장하였다. 1980년대 북한 통일방안의 기반이 되는 1980년 10월 10일 조선노동당 제 6차 대회의 연설 내용은 다음과 같다.

> "해방 후 오늘까지 북과 남에는 오랜 기간 서로 다른 제도가 존재하여 왔으며 거기에는 서로 다른 사상이 지배하여 왔습니다. 이러한 조건에서 민족적 단합을 이룩하고 조국통일을 실현하려면 어느 한쪽의 사상과 제도를 절대화하지 말아야 합니다. 만일 북과 남이 제각기 자기의 사상과 제도를 절대화하거나 그것을 상대방에게 강요하려 한다면 불가피적으로 대결과 충돌을 가져오게 되며 그렇게 되면 도리어 분렬을 심화시키는 결과를 낳게 될 것입니다. ..... 한 나라에서 서로 다른 사상을 가진 사람들이 같이 살 수 있으며 하나의 통일국가 안에 서로 다른 사회제도가 함께 존재할 수 있습니다. 우리는 우리의 사상과 제도를 결코 남조선에 강요하지 않을 것이며 오직 민족의 단합과 조국통일을 위하여 모든 것을 복종시킬 것입니다. 우리당은 북과 남이 서로 상대방에 존재하는 사상과 제도를 그대로 인정하고 용납하는 기초 위에서 북과 남이 동등하게 참가하는 민족통일정부를 내오고 그 밑에서 북과 남이 같은 권한과 의무를 지니고 각각 지역자치제를 실시하는 련방공화국을 창립하여 조국을 통일할 것을 주장합니다." (김일성 1987, 336-338)

이 통일방안의 핵심은 남과 북에 현존하는 서로 상이한 사상과 제도를 그대로 인정하고 남과 북이 연합하여 과도기 형태가 아니라 완성된 통일연방국가로서 고려민주연방공화국을 창설하자는 것이다. 결국 고려민주연방공화국 창설방안은 1민족, 1국가, 2제도, 2정부에 기초한 통일연방국가를 상정한 통일방안이라 할 것이다.

고려민주연방공화국 창설방안을 구체적으로 살펴보면 다음과 같다(김일성 1987, 338-356). 첫째, 연방국가의 국호는 고려민주연방공화국으로 하며, 연방국가의 대외노선은 어떠한 정치군사적 동맹이나 단체에도 가담하지 않는 중립 국가를 표방한다. 둘째, 연방국가의 통일정부는 남과 북의 같은 수의 대표 및 적당 수의 해외동포 대표로 구성되는 최고민족연방회의와 그 상임기구인 연방상설위원회로 조직된다. 셋째, 연방국가의 통일정부는 전 민족의 단결, 합작, 통일의 염원에 꼭 맞는 공정한 원칙을 세우고 정치, 국방, 대외관계 등 국가와 민족의 전반적 이익에 관계되는 공동의 문제를 토의, 결정하고 국가와 민족의 통일적 발전을 도모하는 활동을 추진하고 각 분야에 걸쳐 남과 북의 단결과 합작을 실현한다. 또한 북과 남에 현존하는 사회제도와 행정조직, 각 정당, 각 파, 각 계층의 의사를 존중하고 어느 한 쪽이 상대방의 의사를 강요할 수 없게 한다. 넷째, 남과 북의 지역정부는 연방정부의 지도원칙에 전 민족의 근본적 이익과 요구에 합치하는 범위 내에서 독자의 정책을 실시하고 모든 분야에서 쌍방의 차이를 좁히고 국가와 민족의 통일적 발전을 위해 노력한다. 북한은 고려민주연방공화국이 창설되기 위해서는 남한정권의 청산 및 사회의 민주화를 이룩할 것, 한반도의 긴장완화 및 전쟁위험의 제거를 위해 평화협정을 체결하고, 주한미군의 철수가 이루어질 것, 그리고 미국의 한반도 내정 간섭을 배제할 것이라는 3대 선결과제를 조건으로 제시하였다. 이어서 북한은 연방국가로 진입했을 때 실시할 연방국가의 활동 및 정책의 원칙으로 10대 시정방침을 제시하였다.

고려민주연방공화국의 창설을 근간으로 하는 북한의 1980년대 통일방안은 연방정부의 기구 및 활동 원칙을 제시했다는 점에서 1970년대의 통일방안보다는 더욱 연방제적 성격을 띤 통일방안이라 할 수 있다. 그러나 고려민주연방공화국창설을 근간으로 하는 1980년대의 통일방안이 연방제적 성격을 강하게 갖고 있다고 할지라도 이 통일방안도 연방정부의 권한과 구성정부의 권한을 규율하는 연방헌법에 대한 언급이 없기 때문에 완전한 의미의 연방제적 정부형태를 상정한 통일방안이라고 하기는 어렵다.

### 4) 1990년대의 통일방안: 1민족, 1국가, 2제도, 2정부에 기초한 연방제

냉전체제 붕괴에 따른 새로운 국제질서의 출현, 남한의 북방정책, 북한의 체제 위기와 남북한 UN 동시 가입 등을 배경으로 북한 1991년 "하나의 민족, 하나의 국가, 두개 제도, 두개 정부"에 기초한 수세적인 연방제 통일방안을 제시하였다. 김일성의 1991년 신년사에 나타난 연방제 통일방안은 다음과 같다.

> "북과 남에 서로 다른 두 제도가 존재하고 있는 우리나라의 실정에서 조국통일은 누가 누구를 먹거나 누구에게 먹히우지 않는 원칙에서 하나의 민족, 하나의 국가, 두개 제도, 두개 정부에 기초한 련방제 방식으로 실현되어야 한다, ..... 북과 남의 서로 다른 제도를 하나의 제도로 만드는 문제는 앞으로 천천히 순탄하게 풀어나가도록 후대에 맡겨도 되지만, 사상과 제도의 차이를 초월하여 하나의 민족으로서 하나의 통일국가를 세우는 일은 이제 더는 미루지 말아야 한다. ..... 우리는 고려민주련방공화국 창립방안에 대한 민족적 합의를 보다 쉽게 이루기 위하여 잠정적으로는 련방공화국의 지역자치정부에 더 많은 권한을 부여하며, 장차로는 중앙정부의 기능을 더욱 더 높여 나가는 방향에서 련방제통일을 점차적으로 완성하는 문제도 협의할 용의가 있다." (로동신문 1991년 1월 1일)

1990년대 북한의 통일방안은 어느 한쪽으로 흡수 통일되지 않고 남북한이 공존하면서 단계적이며 점차적으로 통일정부를 이룩해나가는 방안을 제시함으로써 완성형 연방제라고 주장하던 1980년대의 통일방안으로부터 후퇴하였다. 특히 잠정적으로 두 개의 지역정부에 더 많은 권한을 부여할 것을 주장함으로써 국가연합 방식의 통일방안으로 회귀하였다.

### 5) 2000년대의 통일방안: 낮은 단계의 연방제

북한은 국제사회에서의 고립, 경제위기를 비롯한 체제생존의 절박성, 남한의 포용정책을 배경으로 하여 1990년대의 통일방안과는 다소 차이가 나는 통일방안을 언급하였다. 새로운 통일방안은 2000년 6월

15일 남북정상회담에서 "남과 북은 나라의 통일을 위한 남측의 연합제안과 북측의 낮은 단계의 연방제안이 서로 공통성이 있다고 인정하고 앞으로 이 방향에서 통일을 지향시켜 나가기로 하였다"라고 한 6. 15 남북공동선언에 명시된 낮은 단계의 연방제이다.

## III. 인용 및 읽을거리


Daniel J. Elazar, *Exploring Federalism*(Alabama: University of Alabama, 1987).

GV. Glahn, *Law Among Nation*(New York: Macmillan, 1976).

Shively, W. Phillips, *Power and Choice: An Introduction to Political Science*, 5th ed. (New York: The McGraw-Hill, Co. 1997)

Wilson, Frank, 이명남, 김왕식 옮김, 비교정치학. 서울 동명사, 1999

제15장

# 권력의 기능적 배분:

## 대통령제, 의원내각제, 이원집정제

## 1. 주요 내용

정부의 형태는 정부가 수행하는 핵심 기능인 규칙제정, 규칙적용, 그리고 규칙판정의 기능을 어떻게 분배 또는 융합하느냐에 따라 의원내각제, 대통령제 그리고 이원집정제로 나뉜다.

### 1. 의원내각제

의원내각제는 오늘날 가장 널리 채택되어 있는 정치제도로서 권력의 융합에 기초하고 있다. 의원내각제는 군주가 장악하고 있던 모든 정치적 권한이 입법권과 행정권이 융합된 의회(parliament)로 이전되는 점진적인 과정을 통해서 발전된 제도이다. 군주의 권한이 의회로 이전되는 과정은 대체적으로 세 단계에 걸쳐서 이루어졌다(Verney 32). 우선 첫째 단계는 군주에 의해 대표되는 정부가 정치체제 전반을 주도하는 단계였다. 이 단계에서 국왕은 왕권신수설을 주장하면서 정부의 모든 권한을 독점하고 있었다. 그러나 이 단계에서 등장한 대표의 성격을 갖는 의회(assembly)는 국가의 재정권을 확보하면서 점차적으로 자신들의 권한을 서서히 확대해 나갔다. 둘째 단계는 군주의 권한에 도전하는 의회(assembly)가 입법권을 갖게 되는 단계이다. 의회의 도전에 따라 군주의 권한이 서서히 제한되면서 헌정제도가 발전하고 국왕의 행정권과 구별되는 입법권이 의회에 주어지는 단계이다. 셋째 단계는 군주가 행정권마저 상실하고 입법 및 행정 권한 모두를 갖고 정치 전반을 주도하는 의회(parliament)로 이행되는 시기이다. 이 시기에 군주를 대신하여 행정권을 담당하는 대신들이 점차적으로 의회 의원 중에서 선택이 되고, 이들이 군주가 아닌 의회에 정치적 책임을 지는 관행이 확립됨으로서 의원내각제(parliamentalism)가 완성되었다.

의원내각제의 특징은 다음과 같다(Verney 32-40). 첫째, 의회가 정치적 정통성을 갖는 핵심 정치기구라는 점이다. 국민에 의해 선출된 유일한 전국적인 정치지도자 집단으로서의 의회는 국민주권과 국민의사를 구현한다. 의회는 수상과 각료로 구성된 정부에 자신의 권력의 일부를 위임하여 집행기능을 수행하도록 한다. 둘째, 의원내각제의 정부는 이원적 구조를 가지고 있다. 국가를 대표하는 국가원수로서 군주 또는 대통령이 있고, 행정부를 대표하는 행정수반으로서의 총리(prime minister)가 있다. 셋째, 국가원수는 행정부의 수반인 총리를 임명한다. 국가원수는 의회 내 다수당의 지지를 받는 후보를 총리로 지명한다. 이 경우 국가원수의 재량은 거의 없다. 넷째, 총리는 각료를 임명한다. 각료를 임명함에 있어서 총리는 충분한 재량권을 갖는다. 다섯째, 내각은 집단적 체제의 성격을 갖는다. 의원내각제로 발전하는 과정에서 군주가 갖고 있던 권력이 집단으로서의 내각으로 이양되었기 때문에 내각의 구성원인 각료들은 내각의 결정에 대해 집단적인 책임을 진다. 이렇기 때문에 일반적으로 총리는 단지 동등한 사람들 가운데 제1인자(first among equals)일 뿐이다. 그러나 국가에 따라서는 총리가 막강한 권한을 행사하는 경우도 많다. 여섯째, 내각의 각료들은 대부분의 경우 의회의 의원들이다. 완벽한 의원내각제 국가인 영국의 경우 모든 내각의 각료는 의회 의원이나 그렇지 않은 의원 내각제 국가도 많다. 이를테면 스웨덴의 경우 각료 15명 중 3분의 1이 의원이 아닌 적이 있었고, 네델란드, 노르웨이, 룩셈부르크의 경우 의원이 각료로 임명되면 의원직을 유지하는 것을 금지하고 있다. 일곱째, 행정부는 의회에 정치적 책임을 진다. 정부는 의회에 의해 구성되기 때문에 의회 내 다수의 신임을 받는 경우에만 유지될 수 있다. 따라서 정부가 위임받는 권한은 불확정적이며, 의회 내 다수의 지지를 얻는 경우에만 지속된다. 여덟째, 총리는 국가원수에게 의회를 해산하도록 요청할 수 있다. 입헌군주제가 성립되기 전 유럽에서는 군주들이 의회가 만족스럽지 않을 경우 자신에게 순응하는 의원들이 새로운 선거에서 당선될지도 모른다는 기대감에서 의회를 해산하곤 하였다. 오늘날에도 의회의 해산은 국가수반이 한다. 다만 의회의 해산은 행정수반인 총리의 요청이 있을 때만 가능하다. 아홉째, 의원내각제 하의 행정부는 의회에 책임을 지기 때문에 유권자에 대해서는 간접적으로만 책임을 진다. 행정부는 유권자들에 의해 직접적으로 선출되는 것이 아니고 유권자들이 의회에 선출한 대표자들 가운데에서 간접적으로 구성된다.

의원내각제의 특징을 살펴볼 때 간과하지 말아야 할 것은 의원내각제 하의 의회나 내각은 어느 한 기관도 다른 기관 보다 완전한 우위에 있지 않다는 점이다. 행정부로서의 내각이 존속하기 위해서는 의회의 지지를 계속적으로 받아야 하며, 또 의회는 행정 수반인 총리의 요청에 의해 해산될 수 있기 때문이다.

행정부의 존속을 가능케 하는 의회로부터의 지지는 몇 가지 방법으로 측정될 수 있다(이명남, 김왕식 역 223-225). 가장 분명한 방식은 법안을 의회에서 통과시키는 것이다. 정부가 제안한 중요한 법안에 대해 의회의 동의를 획득하지 못한 경우 이는 정부가 의회의 신임을 상실했다는 것을 의미하며, 이 경우 정부는 대부분 사임한다.

정부의 안건을 의회 내에서 성공적으로 통과시킴으로써 의회의 신임을 획득하는 것 외에 정부의 지지를 시험할 수 있는 두 가지 공식적인 절차가 있다. 하나는 정부가 자진해서 의회에다 신임투표(vote of confidence)를 요청하는 것이다. 정부가 신임투표에서 패배하면 대부분의 경우 정부는 사임한다. 또 다른 절차는 야당이 주도하여 정부를 견책하려는 불신임투표(vote of censure)이다. 불신임안이 채택되면 대부분의 경우 정부는 사퇴한다.

의회 내에서 다수의 지지를 확보하는 데 실패했다고 해서 내각의 방어 수단이 전혀 없는 것은 아니다(위의 책: 224). 우선 불신임의 절차를 어렵게 하는 특별한 규칙들이 있다. 예를 들어 독일에서는 새 수상을 미리 선출해 놓은 경우에만 정부를 사퇴시킬 수 있으며, 프랑스에서의 불신임 동의안은 50인 이상의 지지자가 필요하며, 한번 불신임안을 상정하면 동일 회기 내에 다른 불신임안을 상정할 수 없게 만들어 놓고 있다. 또한 다수의 지지를 확보하는 데 실패한 정부가 사퇴하기 보다는 의회를 해산하고 새로운 선거를 치르는 대안을 선택할 수 있는데 이것이 불신임 결의를 주저하게 만든다. 즉 정부 각료는 대개 안전 선거구에서 계속 재선된 원로 정치인들이기 때문에 새로운 선거에 대한 부담은 오히려 의원에게 훨씬 크다. 정부 직책을 맡지 못한 정치인들은 대개 경쟁이 치열한 선거구에서 어려운 선거를 치러야 하는 소장 정치인들이다. 따라서 정부를 구성한 정당이나 연합정당의 의원들은 자신의 의석을 상실할지도 모를 선거를 치르기 원치 않기 때문에 불신임 결의를 꺼리게 된다.

의원내각제를 채택할 때 나타나는 장단점은 다음과 같다(신명순: 123-126). 우선 의원내각제의 장점은 다음과 같다. 첫째, 정치과정의 유연성이 보장된다는 점이다. 신임을 받지 못하는 지도자를 용이하게 교체하여 변화하는 정치 상황에 용이하게 대처할 수 있기 때문이다. 의원내각제하의 정치의 주역이라 할 수 있는 총리를 교체할 수 있는 방법은 다양하다. 집권당이 전당대회를 열어 정당지도자를 교체함으로서 자동적으로 총리를 교체하는 경우, 야당의 불신임 투표를 통해 총리를 교체하는 경우, 그리고 연립정부일 경우 연립에 참여하고 있는 소수 정당들의 내각에 대한 지지를 철회함으로써 총리를 교체하는 경우 등 정치지도자를 용이하게 교체할 수 있기 때문에 정치과정이 경직되지 않고 유연하게 이어질 수 있다. 둘째, 정치지도자 특히 총리의 재선 금지나 연임금지가 없기 때문에 비합법적인 장기 집권이 일어나지 않는다. 의원내각제는 선거에서 승리하여 다수당의 지위를 유지하는 한 집권당이 계속적으로 집권하는 것을 허용하고 있기 때문에 장기 집권을 위한 비합법적인 조치들이 나타나지 않는다. 셋째, 의원내각제는 정치지도자들이 다양한 정치 경험을 쌓으면서 성장하게 만든다는 장점이 있다. 정치인들이 의회 내의 위원회나 원내 활동을 통하여 정당 내의 지도자로 부각되기 때문에 정국이 원만하게 운영될 수 있다.

의원내각제가 갖는 단점으로는 우선 정치의 불안정이 초래된다는 점이다. 의원내각제를 채택하고 있는 국가에서는 과반수를 차지하는 정당이 출현할 가능성이 낮기 때문에 연립정부가 구성되는 경우가 많으며, 이 경우 당파간의 이합집산으로 정치 불안정이 초래될 가능성이 높다. 둘째, 정치 불안정으로 내각이 자주 교체될 때 정치의 연속성을 기대할 수 없다는 점이다. 이러한 단점들이 논의되고 있기는 하나 연립정권이라고 해서 반드시 당파간의 이합집산으로 정치 불안정으로 직결되는 것은 아니고, 또한 내각의 빈번한 교체로 이어지는 것도 아니다.

## 2. 대통령제

대통령제는 권력의 분립에 기초한 정부형태이다. 정부가 수행하는 핵심 기능인 규칙제정, 규칙적용, 그리고 규칙판정의 기능을 분리하여 각각의 독립된 정부 기관으로 나누어 담당하게끔 하는 정부 형태이다. 권력의 분립을 기초로 하는 정부 형태이긴 하지만 그 형태는 다양한 모습을 띠고 있다. 대통령제를 채택하는 국가는 그 형태가 다양함에도 불구하고 적어도 다음 두 가지의 특징은 일반적으로 나타난다. 첫째, 대통령제는 민주적 정통성이 이원적으로 존재하는 정부형태이다. 즉, 국민들에 의해서 선출되어 행정부를 장악하는 대통령과 역시 국민에 의해 선출되어 구성되는 입법부가 각각 민주적 정통성을 갖는다. 둘째, 대통령과 의회 양자는 모두 각각 일정한 임기를 보장받고 선출된다. 대통령의 재임 기간은 입법부로부터 독립되어 있으며 입법부의 존속 또한 독립되어 보장되어 있다.

대통령제의 원형적 모습이라 할 수 있는 미국의 대통령제의 특징은 다음과 같다(Verney 1994:40-47). 첫째, 입법부와 행정부의 권력이 분리되어 있다. 둘째, 국가원수인 대통령은 국민에 의해 선출되며 임기가 보장되어 있다. 셋째, 대통령은 행정부의 수반이면서 국가원수이다. 넷째, 대통령은 장관을 임명하며 장관은 그에게 복종한다. 그러나 장관의 임명은 의회의 승인을 얻어야 한다. 다섯째, 대통령은 행정부의 최고 책임자이다. 여섯째, 의회의 의원들은 행정부의 장관직을 겸할 수 없다. 일곱째, 대통령은 의회에 책임을 지는 것이 아니라 헌법에 책임을 진다. 헌법에의 책임은 탄핵을 통하여 이루어진다. 여덟째, 대통령은 의회를 해산시킬 수 없다. 의회도 대통령을 면직시킬 수 없기 때문에 의회와 행정부 사이에 견제와 균형이 이루어지는 것이다. 아홉째, 의회와 행정부 사이에 갈등이 있을 때 이에 대한 헌법적 결정은 제 3의 권부인 사법부가 내린다. 이런 의미에서 헌법이 최고의 권력을 갖는다. 열 번째, 대통령은 투표에 의해 선출되며, 전체의 국민을 대표한다. 열한 번째, 대통령제는 권력의 분립을 특징으로 하고 있기 때문에 권력이 집중되는 핵심 기구는 없다.

대통령제가 갖는 장점은 여러 가지이다. 우선적으로 거론되는 장점은 대통령제가 행정부의 안정을 보장한다는 것이다. 의원 내각제의 경우 대체로 다당제에 기초하고 있기 때문에 내각이 빈번하게 교체되어 정국이 불안정한 반면 대통령제는 임기가 보장되어 있어 행정부의 안정이 보장된다는 것이다. 대통령제의 두 번째 장점으로 거론되는 것은 대통령제가 인지성과 책임성이 높다는 것이다. 즉 대통령제하에서 유권자들은 자신들이 선택한 후보가 당선이 되면 집권할 것을 알고 투표한다는 점에서 인지성이 높으며, 또한 대통령이 정부의 정책 결과에 대한 책임을 직접 지기 때문에 책임성이 높다고 할 수 있다.

대통령제의 문제점은 다음과 같다. 일반적으로 대통령은 전체 국민에 의해 선출되기 때문에 자신만이 민주적 정통성을 갖는 대표적인 존재라고 주장한다. 그러나 대통령이 낮은 지지도로 당선될 경우가 많은데, 이 경우에도 대통령이 독점적 정통성을 주장한다는 점에서 문제가 된다. 둘째, 대통령제가 갖고 있는 고정 임기제는 정치체제를 경직화 시킬 수 있다는 점에서 문제가 된다. 제도의 경직성은 변화하는 정치상황에 대처하는 능력을 약화시킬 수 있다. 셋째, 대통령제는 대통령이 갖는 양면적 역할 때문에 문제가 발생할 수 있다. 대통령은 전체 국민을 대표하는 국가 원수이기도 하지만 자신을 지지해준 유권자를 대표하는 정치인으로서의 역할이 있기 때문에 그 양자의 역할이 어긋날 때 문제가 발생할 수 있다.

## 3. 이원집정제

이원집정제는 대통령제와 의원내각제가 갖는 제반의 문제점을 극복하고 각각의 제도가 갖는 장점들을 혼합하여 새로운 정치체제를 만들어 내려 한 노력의 결과라고 할 수 있다. 이원집정제가 비록 대통령제와 의원내각제의 요소를 혼합했다고 할지라도 기본적으로는 대통령제의 장점에 기초해 있기 때문에 대통령제와 의원내각제의 중간 형태라기보다는 대체적으로 대통령제의 변형으로 이해된다.

이원집정제는 다음과 같은 특징을 갖는다(Sartori: 132). 첫째, 국가원수인 대통령은 정해진 임기 동안 직선이던 간선이던 국민들의 선거에 의해 선출된다. 둘째, 이원집정부제는 국가원수가 행정권을 총리와 공유하는 이원적 권위구조를 갖고 있다. 셋째, 대통령은 의회로부터 독립되어 있으나 자신이 단독으로 혹은 직접적으로 통치하는 것이 아니고 내각을 통하여 통치한다. 넷째, 총리와 내각은 의회에 책임을 진다는 점에서 대통령으로부터 독립적이다. 즉 총리와 내각은 의회의 다수파로부터 지지를 얻어야 하며 따라서 의회로부터 불신임을 받을 수 있다. 다섯째, 이원적 권위구조를 갖고 있는 이원집정부제에서는 양자 간의 잠재적 자율성(autonomy potential)이 존속되는 한 국가원수와 총리 사이에 어느 한쪽으로 권력의 균형이 기울어지는 경우도 있다.

이원집정부제가 갖는 이원적 권위구조의 특징 특히 위에서 언급한 다섯 번째 특징 때문에 이원집정부제는 1) 자체의 고유한 특성을 갖고 있는 정부형태인가 아니면 2) 정치적 상황에 따라 어느 경우에는 대통령제로 또 다른 경우에는 내각제로 운영되는 단순한 혼합형 정부형태인가 하는 문제가 발생한다. 이 논의의 핵심은 국가원수인 대통령이 국민에 의해 선출되고, 행정권을 공유하는 총리는 의회 다수당의 지지를 받는 지도자가 선출되기 때문에 두 지도자가 동일 정당 출신일 경우와 서로 다른 정당 출신일 경우 즉 분점정부(divided government)일 경우에 각각 어떤 정부 형태의 특성을 보이는가에 있다.

우선 듀베르제(Duverger)는 이원집정부제는 정치적 상황에 따라 대통령제와 의원내각제가 합성된 고유한 정부형태라기보다는 대통령제와 의원내각제적 국면이 교대로 나타나는 정부 형태라고 주장한다(Duverger: 1980, 186, Sartori, 123). 그는 이원집정제를 채택하고 있는 대표적인 국가인 프랑스의 예를 들면서 대통령이 소속된 정당과 의회의 다수당이 같은 정당일 경우에는 대통령제 정부 형태로 운영되고, 서로 다른 정당일 경우에는 의원내각제 정부 형태로 운영된다고 주장한다.

이에 반하여 사르토리(Sartori)는 이원집정부제는 자체의 고유한 특성을 갖고 있는 정부 형태라는 입장을 취한다(Sartori, 124-125). 첫째, 대통령의 소속 정당과 의회 다수당의 정당이 같을 경우에도 대통령은 총리를 통하여 통치를 해야 하기 때문에 대통령이 단독적으로 직접 통치하는 대통령제와는 구별이 된다는 것이다. 대통령의 소속 정당과 의회 다수당이 서로 다른 정당일 경우에도 의원내각제의 운영 방식과는 차이가 있다는 것이다. 이원집정부제 하의 대통령은 대통령으로서의 막강한 권력을 행사하지는 못하더라도 명목상의 국가원수만은 아니며, 의원내각제의 대통령과는 달리 헌법이 부여한 특권을 갖고 자신의 역할을 수행한다는 것이다. 둘째, 이원집정부제는 이원적 권위구조를 갖고 있기 때문에 의회의 다수당이 대통령 소속 정당이냐 총리 소속 정당이냐에 따라 국가의 우두머리 지도자가 대통령이 될 수도 있고, 총리가 될 수도 있는 정부 형태라는 것이다. 즉 대통령이 소속된 정당이 의회 다수당일 경우 대통령이 국가의 우두머리 지도자가 되는 것이고, 서로 다를 경우에는 총리가 우두머리 지도자가 되는 것이시 경우에 따라서 대통령제가 되고 의원내각제가 되는 것은 아니라는 것이다.

## II. 경험과 사례

### 1. 정부형태와 민주주의와의 상관관계

스테판과 스카시는 정부형태와 민주주의와의 상관관계를 조사한 뒤 순수내각제가 순수 대통령제보다 민주주의를 만드는데 보다 더 긍정적인 제도라는 점을 보여주고 있다(Alfred Stepan and Cindy Skach 1993). 그들은 두 가지의 자료를 통하여 민주주의와 정부형태와의 상관관계를 보여주고 있다. 첫 번째 자료는 1973년부터 1989년에 이르는 기간동안 OECD 국가가 아닌 비 서구 53개 국가의 민주 정치 지속성에 관한 자료이다. 53개 비서구 국가 중 순수 대통령제를 채택한 나라는 25개 국가였고, 순수 내각제를 채택한 나라는 28개 국가였다. 대통령제를 채택한 국가 중에서는 10년 이상 민주 정치를 지속한 국가가 20%인 5개 국가 밖에 없었으나, 내각제를 채택한 국가 중에서는 61%에 달하는 17개 국가에서 10년 이상 민주 정치가 지속되었다는 것이다. 즉 내각제를 채택한 국가가 대통령제를 채택한 국가에 비하여 민주 정치를 계속할 가능성이 3배나 높았다는 것이다.

두 번째 자료는 1945년부터 1979년 사이에 독립한 93개 국가 중 1980년부터 1989년에 이르는 10년 기간 동안에 민주 정치를 지속한 국가의 정부 형태에 관한 자료이다. 이 자료는 독립 당시 대통령제를 채택한 국가에서는 1980년부터 1989년까지의 기간 동안 지속적으로 민주정치를 실시한 국가는 하나도 없었으나, 내각제를 실시했던 41개국 중에서는 36%에 달하는 17개 국가가 계속해서 민주 정치를 실시하였음을 보여주고 있다.

### 2. 정부형태와 선거제도

선거제도와 정부 형태의 결합방식은 민주주의 발전과 관계가 있다. 로버트 달(Robert Dahl)은 선거제도와 정부 형태의 결합방식으로 다섯 가지를 들고 있다(Dahl, 김왕식 외 옮김, 1999). 달은 다섯 가지의 결합

방식으로 비례대표제를 채택하고 있는 내각책임제 정부(유럽식 선택), 단순다수대표 선거제도를 채택하고 있는 내각책임제 정부(영국식 선택), 단순다수대표 선거제도를 채택하고 있는 대통령제 정부(미국식 선택), 비례대표제 선거제도를 채택하고 있는 대통령제 정부(라틴아메리카식 선택), 그리고 여타 다른 형태의 결합형태를 나타내는 혼합선택을 제시하고 있다.

그는 역사적 경험으로 보았을 때 비례대표제에 근간한 선거제도에 대통령 정부 형태를 접목시킨 라틴아메리카식 선택의 경우 민주주의가 꽃피우지 못했음을 지적하였다. 오래된 민주주의 국가들의 경우 선거제도로서 비례대표제를 압도적으로 많이 채택하고 있으면서 정부형태로는 의원내각제를 주로 채택하고 있지 대통령제 정부형태는 별로 채택하고 있지 않음을 밝히고 있다.

이와 관련하여 한국 사회가 채택하고 있는 선거제도인 1인 2표제 하에서 선출되는 정당비례대표의 수를 늘리자는 논의에 대해 한번 생각해 보자. 달(Dahl)의 주장을 감안한다면 한국의 경우 대통령제 정부 형태를 채택하고 있기 때문에 선거제도에 있어서 비례대표제적 요소를 강화시키는 것이 민주주의 발전을 위해 바람직한 것만은 아닐 수 있다는 것이다. 따라서 비례대표제적 성격을 확대시키는 효과가 있는 정당비례대표의 대폭적 확대 문제는 정부 형태와 관련하여 논의해야 할 것이다.

## III. 인용 및 읽을거리


강원택, 대통령제, 내각제와 이원정부제. 서울: 인간사랑, 2006.

신명순, 비교정치. 서울: 박영사, 2006.

황택연, 박명호 공저, 분권형 대통령제 연구. 서울: 동국대학교 출판부, 2003.

Dahl, Robert. *On Democracy.* 김왕식 외 역. 민주주의. 서울:

동명사, 1999.

Duverger, Maurice. "A New Political Sysyem Model: Semi-Presidential Government," European Journal of Political Research Vol.8 No. 2 (1980).

Gallagher, Michael, Michael Laver and Peter Mair. *Represent Government in Modern Europe*. New York: McGraw-Hill, 1995.

Lijphart, Arend ed. *Parliamentary Versus Presidential Government.* Oxford: Oxford University Press, 1984.

Linz, Juan and Arturo Valenzuela. *The Failure of Presidential Democracy: Comparative Perspective.* The Johns Hopkins University Press, 1994. 신명순, 조정관 역. 내각제와 대통령제. 서울: 나남, 1995.

Sartori, Giovanni. *Comparative Constitutional Engineering: An Inquiry into Structures, Incentives and Outcomes.* Washington Square, NY: New York University Press, 1994.

Schugart. Matthew and John M. Carey. *President and Assemblies: Constitutional Design and Electoral Dynamics.* Cambridge: Cambridge University Press, 1992.

Verney, Douglas V. "Parliamentary Government and Presidential Government," Arend Lijphart ed. *Parliamentary Versus Presidential Government*. Oxford: Oxford University Press, 1984.

# 제16장

# 의회와 법원: 정책의 입안과 판결

## I. 주요 내용

### 1. 의회의 조직과 활동

#### 1) 의회의 기능

의회의 기능은 정치체제의 성격에 따라 당양한 기능을 수행하나 민주 정치제도로서의 의회는 일반적으로 다음과 같은 기능을 수행한다.

첫째, 의회는 대표의 기능을 수행한다. 대표의 기능은 사회와 의회를 매개하는 기능 즉 국민의 의사를 의회에 반영하는 기능으로서 의회 정치의 기본을 이룬다. 그러나 국민의 대표로서의 의원들이 어떻게 행동해야 하는가에 대해서는 논란이 있다. 대표는 자신을 선출한 선거구민의 의사를 대리할 뿐이라는 대리인(delegate)이라는 주상과 대표로서 선출된 뒤에는 국민 전체의 이익을 스스로 판단하고 행동하도록 위탁을 받은 위탁자(trustee)라는 두 가지 주장이 있다. 대부분의 현대 민주국가에서는 의회의 의원들이 대리인으로서 뿐만 아니라 위탁자로서의 역할을 공히 수행할 것을 요구하고 있다.

둘째, 의회는 입법 기능을 수행한다. 국가의 통치가 법에 의해 이루어진다는 점에서 입법권은 의회의 가장 근본적인 기능이다. 그렇기 때문에 대부분의 국가에서는 의회가 입법기관이라는 것을 국가의 최고법인 헌법에 명시해 놓고 있다. 그런데 대부분의 민주국가에서는 입법과정에 입법부뿐만 아니라 행정부도 참여한다. 미국과 같이 일부 국가를 제외하고는 대부분의 국가에서는 행정부와 의회 모두 법률을 제안할 수 있는 권한을 갖고 있다. 이러한 국가에서는 실제로 의회가 아니라 행정부가 주로 법률안을 제안한다. 의회가 입법 활동의 중심적 역할을 하는 것으로 인식되고 있지만, 많은 민주주의 국가에서도 주로 행정부가 제안한 법률안을 심의하고 승인하는 역할을 수행할 뿐이다.

셋째, 의회는 행정부를 통제, 감독하는 기능을 수행한다. 대부분의 근대 국가는 3권 분립의 원리를 통하여 행정부, 입법부, 사법부가 상호 견제하며 균형을 이루면서 민주정치를 이끌어 가기 때문에 의회의 행정부에 대한 통제, 감독 기능은 민주주의를 유지하기 위한 핵심적인 기능이다. 예산과 결산에 대한 심의, 국정감사와 국정조사는 의회의 행정부에 대한 대표적인 통제와 감시 활동이라 할 수 있다.

넷째, 의회는 사회의 갈등을 해소하고 통합을 달성하는 기능을 수행한다. 의회는 사회 내에서 표출된 다양한 이해관계를 토론을 통해 조정하고 국민적 합의를 도출함으로써 궁극적으로는 사회 통합을 달성하는 기능을 수행한다.

### 2) 국회의 조직과 운영

의회의 조직과 운영양태는 국가마다 상의하기 때문에 여기서는 우리나라 국회의 조직과 운영만을 다루도록 한다(김현우 2000).

국회의원으로 조직된 한국 국회의 회의체 조직은 본회의, 위원회, 원내교섭단체가 있다. 본회의는 의원 전원이 참여하여 국정에 관련된 전반적인 사안을 논의하고, 국회의 의사를 최종적으로 결정하는 회의이다. 본회의는 재적의원 5분의 1이상으로 개의하고, 의안은 재적의원 과반수의 출석과 출석의원 과반수의 찬성으로 의결한다.

위원회는 본회의에 앞서 소수의 의원들로 구성되는 의안의 예비적 심사기관이다. 위원회는 상임위원회와 특별위원회가 있다. 한국에서는 의회가 상임위원회 중심으로 운영되고 있기 때문에, 상임위원회에서 국가의 모든 정책이 토론, 심의되고 의안으로 만들어 진다. 따라서 국회 운영의 핵심 조직이라 할 수 있다. 상임위원회는 의장이나 위원장이 필요하다고 인정하거나 재적의원 4분의 1 이상의 요구가 있을 때 개회한다. 재적의원 5분의 1이상 출석으로 개회하고, 재적의원 과반수의 출석과 과반수의 찬성으로 의결한다. 또한 위원회는 필요에 따라 소위원회를 구성한다.

원내교섭단체 20인 이상의 소속의원을 가진 정당의 구성원으로 구성되거나 다른 교섭단체에 속하지 않는 20인 이상의 구성되는 단체로서 소속 단체 의원들의 의견을 종합, 통일하여 국회의 의제와 일정들을 사전에 상호 교섭하는 조직이다. 국회의 운영이 기본적으로 원내 교섭단체간의 협의에 의해 이루어지기 때문에 원내 교섭단체는 입법 활동의 중심기관이라 할 수 있다.

국회의 활동은 정기국회와 임시국회를 통하여 이루어진다. 정기국회는 매년 9월 10일에 소집되며, 100일 이내의 회기를 갖는다. 임시회는 대통령 또는 국회 재적의원 4분의 1이상의 요구에 의해 소집된다.

국회를 실질적으로 운영하는 주요 인사로는 국회의장, 상임위원장 그리고 원내총무가 있다. 국회의장은 대외적으로 국회를 대표한다.

국회의장은 회의의 능률적이고 합리적인 운영을 위하여 국회 본회의의 의사일정 작성 등 의사준비 사항 및 본회의의 개의나 산회 등 회의 의사에 관한 일세의 의시정리권을 갖으며, 국회법에 따라 국회 안에서의 질서를 유지하기 위하여 경호권과 질서유지권을 갖는다.

상임위원장은 의사일정 등 회의에 관한 권한을 갖으며, 상임위원회를 대표하여 회부 안건에 대한 심사보고서를 제출한다.

원내총무는 각 교섭단체를 대표하는 국회운영의 실무책임자로서 소속 교섭단체의 원내 전략 수립, 의석 배정, 의사일정 작성 등의 역할을 수행한다. 국회법은 의장의 권한 중 상당 부분을 교섭단체의 대표인 원내총무와 협의하도록 규정하고 있기 때문에 국회운영에 있어서 원내총무의 역할은 매우 중요하다.

### 3) 국회의 활동

국회의 활동은 다양하나 여기서는 주로 입법 활동, 예, 결산 심의, 국정감시와 국정조사를 중심으로 살펴보도록 하겠다.

## 법률안의 입법과정

한국에 있어서의 법률안 입안과정은 법률안의 제출, 상임위원회의 심의, 법제사법위원회의 심사 그리고 본회의 심의 및 의결 과정을 거쳐 이루어진다(박찬표 2000).

우선 법률안의 입법과정은 법률안 제출로 시작된다. 법률안 제출권은 국회와 행정부에 공히 부여되어 있다. 정부에서 법률안을 제출할 경우에는 국무회의의 심의를 거쳐 정부 명의로 제출한다. 행정 각 부처가 소관사항에 대하여 법률의 제정 또는 개정이 필요할 경우 해당 부처가 법률안을 입안한 후 관계부처와 협의하게 되는데, 이 과정에서 각 부처의 의견이 조율된다. 특히 예산이 소요되는 경우에는 예산부처와의 협의가 중요하다. 관계부처와의 협의가 끝나면 통상 여당과 당정협의를 통하여 입법 배경 및 필요성을 여당에 인식시켜 국회처리과정에서 협조를 구한다.

국회의원이 발의하는 경우에는 의원 20인 이상의 찬성을 얻어서 제출한다. 국회의원이 법률을 발의하는 경우는 국회의원 개인이 입안하는 경우, 정당이 입안한 것을 의원 명의로 발의하는 경우, 이익집단 등이 마련한 법률안을 의원 명의로 발의하는 경우, 정부안을 의원 명의로 수정, 보완하여 발의하는 경우, 그리고 위원회제출법안이 있다(박찬표 2000: 167-168). 그러나 한국 국회에서는 의원입법은 그리 활성화되어 있지 못하다.

법률안 입법과정의 두 번째 단계는 상임위원회 심의 단계이다. 한국의 법률안 심의과정은 위원회 중심주의를 택하고 있기 때문에 상임위원회의 심의가 입법과정의 핵심을 이룬다고 해도 과언이 아니다. 법률안이 제출이 되면 국회의장은 이를 의원에게 보고하며, 소관 상임위원회에 회부한다. 위원회는 먼저 법률안 제안자로부터 법률안 취지 설명을 듣는다. 전문위원의 검토보고에 이어 법률안 전반에 대해 대체토론을 벌인다. 대체 토론이 끝나면 보통의 경우 심도 있는 심사를 위하여 법률안심사소위원회를 구성하여 여기에 법률안을 회부한다. 소위원회는 회부된 법률안에 대하여 실질적 심사를 하여, 그 의견을 제시하며, 해당 법률안에 대한 수정안이나 대안을 제시하며, 위원회안을 기초한다. 소위원회 보고를 마치면 상임위원회 전체회의에서 축조심의를 하게 되는데, 대부분의 경우 소위원회가 제출한 안을 채택하게 된다.

법률안 입법과정의 세 번째 단계는 법제사법위원회의 체계 및 자구 심사과정이다. 법제사법위원회가 상임위원회에서 심사가 종료된 법률안의 체계나 자구를 수정하는 것은 한국 국회가 가지고 있는 독특한 제도이며, 이 법사위의 심사가 법률안 통과과정의 중요 관문으로 작용한다.

마지막으로 법률안은 본회의에 상정되어, 상임위원장의 심사보고에 이어 질의, 토론, 표결된다. 본회의에서의 질의와 토론은 대체적으로 생략되며, 표결이 이루어진다.

### 예, 결산의 심의

예산을 편성, 심의하는 과정은 국가정책의 우선순위를 결정하는 정책결정과정이며, 자원을 배분하는 과정이기 때문에 국회의 예, 결산 심의는 국회가 행정부의 재정 집행 활동을 통제하는 주요 수단이다. 정부 예산 및 결산의 심의절차는 4 단계에 걸쳐 이루어진다(김민전 2000).

예산 및 결사 심의의 첫 단계는 예결산안의 제출 및 본회의 보고 단계이다. 정부는 예산안은 회계연도 개시 90일 진까지, 세입세출결산 및 예비비사용 총괄서는 회개년도 개시 120일 진까지 국회에 제출한다. 예산안과 결산이 제출되면 국회의장은 의원에게 배부하고 본회의에 보고한다.

두 번째 단계는 상임위원회의 예비심사 단계이다. 국회의장은 각 해당상임위원회에 예산안 및 결산을 회부하고, 각 상임위원회는 소관부처의 장으로부터 해당안건의 개요와 사업계획, 집행실적 등의 설명을 들은 후 소속 전문위원으로부터 문제점과 대안에 대한 검토보고를 듣는다. 검토보고 후 상정된 안건의 내용과 정부시책에 대해 질의하고, 소관부처 장의 답변을 듣는다.

세 번째 단계는 예산결산특별위원회의 종합심사 단계이다. 상임위원회의 예비심사가 종료되면 의장은 소관 상임위원회의 예비 심사보고서를 첨부하여 안건을 예산결산특별위원회에 회부한다. 예산결산위원회는 50명의 의원으로 구성되어 보통 2 주간의 종합심사를 하게 되는데, 이때 예산결산특별위원회는 국가 예산 전반을 종합 심사한다. 종합심사는 재정경제부 장관의 제안 설명 및 전문위원의 검토보고를 듣고 종합정책 질의와 부별 심사를 한 후 소위원회를 구성하여 예산안을 종합적으로 조정한다. 예산안은 소위원회의 조정안대로 확정되기 때문에 실질적인 예산 조정은 소위원회에서 이루어진다.

마지막 단계는 본회의의 심의, 단계이다. 예산안 및 결산의 개요와 심사결과 및 결과는 본회의에 보고되며, 대부분의 경우 예산결산특별위원회의 안대로 만장일치 또는 표결을 거쳐 확정된다.

### 국정감사와 국정조사

국정감사와 국정조사는 국회가 행정부의 권한행사를 감시하고 잘못이 있을 경우 이의 시정을 요구함으로써 행정부를 견제하는 유효한 통제 수단의 하나다. 국정감사는 매년 정기 국회 기간 중 정기 국회 개회일 다음날로부터 국정 전반에 걸쳐 상임위원회별로 20일간 실시되며, 국정조사는 재적의원 3분의 1이상의 발의로 본회의의 승인을 얻어 실시된다.

국정감사는 위원회 회의 형식으로 진행되며, 감사대상기관으로부터 보고를 듣고 이에 대하여 질의하고 답변을 듣는 과정이다. 보통 감사대상기관의 주요업무현황, 전 년도 결산 및 당해연도 예산집행 사항, 다음 년도의 예산안 등을 감사한다.

국정조사는 청문회 형식으로 진행되며, 심문과 증언의 형식을 취한다. 구두증언이 원칙이나 때로는 서면답변의 형식을 취하기도 한다.

감사 또는 조사의 결과 정부 또는 해당 기관이 국회로부터 시정요구를 받았거나 처리사항을 이송 받았을 경우에는 이를 지체 없이 처리하고 그 결과를 국회에 보고해야 한다.

## 2. 법원과 정치: 사법심사권과 헌법재판

대부분의 민주주의 국가에서는 법치주의가 확립되어 있어 국가의 최고 규범인 헌법에 규정된 바에 따라 정부가 구성되고 또 정치가 이루어진다. 따라서 의회가 만들어 내는 법률은 헌법의 기본 정신에 합치되어야 한다는 것이 요구된다. 그런데 때에 따라서는 의회가 만들어낸 법률이 헌법과 상충할 때가 발생할 수 있다. 이런 경우 의회가 제정한 법률이 헌법 정신에 위배 되는가 또는 합치되는가를 판단하는 권한이 바로 사법심사권(judicial review)이다. 그렇기 때문에 사법심사권은 정치에 매우 중요한 영향을 미친다.

그런데 사법심사권은 누가 사법심사의 주체가 될 것인가 그리고 국민을 대표하는 의회가 만들어 낸 법률을 국민이 선출하지 않은 법관들에게 정치적 의사결정에 대한 판단 여부를 맡기는 것이 정당하냐 하는 문제 때문에 논란의 여지가 많다. 그렇기 때문에 대부분의 국가에서 법원의 활동은 성문화된 법을 엄격히 적용하는 것에만 제한되어 있다.

우선 대부분의 의원 내각제 국가에서는 사법심사권의 정당성이 인정되지 않는다(이명남, 김왕식 역 1999: 255). 의원내각제 국가에서는 의회에 모든 최고의 권한을 부여했으므로 법원이나 기타 부서가 입법 활동이나 정부 활동의 합헌여부를 심사하는 것을 인정하지 않는다. 따라서 법원은 법 자체의 합헌성 여부를 심사할 수 없다.

사법심사권이 확립된 국가의 경우도 그 권한을 최고 법원인 대법원에 부여하는 경우와 헌법재판소 또는 헌법위원회와 같이 별도의 기관을 설치하여 그곳에 부여하는 두 가지의 경우가 있다.

우선 대법원이 사법심사권을 갖고 있는 대표적인 국가는 미국이다. 미국의 연방헌법에는 대법원이 사법심사권을 갖는다는 조항은 없기 때문에 연방 헌법이 대법원에 직접적으로 사법심사권을 부여한 것은 아니다. 그러나 미국의 대법원은 1803년 마버리 대 매디슨 사건(Marbury vs. Madison)에 대한 판결에서 대법원은 헌법을 보전할 특수한 의미를 갖는다고 공표함으로써 대법원이 사법심사권을 갖게 되었다. 즉 대법원은 판결에서 성문 헌법과 독립된 사법부가 있다는 것은 사법부의 최고 기관인 대법원이 사법심사권을 갖는다는 것을 의미한다고 선언하였다(신명순 2006: 45). 사법심사권을 갖게 된 대법원은 미국 정치에서 중요한 역할을 담당한다. 미국 사회에 있어 중요한 정치적 문제들 예컨대 인종통합, 투표, 주와 연방정부 간의 권력분배, 공립학교에서의 종교문제, 낙태 등과 같은 중요한 문제들을 의회가 아닌 대법원의 판결에 의해 해결함으로써 미국 정치에 절대적인 영향을 미쳤다. 미국 이외에도 대법원이 사법심사권을 갖고 있는 나라로는 캐나다, 호주, 브라질, 노르웨이, 덴마크, 스웨덴, 아일랜드, 아이슬란드 등이 있다.

두 번째는 사법심사권을 법원과는 독립된 별개의 기관을 설치하여 부여하는 경우이다. 그것은 국민이 직접 선출한 의회가 만들어 낸 법률을 국민이 선출하지 않은 대법원에 정치적 의사결정에 대한 판단 여부를 맡기는 것은 정당하지 않기 때문에 헌법위원회나 헌법재판소를 독립적으로 설치하여 사법심사권을 부여한 것이다. 그러나 헌법재판소나 헌법위원회 역시 정당성의 문제가 있다. 비록 헌법재판소가 기존의 사법기관보다는 상대적으로 정치성을 많이 가진 기관으로 인식되지만(허영 2006: 1045-1046), 헌법재판소의 재판관 역시 국민에 의해 선출되지 않았기 때문에 정당성의 문제가 제기된다. 프랑스가 헌법위원회를 설치한 대표적인 국가이며, 헌법재판소를 설치하여 운영하고 있는 국가는 다음표와 같다.

헌법재판소를 설치하여 운영하고 있는 한국 사회 역시 헌법재판이 정치에 지대한 영향을 주고 있다. 우선 최근 들어 한국 사회의 다양한 정치, 사회, 경제적 갈등이 헌법재판을 통해 해소되는 경험을 하고 있다. 1987년 헌법재판소가 설치된 초반인 1989년에는 39건이 접수되어 13건이 처리되었으나, 이후 꾸준히 증가하여 2001년에는 1,000건을 넘어 처리하고 있으며, 2008년에는 1,300건 이상을 처리한 바 있어 헌법재판이 급격히 양적으로 증가하고 있음을 알 수 있다.

**헌법재판소를 설치하여 운영하고 있는 국가들**

| 아시아 | 중동 | 아프리카 | 중, 남, 북미 | 유럽 |
|---|---|---|---|---|
| 네팔 | 시리아 | 남아프리카공화국 | 과테말라 | 독일, 러시아, 루마니아 |
| 한국 | 이집트 | 르완다 | 볼리비아 | 리투아니아, 마케도니아 |
| 몽골 | 터키 | 마다가스카르 | 콜롬비아 | 몰타, 벨로루시, 불가리아 |
| 캄보디아 | | 모로코 | 페루 | 스페인, 세르비아 몬테네그로 |
| | 앙골라 | | | 오스트리아, 우크라이나 |
| | 중앙아프리카공화국 | | | 이탈리아, 첵코, 크로아티아 |
| | 카메룬 | | | 키르기스스탄, 키프로스 |
| | 콩고공화국 | | | 포루투갈, 프랑스, 항가리 |

출처: 신명순, 비교정치(서울: 박영사, 2006), p. 45.

뿐만 아니라 헌법재판은 군 내부문제, 국가 주요 시책문제, 언론문제, 교육문제, 교통문제, 교육문제, 정치세력 간의 분쟁 등 거의 모든 분야에서 이루어지고 있이 정치의 사법화 현상이 이루어지고 있다고 할 지경에 까지 이르고 있다. 특히 2004년의 대통령 탄핵사건이나 2004년의 수도 이전 탄핵 심판은 한국 정치에 심대한 영향을 끼쳤다.

## II. 경험과 사례

### 1. 한국 국회의 입법활동

한국 국회의 입법 활동을 보면 몇 가지 특징이 나타난다(신명순 1993; 박찬표 2000). 우선 국회에 제출된 법률안의 제안자를 보면 의원들이 제출한 법률안이 차지하는 비율이 정부가 제출한 법률안이 차지하는 비율이 높다는 점이다. 둘째, 역대 국회에서의 법률안 가결률을 보면 의원이 발의한 법률안의 가결률보다 정부가 발의한 법률안의 가결률이 월등히 높다. 이 점에서 국회가 행정부의 영향력 하에 있다고 지적될 수 있다. 셋째, 정부가 발의한 법률안의 가결 비율은 높지만 정부가 제출한 법률안에 대한 수정비율 또한 높다. 법률안의 제안이나 가결의 측면을 볼 때 국회가 행정부의 영향력 하에 있다는 점을 무시할 수는 없지만 정부 제출법안에 대한 수정 비율이 높다는 점에서 국회가 정부가 제출한 법안을 단순히 통과시키는 '통법부'라고 치부하기 또한 어렵다.

**역대 국회의 법률안 처리 실태**

| 국회 | 제출건수(%) | | | 가결건수(%) | | | 정부안 가결률 | 국회안 가결률 | 정부안 수정률 |
|---|---|---|---|---|---|---|---|---|---|
| | 계 | 정부 | 의원 | 계 | 정부 | 의원 | | | |
| 제헌(1948.5 ~1950.5) | 234 | 145 (62.0) | 89 (38.0) | 149 | 106 (71.1) | 43 (28.9) | 73.0 | 48.3 | |
| 제2대(1950.5 ~1954.5) | 398 | 216 (54.3) | 182 (45.7) | 214 | 138 (63.9) | 78 (36.1) | 63.9 | 42.9 | |
| 제3대(1954.5 ~1958.5) | 410 | 241 (58.8) | 169 (41.2) | 157 | 85 (54.1) | 72 (45.9) | 35.5 | 42.6 | |
| 제4대(1958.5 ~1960.7) | 322 | 202 (62.8) | 120 (37.2) | 75 | 44 (58.7) | 31 (41.3) | 21.8 | 25.8 | |
| 제5대(1960.7 ~1961.5) | 296 | 159 (53.8) | 137 (46.2) | 70 | 40 (57.1) | 30 (42.9) | 25.2 | 21.9 | |
| 제6대(1963.12 ~1967.6) | 658 | 242 (36.7) | 416 (63.3) | 332 | 154 (46.4) | 178 (53.6) | 63.6 | 42.8 | 61 |
| 제7대(1967.7 ~1971.6) | 535 | 291 (54.4) | 244 (45.6) | 357 | 234 (65.5) | 123 (34.5) | 80.4 | 50.4 | 64 |
| 제8대(1971.7 ~1972.10) | 138 | 95 (68.8) | 43 (31.2) | 39 | 33 (84.6) | 6 (15.4) | 34.7 | 14.0 | 64 |
| 제9대(1973.3 ~1979.3) | 633 | 479 (75.7) | 154 (24.3) | 544 | 460 (84.6) | 84 (15.4) | 96.0 | 54.5 | 44 |

| | | | | | | | | | |
|---|---|---|---|---|---|---|---|---|---|
| 제10대(1979.3<br>~1980.10) | 129 | 124<br>(96.1) | 5<br>(3.9) | 100 | 97<br>(97.0) | 3<br>(3.0) | 78.2 | 60.0 | 44 |
| 제11대(1981.4<br>~1985.4) | 489 | 287<br>(58.7) | 202<br>(41.3) | 340 | 257<br>(75.6) | 83<br>(24.4) | 89.5 | 41.1 | 52 |
| 제12대(1985.4<br>~1988.5) | 379 | 168<br>(44.3) | 211<br>(55.7) | 222 | 156<br>(70.3) | 66<br>(29.7) | 92.9 | 31.3 | 53 |
| 제13대(1988.5<br>~1992.5) | 938 | 368<br>(39.2) | 570<br>(60.8) | 492 | 321<br>(65.2) | 171<br>(34.8) | 87.2 | 30.0 | 57 |
| 제14대(1992.5<br>~1996.5) | 902 | 581<br>(64.4) | 321<br>(35.6) | 656 | 537<br>(81.9) | 119<br>(18.1) | 92.4 | 37.1 | 50 |
| 제15대(전반기)<br>(1996.5~1998.5) | 785 | 333<br>(42.4) | 452<br>(57.6) | 398 | 282<br>(70.9) | 116<br>(29.1) | 84.7 | 25.7 | 62 |
| 계 | 7,246 | 3,931<br>(54.3) | 3,315<br>(45.7) | 4,145 | 2,944<br>(71.0) | 1,203<br>(29.0) | 74.9 | 36.3 | 54 |

출처: 국회사무처 의사국, 『의정통계집』(1996) ;국회사무처 의안과 자료. 박찬표(2000)에서 재수록

## 2. 한국 국회의 예결산 심의

김민전 교수는 한국 국회는 예산 심의 과정에서 별 영향력을 발휘하지 못하고 있다고 분석하고 있다(김민전 2000: 192-194). 그는 국회의 예산 수정율이 극히 낮고 행정부의 영향력이 절대적인 이유를 다음과 같이 분석한다. 그 이유로서 첫째, 예산결산위원회를 특별위원회로 하고 있기 때문에 국회의 심도 있는 심의가 이루어질 수 없다는 점, 둘째, 각종 경제 전망을 비롯한 예산 심의에 필요한 사실상의 모든 일차적인 자료와 정보를 행정부가 독점적으로 산출하고 국회는 단지 행정부가 제공하는 정보를 토대로 하여 심의한다는 점, 셋째, 예산안이 국회에 제출되기 전에 집권여당과 행정부가 당정회의를 통하여 예산안에 대한 입장을 사전에 조율한다는 점, 그리고 마지막으로 국회의 현 예산과정은 예산안과 각종 세법들 간의 관계를 조정할 수 있는 거시적 메카니즘이 없는 가운데 행정부가 조정 역할을 하고 있다는 점 등을 들고 있다.

국회의 예산 심사담당자별 예산 수정액 및 비율

(단위 : 백만 원)

| 회계연도 | 정부제출 예산액 | 위원회 수정 후 | | 반영율* | | 예결특위 수정 후 | | 본회의 통과액 |
|---|---|---|---|---|---|---|---|---|
| | | 통과액 | 비율 | 삭감 | 증액 | 통과액 | 비율 | |
| 1984 | 10,966,710 | 10,965,510 | - | 7.2 | 7.7 | 10,966,710 | - | 10,966,710 |
| 1985 | 12,275,115 | 12,275,101 | - | 26.1 | 3.7 | 12,275,115 | - | 12,275,115 |
| 1986 | 13,815,338 | 13,813,771 | - | 20.2 | 14.1 | 13,800,532 | △0.1 | 13,800,532 |
| 1987 | 15,581,505 | 15,581,505 | - | 16.4 | 8.7 | 15,559,629 | △0.1 | 15,559,629 |
| 1988 | 17,541,940 | 17,557,867 | 0.1 | 44.4 | 52.6 | 17,464,429 | △0.4 | 17,464,429 |
| 1989 | 19,371,204 | 19,454,609 | 0.9 | 75.6 | 14.9 | 19,228,376 | △0.7 | 19,228,376 |
| 1990 | 23,025,433 | 23,304,191 | 1.2 | 34.9 | 22.0 | 22,689,433 | △1.5 | 22,689,433 |
| 1991 | 27,182,493 | 27,584,680 | 1.5 | 48.3 | 23.4 | 26,979,748 | △0.7 | 26,979,748 |
| 1992 | 33,505,029 | 33,902,612 | 1.2 | 50.5 | - | 33,200,029 | △0.9 | 33,200,029 |
| 1993 | 38,050,000 | 38,417,878 | 1.0 | 0.4 | 10.6 | 38,050,000 | - | 38,050,000 |
| 1995 | 50,141,000 | 50,339,484 | 0.4 | - | 3.5 | 49,987,915 | △0.3 | 49,987,915 |
| 1996 | 58,003,100 | 58,642,855 | 0.2 | 77.3 | 24.4 | 57,962,100 | △0.1 | 57,962,100 |

주 : * 상임위원회 수정액이 예결특위 수정액에 반영된 비율.
출처: 김민전(2000)이 예산결산특별위원회.1998년도 예산안결산심의 개요』에서 발췌한 것을 재수록.

## 3. 헌법재판: 대통령 탄핵과 수도 이전

### 1) 대통령 탄핵심판

국회는 2004년 3월 12일 제246회 국회(임시회) 제2차 본회의에서 '대통령(노무현)탄핵소추안'을 상정하여 재적의원 271인 중 193인의 찬성으로 가결하였다. 이어서 헌법재판소에 소추의결서의 정본을 제출하여 피청구인에 대한 탄핵심판을 청구하였다.

이에 대해 헌법재판소는 대통령이 헌법이나 법률을 위반한 점은 인정하였으나 탄핵할 정도로 중대하게 위반하지는 않았다고 판시하고 기각하였다(2004. 5. 14. 2004헌나1). 우선 헌법재판소는 대통령의 행위가 헌법과 법률에 위배되었음을 인정하였다. 첫째, 대통령의 2004년 2월 18일 경인지역 6개 언론사와의 기자회견에서의 발언, 2004년 2월 24일 한국방송기자클럽 초청 대통령 기자회견에서의 발언은 공선법 제9조의 공무원의 중립의무에 위반한 것이다. 둘째, 2004년 3월 4일 대통령의 선거 개입을 경고한 중앙선거관리위원회의 선거법 위반 결정에 대한 대통령의 행위는 법치국가이념에 위반되어 대통령의 헌법수호의무에 위반한 것이다. 셋째, 2003년 10월 13일 대통령의 재신임 국민투표 제안행위는 헌법 제72조에 반하는 것으로 헌법수호의무에 위반하였다.

그러나 헌법재판소는 다음과 같이 대통령에 대한 파면결정을 정당화하는 사유가 존재하지 않는다고 하면서 탄핵심판청구를 기각하였다. 첫째, 대통령의 법 위반행위가 파면결정을 통하여 헌법을 수호하고 손상된 헌법질서를 다시 회복하는 것이 요청될 정도로 헌법수호의 관점에서 중대한 의미를 가진다고 볼 수 없다. 둘째, 대통령의 법 위반 행위가 대통령에게 부여한 국민의 신임을 임기 중 다시 박탈해야 할 정도로 저버린 경우에 해당한다고도 볼 수 없다.

### 2) 행정수도 이전 헌법소원

2003년 10월 정부는 신행정수도의 건설을 위한 특별 조치 법안을 제안하여, 2003년 12월 29일 국회 본회의에서 이 법안을 투표의원 194인 중 찬성 167인, 반대 13인, 기권 14인으로 통과시켰다. 2004년 1월 16일 신행정수도의 건설을 위한 특별 조치법은 공포되었고 부칙 규정에 따라 그로부터 3월 후부터 시행되었는데, 위 법은 수도권 집중의 부작용을 시정하고 국가의 균형발전과 국가 경쟁력 강화를 목적으로 행정수도를 충청권 지역으로 이전할 것을 규정하고 있었다.

그러나 위 법률은 헌법 개정 등의 절차를 거치지 않은 수도이전을 추진하는 것이므로 법률 전부가 헌법에 위반되며 이로 인하여 국민 투표권, 납세자의 권리, 청문권, 평등권, 거주이전의 자유, 직업선택의 자유, 공무담임권, 재산권 및 행복추구권을 침해한다는 이유로 헌법 소원심판이 청구되었다.

헌법재판소는 위 법률이 다음과 같이 헌법에 위반된다고 판시하였다.(2004. 10. 21 2004헌마554. 556 병합) 우선 헌법재판소는 수도의 문제는 국가의 정체성과 조직 구성에 관한 중요하고도 기본적인 헌법 사항에 속하는 것이며, 서울이 수도라는 점은 우리의 제정 헌법이 있기 전부터 전통적으로 존재하여온 헌법적 관습이며 우리 헌법에서 명문으로 밝힌 것은 아니지만 자명하고도 헌법에 전제된 규범으로서 관습 헌법으로 성립된 불문 헌법에 해당된다고 판단하였다. 따라서 헌법재판소는 이 사건은 우리나라의 수도가 서울이라는 불문의 관습 헌법 사항을 헌법 개정 절차를 이행하지 않은 채 법률의 방식으로 변경한 것이어서 그 법률 전체가 국민의 헌법 개정 국민 투표권을 침해하였으므로 헌법에 위반된다고 판시하였다.

### 4. 미국 사법심사권의 태동: Marbury vs. Madison Case

이명남 교수는 김왕식 교수와 공동 번역한 책의 역주에서 미국의 사법심사권을 태동시킨 마버리 대 매디슨 사건에 대해 다음과 같이 설명하고 있다(이명남, 김왕식 1999: 254-255).

“1800년 2대 대통령 애덤스는 제퍼슨이 대통령이 되면 연방정부의 권한을 약화시킬 것을 두려워하여, 자신의 임기가 끝나기 전에 영향력을 심어두고자 임기종료 몇 시간 전에 연방주의를 지지하는 판사 59명을 임명했다. 당시 국무장관인 마샬은 시간이 너무 촉박한 관계로 17명에게는 임명장을 전달하지 못하고 후임자인 매디슨 국무장관이 전달하도록 했다. 제퍼슨 대통령은 취임 후 이 사실을 알고, 몹시 격분하였으며, 그에 의해 임명된 매디슨 국무장관은 나머지 임명장을 전달하지 않았다. 이렇게 되자 임명장을 못 받은 마버리 외 3명은 매디슨 국무장관을 상대로 임명장 발급을 청구하는 소송을 냈다. 당시 대법원장은 아이러니하게도 애덤스 대통령의 국무장관을 지냈고, 또한 바로 문제가 된 발령장을 전달하지 못했던 마샬이었다, 애덤스 대통령이 퇴임하면서 자신의 국무장관이었던 마샬을 대법원장에 임명한 것이다. 당연히 대법원은 난처한 입장에 처하게 되었다.

여기에서 마샬은 솔로몬의 지혜를 발휘하여 이 사건을 처리하였다. 대법원은 판결에서, 일단 매디슨 국부장관이 임명장의 전달을 거부한 것은 잘못이므로, 마땅히 대법원이 정부관리에게 직무집행을 명령해야 하지만, 대법원은 그러한 권한이 없다고 하였다. 왜냐 하면 마버리측이 연방법원조직법(1789) 제 13조에 의해 대법원이 이 사건을 다룰 수 있다고 주장하지만, 의회에서 만든 그 법의 일부가 위헌이기 때문이라는 것이다. 대법원의 심판관할 범위는 헌법에 구체적으로 명시되어 있음으로, 그 범위를 확대하려면 헌법 수정을 통하여 하는 것이지, 의회가 입법조치로 고치거나 확대할 수 없는 것이다.

이 판결은 행정부와 사법부가 대립하고 있을 때 내려진 다분히 정치성이 있는 것이었다. 어느 쪽으로 판결하더라도 궁지에 빠지게 되어 있을 때, 타결 방법으로 대법원의 심판관할 범위를 확대해 준 의회의 법규 자체를 위헌이라고 판결하여 자신에게 부여된 심판관할권을 스스로 축소시키면서도 대법원 더 큰 이득을 얻게 되었다. 즉 법원은 입법부와 행정부의 행위에 대해 위헌선언을 할 수 있다는 판례를 남기게 된 것이다. 이로써 사법부는 연방헌법상 명시되지 않았던 사법심사권을 갖게 되었다.“

## III. 인용 및 읽을거리

곽준혁. “사법적 검토에 대한 재검토,” 정치학회보. 제 39집 3호. 2006.

김민전, “예, 결산심의와 국정감, 조사” 배영철 외, 한국위회정치론. 서울: 건국대학교출판부, 2000.

김현우, “국회의 운영과 조직” 백영철 외, 한국의회정치론. 서울: 건국대학교출판부, 2000.

김현우, 한국국회론. 서울: 을유문화사, 2001.

박명림. “헌법, 헌법주의, 그리고 한국 민주주의,” 한국정치학회보. 제 39집 1호. 2005.

박찬표, “입법기능과 입법과정: 제도, 실제, 특징” 백영철 외, 한국의회정치론. 서울: 건국대학교출판부, 2000.

이갑윤, 이현우 편저. 한국 구회의 현실과 이상. 서울: 오름, 2009.

한국정치학회, 한국의 의회정치와 제도개혁. 서울: 도서출판 한울, 2004.

허영. 헌법이론과 헌법. 서울: 박영사, 2006.

Wilson, Frank. 이명남, 김왕식 옮김. 비교정치학. 서울: 동명사, 1999.

# 찾아보기

## ㄱ

ㅈ

ㅍ



ㅎ



기타

## ▪ 김왕식

현재 이화여자대학교 사범대학 교수(정치학)

▪ 학력

연세대학교 정치외교학과(정치학사)
연세대학교 대학원 정치학과(정치학석사)
University of Missouri-Columbia 정치학과(Ph, D)

▪ 경력

University of Missouri-Columbia 정치학과 조교수(1989-1990)
일본 게이오대학 법학부, Visiting Professor(2000-2001)
Johns Hopkins University, SAIS, Visiting Scholar(2008-2009)

한국정치학회, 부회장, 상임이사
한국국제정치학회, 부회장, 상임이사
한국선거학회, 부회장, 상임이사
한국국가정보학회, 부회장
한국동북아학회, 서울지회장
한국사이버커뮤니케이션학회, 회장

경제정의실천시민연합, 정치개혁위원장
민주평화통일자문회의, 상임위원
통일부, 자문위원
선거방송토론위원회(서대문구위원회), 위원장

▪ 저술

(논문)

"IMF, Economic Stabilization and Class Conflict in the Third World"
"Foreign Exchange Crisis in Korea: Causes and Process"
"The New Mixed Electoral System in Korea: Ticket Splitting, Party Arrangement and Voting Turnout"
"Assessment of Electoral Reforms in Korea"외

(저서)

한국정치과정: 제도의 운용과 정치의식
한국경제협력의 정치경제

한국의 선거 V(공저)
남북한의 최고지도자(공저)
동아시아: 위기의 정치경제(공저)
한국정치과정론(공저)
한국현대정치사(공저)
국가, 사회, 정치민주화(공저)
국제정치학의 새로운 영역과 쟁점(공저)
국제기구와 한국외교(공저)
한국정치의 쟁점과 이해(공저)
중국조선족의 정치사회화과정과 동화적 국민통합의 방향(공저)
학교폭력과 법(공저)

(역저)
정치교육론
민주주의(공역)
비교정치학(공역)

**정치교육론: 정치현상의 이해**

2010년 2월 15일 초판인쇄 • 저 자 김 왕 식
2010년 2월 20일 초판발행 • 발행인 최 국 주
• 발행처 동 녕 사

경기도 파주시 교하읍 문발리 535-10 파주출판단지 30블록 4롯트
전 화 : 031) 955-7200(代), 955-7201~4, 7203 (편집부)
팩시밀리 : 031) 955-7205
출판등록 : 1950년 11월 1일(제1-76호)
E-mail : dms723@chol.com
홈페이지 : www.dmsbook.com

정가 15,000원



ISBN 978-89-411-7110-2 93340